GERALD DRISSNER

SCHWARZER TEE UND BLAUE AUGEN

MEINE REISE DURCH ANATOLIEN
VON ISTANBUL ZUM BERG ARARAT

DUMONT

1. Auflage 2014
© 2014 für die deutsche Ausgabe: DuMont Reiseverlag, Ostfildern
Alle Rechte vorbehalten
Gestaltung: Herburg Weiland, München
Umschlagfoto: Gerald Drißner
Umschlagkarte Gerald Konopik, DuMont Reisekartografie
Innenkarten: Gerald Drißner
Printed in Spain
ISBN 978-3-7701-8263-3
www.dumontreise.de

Für Tarek,
dessen Leben in Istanbul begann

Inhalt

Hinweis des Autors
Einige der in diesem Buch verwendeten Namen wurden aus Rücksicht auf die Personen geändert.

BULGARIEN

Teil 1

MARMARA-REGION

Kapitel

1

İstanbul-Kadıköy,
am Meer

»Mein Wert auf dem Heiratsmarkt ist soeben gestiegen«, sagt Nelson, steckt sein Handy weg und bestellt noch ein Glas Tee. »Meine Mutter«, sagt er. »Die erzählt überall herum, dass ich jetzt in Europa lebe.«

Nelson John Prabhakar, achtundzwanzig Jahre, studierter Bauingenieur und Junggeselle, wurde von seiner Firma nach İstanbul entsandt. Er ist Inder. Sein Vater war in den Siebzigerjahren nach Dubai gezogen, weil er Arbeit suchte. Die Golf-Araber wurden damals reich und hatten den Mercedes entdeckt. Die deutsche Limousine aber, im kalten Sindelfingen erfunden, hatte nur eine Heizung und keine Klimaanlage. Sie war völlig untauglich für die Wüste. Also hatte Nelsons Vater eine Idee: Er holte Klimageräte aus Indien und baute sie in die Benz-Karossen ein. Nelsons Vater machte damit ein kleines Vermögen, und so konnte Nelson auf gute Schulen gehen und später studieren.

Ich habe Nelson in meinem Türkischkurs kennengelernt. Immer mal wieder treffen wir uns an meinem Lieblingsort, dem Nazım-Hikmet-Kulturzentrum in Kadıköy, im asiatischen Teil İstanbuls. Mit den vielen Bäumen, die wohltuenden Schatten spenden, dem plätschernden Springbrunnen und den Tischchen wäre es in Deutschland der perfekte Biergarten. Wir aber trinken schwarzen Tee in Tulpengläsern und reden darüber, was wir erlebt haben und ob İstanbul uns fremd ist.

Als ich im Sommer 2012 hier ankam, hatte ich Lärm und Chaos erwartet. Einen Ort also, groß wie kaum ein anderer auf der Welt, der keinen Ruhepuls kennt und meine Sinne dauerhaft reizt und stimuliert. In dem Menschen wohnen, die spät zu Bett gehen, das Blaue vom Himmel reden und über Kleinigkeiten hinwegsehen. In den ersten Tagen ließ ich mich von den riesigen Moscheen beeindrucken, konnte mich am Bosporus nicht sattsehen und fuhr täglich mit der Fähre hin und her, einfach nur, weil es so schön ist.

Nach ein paar Wochen aber fielen mir Dinge auf, die ich am Anfang übersehen hatte. Kleinigkeiten, die mit vielen Klischees brechen, die über diese Stadt nur zu gerne erzählt werden. Nelson geht es genauso. Er hat zuletzt in Kalkutta gelebt und ich in Kairo. Wir finden es ruhig hier.

Vor Kurzem wurde ich wieder einmal böse angezischt, weil ich in einem Bus zu laut telefonierte, und auf der Fähre, erzähle ich Nelson, war es so still, dass eine arabische Großfamilie ausreichte, um die fast tausend Passagiere zu stören. In meiner Straße herrscht nach zweiundzwanzig Uhr Nachtruhe. Als eine Bekannte neulich eine Party feierte, klingelten kurz vor Mitternacht die Nachbarn und ließen nicht mit sich verhandeln. Sie hatten Besen in der Hand und warteten vor der Tür, bis alle Gäste das Haus verlassen hatten. Erstaunlicherweise, stellen wir beide fest, halten

Autofahrer vor Zebrastreifen und Busfahrer folgen Fahrplänen.
Menschen, die auf etwas warten, stellen sich geduldig in eine
Schlange, und in ihren strengen Gesichtern lese ich die Warnung,
dass Dränglern Ungemach droht. Bin ich wirklich im Orient?

Nelson hat mittlerweile das Gefühl, dass die Menschen in
İstanbul »völlig überaltert« sind. Er sieht keine Babys. Auch mir ist
aufgefallen, dass niemand einen Kinderwagen dabeihat. Trotzdem
fühle ich mich in einer jungen Stadt. Ich erzähle ihm von Deutschland, wo im Fernsehen für Rheumamittel und für die Potenz im
Alter geworben wird. In Berlin, das ja noch als junge Stadt gilt, hatte ich in Bussen Plakate gesehen, die eine besondere Zielgruppe
ansprachen: »Menschen mit Stuhlinkontinenz sehen die Welt anders.«

Am meisten zu schaffen aber machen Nelson die Restaurants.
Wenn sein Chef nach İstanbul kommt, möchte er immer indisch
essen gehen. Dann muss sich mein Freund eine gute Ausrede einfallen lassen, warum es jetzt doch wieder *köfte* gibt, diese kleinen
Frikadellen aus Rind oder Lamm, denn er weiß nicht, wie er es
dem Chef erklären soll: »Überall auf der Welt gibt es Inder, nur in
der Türkei nicht«, seufzt er. Sein Chef ist jedes Mal enttäuscht
und fragt ihn, warum Türken kein indisches Essen mögen. In einer der größten Städte der Welt also, wo vierzehn, fünfzehn,
sechzehn oder noch mehr Millionen Menschen leben, soll es keinen passablen Inder geben? In Kairo jedenfalls bin ich leichter an
ausländisches Essen gekommen. Zumindest fand ich dort in den
Shopping-Malls auch mal einen Thai-Imbiss oder einen Chine-
sen. Eine türkische Fleischfirma ließ hingegen einmal landesweit
ermitteln, wie viele *köfte*-Sorten es im Land gibt, und kam auf eine
unglaubliche Zahl: zweihunderteinundneunzig.

Ist uns die Stadt also fremd?

Die Franzosen haben ein Wort dafür: *dépaysement.* Es beschreibt das Gefühl der Verwirrung, das einen überkommt, wenn
man fern der Heimat ist und Vertrautes nicht mehr findet. Sich

also fremd fühlt. İstanbul liegt zwischen zwei Kontinenten, Asien und Europa, und zwischen zwei Welten, Morgenland und Abendland, Orient und Okzident. Reicht das aus, um exotisch zu sein? Hat man die Grenze zum Exotischen nicht überquert, dann erwartet man denselben Standard wie zu Hause – und wird meistens enttäuscht. Überschreitet man sie aber, ist man hingegen sogar überrascht, wenn Dinge auch mal funktionieren wie daheim.

Ich empfinde die Stadt mal als vertraut, mal als exotisch. Das geht den meisten so. Als mich meine Mutter in İstanbul besuchte, fiel ihr auf, dass man sie anstarrte, weil sie graue Haare hat und eine Brille trägt. Noch mehr aber überraschte es sie, dass die älteren Frauen, die sie sah, ausnahmslos ihre Haare dunkel gefärbt hatten. Meine Mutter ist siebenundsechzig und Friseurin; sie liest Menschen anhand von Frisuren. Einem Freund aus meinem österreichischen Bergdorf kam es komisch vor, dass ausgerechnet neben den Autobahnen oft Hunderte, wenn nicht gar Tausende Tulpen und Rosen blühten, liebevoll drapiert, geschnitten und gehegt, wie man sie sonst nur in Schlossgärten findet. Sogar einen sehenswerten Botanischen Garten gibt es in İstanbul, der zwischen zwei Autobahnen eingepfercht liegt. Und was wohl die Mitarbeiter des Konsulats gedacht haben, als ihnen der Bürgermeister zum Tag der Deutschen Einheit, am 3. Oktober, riesige Blumenkränze ins Foyer schickte, die wir in Deutschland nur auf Friedhöfe stellen? Die Leute hier machen das auch, wenn jemand ein Geschäft eröffnet.

Selbst die Mode ist in İstanbul seltsam. Junge Frauen der Oberschicht ziehen sich im Winter schwarze Leggings an und schlüpfen in knallbunte, hohe Gummistiefel, die sonst nur Kinder oder Gärtner tragen. Aber auch wir leben in einem komischen Land, finden wiederum die Istanbuler. Einer meiner türkischen Bekannten hatte geschäftlich in Düsseldorf und Hamburg zu tun. »Ich war total verloren«, klagte er mir später. »Ich wusste nicht, wo Norden und Süden ist. Da war alles flach. Wie macht ihr das dort?«

In İstanbul orientieren sich die Menschen an Hügeln, an Bergen, wie sie manchmal dazu sagen, und am Wasser.

İstanbul ist eine Stadt, die ihren Platz in der Welt noch sucht. Wenn alte Istanbuler davon sprechen, dass die Zugezogenen eine neue Kultur mitgebracht hätten, das Kopftuch, eine andere Sprache und mehr Unaufgeräumtheit, dann meinen sie nicht die Ausländer, denn die gibt es in der Türkei ohnehin kaum. Sie reden über die einfachen Menschen aus den armen Dörfern und die Kurden, die sich in İstanbul ein besseres Leben erhoffen und sich zu Millionen dort niedergelassen haben. Manchmal wurden sie auch von Amts wegen in die Großstädte umgesiedelt, in der Hoffnung, dass sie dort ihre Sitten und Bräuche ablegen. Entstanden ist daraus eine zutiefst gespaltene Stadt.

Auch Sonne, Wind und Wolken wissen oft nicht so recht, was sie hier wollen, und übertreiben es. İstanbul liegt an einer Kreuzung, wo das Klima von Mittelmeer und Balkan sich treffen, das Kontinentalklima der anatolischen Hochebene dazustößt und wohin sich gelegentlich auch mal ein Kälteblock aus Russland verirrt. Es gibt mindestens neun verschiedene Winde, die durch İstanbul wehen, und alle haben sie Namen. Da gibt es den *poyraz,* einen frischen, nordöstlichen Wind. Er ist gewissermaßen der Stammwind über dem Bosporus. Er trocknet die Luft an schwülen, feuchten Hochsommertagen und lässt einen im Winter zittern. Der *yildiz,* zu Deutsch Stern, heißt nicht zufällig so, denn er bläst direkt vom nördlichen Polarstern. Der *karayel,* der Schwarze Wind, ist ein rauer, stürmischer Zeitgenosse, der im Winter vom Balkan in die Stadt weht und es auch schafft, den Bosporus zum Gefrieren zu bringen. Der *meltem* ist die angenehme Brise im Sommer, die von der Küste in die Stadt weht. Der *keşişleme,* der südöstliche, kreuzende Wind, bringt Luft aus den zweieinhalbtausend Meter hohen Bergen in Bursa. Er ist der Vorbote eines Sturms.

Der schlimmste aller Winde aber ist der *lodos,* ein Wind aus südwestlicher Richtung, ein heißes, stickiges Gebläse, das Atem-

wege, Venen und Lymphgefäße austrocknet, so fühlt es sich jedenfalls an. Ist der *lodos* wütend, kann er Bäume ausreißen und
den Schiffsverkehr im Marmarameer zum Erliegen bringen. Die
meisten Istanbuler hassen den *lodos*, denn er drückt ordentlich
aufs Gemüt. In früheren Zeiten, so wird überliefert, durften die
Richter kein Urteil fällen, wenn der *lodos* blies, aus Angst, er könnte sie rachsüchtig machen. Und wenn Gewaltverbrechen unter
Einfluss dieses Windes passierten, wurde dies als mildernder Um-
stand gesehen.

Auch landschaftlich ist İstanbul zerrissen. Nelson lebt in Europa, ich aber in Asien. Dazwischen liegt der Bosporus, eine Erd-
bebenfalte, die sich irgendwann mit Wasser füllte und das Mittelmeer mit dem Schwarzen Meer verbindet. Diese Meerenge aber
macht die Stadt erst atemberaubend schön. Schon seit jeher wollte der Mensch beide Seiten verbinden. Der erste Übergang war
eine sogenannte Schwimmbrücke. Der persische König Dareios
der Große hatte im Jahr 513 vor Christus seine Schiffe aneinander-
reihen lassen, sodass man über sie laufen konnte. Die Bucht des
Bosporus, in deren Nähe die Hagia Sophia und die Blaue Moschee
thronen, reizte später die Meister der Renaissance. Leonardo da
Vinci hatte eine Vision für eine Brücke über das Goldene Horn
und schrieb 1503 einen Brief an den Sultan: »Ich werde sie ausfüh-
ren, so hoch wie einen Bogen, dass niemand sich einverstanden erklärt, darüber zu schreiten, weil sie so hoch sein wird.« Das Schreiben blieb unbeantwortet; vielleicht kam es auch nie an. Stattdessen
lud der Sultan einen anderen berühmten Italiener ein, die Kontinente zu verbinden: Michelangelo, der ihm postwendend eine
Absage erteilte. Der Papst hatte ihm gedroht, ihn zu exkommuni-
zieren, falls er für den muslimischen Herrscher arbeiten würde.

Wenn es dunkel wird, beginnen die beiden großen Bosporus-
brücken in verschiedenen Farben zu leuchten und tauchen die
Istanbuler Nacht in ein magisches Licht. Tagsüber sind sie der
Flaschenhals der Stadt. Tiger Woods flog im November 2013 mit

einem Hubschrauber auf den älteren der beiden Überwege und schlug ein paar Bälle von Asien nach Europa. Er war damit der erste Golfer, der einen Ball über zwei Kontinente schlug. Legendär ist auch das Tennismatch zwischen Venus Williams und İpek Şenoğlu, die im Mai 2005 auf einer Brücke spielten. Außerdem findet in İstanbul der weltweit einzige Marathon zwischen zwei Kontinenten statt. Die Veranstalter hatten anfangs sogar Angst, dass die Brücke einstürzen könnte, wenn hunderttausend Menschen zeitgleich darauf joggen.

Bosporus ist ein eigenartiger Name für ein Gewässer. Die griechische Mythologie kennt die Geschichte von Io, der Tochter des Flussgottes Inachos, in die sich der höchste aller Götter verliebt, Zeus. Natürlich hat seine Ehefrau Hera damit ein Problem und verwandelt Io zur Strafe in eine Kuh. Doch damit nicht genug, verflucht Hera die arme Io auch noch mit einer Rinderdasselfliege, die sie unablässig verfolgt und deren Maden unter der Haut zentimetergroße Beulen verursachen. Io, die nunmehrige Kuh, schwamm daraufhin über das Wasser von Europa nach Asien und flüchtete anschließend nach Ägypten. Deshalb wurde der Übergang auf Griechisch Boús Póros genannt, zu Deutsch: Kuh- oder Ochsenfurt. Die Türken wiederum haben ein ganz anderes Wort für den Bosporus: Boğaz, was eigentlich Hals oder Schlund bedeutet.

Wenn ich früher das Wort Anatolien hörte, dachte ich an unwegsame Landschaften und an Hirten, die in den kargen Bergen bei ihren Schafen hausen. Jetzt lerne ich, dass Anatolien, das die Türken *Anadolu* nennen, mitten im Bosporus beginnt. Auf einer kleinen Insel nämlich, auf der ein vierzig Meter hoher Leuchtturm steht, der einen verwunschenen Namen trägt: Mädchenturm. In diesem Kız Kulesi, so heißt er auf Türkisch, rettet James Bond im Film »Die Welt ist nicht genug« seine Chefin M, die auf der Insel eingesperrt wurde. Für mich ist es der schönste Ort der Stadt. Man sitzt auf den Ufertreppen, trinkt Tee, die Sonne versinkt orangerot, in der Luft kreischen die Möwen, der Mädchen-

turm liegt verloren vor einem im Bosporus, dahinter breitet sich
Europa aus, glitzert, leuchtet, funkelt, links die Hagia Sophia, ge-
radeaus der Galata-Turm, rechts die Kreuzfahrtschiffe und ganz
hinten die Hochhäuser. Der türkische Dichter Sunay Akın sagte
über den Kız Kulesi einmal sinngemäß, dass man von dort den
hässlichsten Blick auf İstanbul habe, weil der Stadt dann die
Schönheit des Mädchenturms fehle.

Ein guter Schwimmer würde die zweihundert Meter vom Ufer
bis zur Insel schaffen – und überleben, denn man kann im
Bosporus baden, was aber so gut wie niemand macht. Meine
Freunde in Deutschland denken oft: Ach, du lebst in İstanbul,
dann kannst du ja schwimmen gehen. Schön wär's, in dieser Stadt,
die vom Meer umgeben ist. An den malerischen Buchten stehen
private Villen, und in den Ecken, die noch nicht verbaut sind, wird
Müll angeschwemmt. Es gibt die Prinzeninseln, aber das ist ein
Tagesausflug. Einheimische rieten mir, ich solle am besten in ein
gutes Hotel gehen. Leider verlangen die aber bis zu einhundert
Dollar pro Tag fürs Planschen in einem mickrigen Pool. Also
schaute ich nach, ob es öffentliche Schwimmbäder gibt – und
stieß auf absurde Umstände, die ich dann gleich Nelson beim Tee
erzählen musste. Ich kam auf dreizehn Bäder an der Zahl, was
nicht unbedingt viel ist, wenn man bedenkt, dass in İstanbul doppelt so viele Menschen leben wie in Österreich. Doch auch diese
Bäder kann ich nicht empfehlen. Zum ersten muss man einen
Bluttest (Hepatitis B) und einen Urintest vorweisen, um überhaupt hineinzukommen. Gelegentlich wird auch ein ärztliches
Attest verlangt, das die nötige Fitness fürs Schwimmen beschei-
nigt. Hat man das alles geschafft, stößt man auf ein neues Problem: die Schwimmzeiten, die für Männer und Frauen unter-
schiedlich sind – denn gemeinsames Planschen ist verboten.

Das Wasser ist also meist nur Staffage in diesem Meisterwerk
von Stadt. Das Meer ist nicht ihr Rand, wie anderswo üblich, sondern ihr urbanes Zentrum. Es gibt in İstanbul keine richtige

Hauptstraße. Es ist der Bosporus, der zu einer Art Boulevard wird, auf dem große Kreuzfahrtschiffe, Tanker, Fähren und Fischerbötchen promenieren. Auch zur Insel mit dem Mädchenturm pendeln Boote, die manchmal ganze Hochzeitsgesellschaften transportieren; dort zu heiraten gilt als chic und besonders romantisch. Einer traurigen Legende nach soll eine Hellseherin dem seinerzeitigen König prophezeit haben, dass seine Tochter von einer giftigen Schlange gebissen und sterben werde. Der König liebte seine Tochter so sehr, dass er auf dem Meer den Turm errichten ließ und sie zu ihrem Schutz dorthin verbannte. Doch eines Tages wurde ein Korb angeschwemmt, in dem sich eine Schlange versteckte: Die Königstochter wurde gebissen – und starb. In einer anderen Erzählung verliebte sich ein junger Mann in eine hübsche Nonne namens Hero, die im Turm auf der Insel wohnte. Leandros schwamm jede Nacht zur Insel, um seine Herzallerliebste zu sehen, und folgte dem Licht der Fackel, die sie immer für ihn anzündete. In einer stürmischen Nacht aber erlosch das Feuer. Leandros verirrte sich und ertrank. Hero, tieftraurig, nahm sich daraufhin das Leben.

Ich lebe nicht nur in einer der schönsten Städte der Welt, sondern auch in einer der ältesten. İstanbul, so behaupten Historiker, ist zweitausendsiebenhundert Jahre alt. Die Meerenge war dabei immer Schauplatz großer Kämpfe, wie im Jahr 411 vor Christus, als Athen und Sparta um die Vorherrschaft am Bosporus kämpften. Die Athener siegten und spannten eine Kette über das Wasser, um Zölle zu erheben und den Getreidehandel vom Schwarzen Meer zu kontrollieren. Befestigt haben sie die Kette auf der Insel, auf der heute der Mädchenturm steht. Immer mal wieder gab es dort ein Häuschen, das durch Brand, Krieg oder Erdbeben zerstört wurde. Und Skandale gab es natürlich auch, den letzten großen 1989, als im Turm Zyanidgas gelagert wurde. Damit wollten die Werften ihre Schiffe begasen, um Schädlinge zu vernichten. Als die Sache herauskam, war der Aufschrei groß, und Journalisten spekulierten, was wohl mit İstanbul geschähe, würde das giftige Gas explodieren.

Wenn ich die Fähre nehme, um zwischen Europa und Asien zu pendeln, komme ich jedes Mal auch am Mädchenturm vorbei. Zwanzig Minuten dauert die Überfahrt, die vor allem eines ist: eine Auszeit von all dem Stress, Stau und Smog, den diese Weltstadt, die auch ein Moloch ist, täglich ausstößt. Stattdessen höre ich den Wellen zu, sehe tagsüber Delfine und nachts die Lichter der Hochhäuser und Moscheen. Kellner laufen durch die riesigen Schiffe und bieten Tee an, für eine Türkische Lira das Glas. Es gibt heißen Käsetoast und *simit,* die frisch gebackenen Sesamkringel, die so etwas wie das Nationalgebäck der Türken sind. Auf den neuen Booten schauen die Passagiere zu den Fernsehern. Meistens laufen die Nachrichten, in denen darüber berichtet wird, dass Recep Tayyip Erdoğan etwas eingeweiht hat: einen Flughafen, eine Moschee oder einen Tunnel. Mir ist aufgefallen, dass der *başbakan,* wie der Regierungschef auf Türkisch genannt wird, dabei meistens den Fan-Schal des lokalen Fußballvereins umhängen hat. Früher, vor achtzig Jahren, als Kemal Atatürk das Land europäischer machen wollte, lief auf den Schiffen der »Bolero« von Ravel in Endlosschleife. Ich weiß nicht, was schlimmer ist: täglich Bolero oder täglich Erdoğan.

An die ständigen Belehrungen des *başbakan* kann ich mich einigermaßen gewöhnen, denn ich verstehe ohnehin nur ein paar Brocken von dem, was er hinausposaunt. Ich bin Journalist und lebe seit fast zehn Jahren im Nahen Osten und in Nordafrika, zuletzt in Ägypten, wo ich fast fünf Jahre wohnte. Dann zog es mich in ein neues Land. Es sollte eines sein, wo die Menschen ihren Kaffee nicht aus Kapseln brühen und Autos Kratzer haben, wo alte Sachen noch geflickt werden und die Menschen über Politik reden. Wo die Jugendlichen keine Angst davor haben, an Altersarmut zu leiden, sondern für etwas kämpfen. Und eine fremde Sprache wollte ich lernen.

Ich wählte die Türkei und hatte Lust auf Anatolien. Als ich mich in İstanbul auf die Suche nach einer passenden Wohnung machte, glich das einer mathematischen Optimierungsaufgabe: Möglichst nahe an den Fähren, Brücken und an einem der beiden Flughäfen sollte sie sein und zugleich möglichst weit weg von den elf Millionen Touristen, die jährlich in diese Stadt drängen. İstanbul wird schnell hässlich, arm, konservativ und fromm, je weiter man sich vom Bosporus entfernt. Auf der europäischen Seite wollte ich nicht wohnen. Es gibt dort Sultanahmet, den Stadtteil, in dem die Sehenswürdigkeiten liegen, und Beyoğlu, das hip sein soll und so aussieht, wie Ausländer sich İstanbul vorstellen – mit putzigen Antiquitätenläden und charmanten Cafés, die Cappuccino und guten Wein servieren, und mit alten Gebäuden, durch die sich Holztreppen schlängeln, die zu einer Dachterrasse mit Meerblick führen.

Und wo bin ich also gelandet? Auf der asiatischen Seite, in Anatolien also. In Kadıköy, dem alten Chalzedon: kaum Altbauten, kaum Sehenswürdigkeiten, kaum Touristen, kaum Kopftücher, kaum Moscheen, kaum Filmkulisse. Dafür am Meer. Der Bahnhof Haydarpaşa ist das schönste Gebäude des Viertels. Den Prunkbau im neoklassizistischen Stil haben deutsche Architekten geplant. Errichtet wurde er auf einer Plattform, die von eintausendeinhundert Pfählen aus Eichenstämmen getragen wird, jeweils einundzwanzig Meter lang. Hier starteten und endeten die Züge der berühmten Bagdadbahn. Im Frühjahr 2012 wurde der Bahnhof endgültig dichtgemacht und soll nun zu einem Boutiquehotel umgebaut werden.

Kadıköy ist das Ausgeh- und Vergnügungsviertel der asiatischen Seite. Der liberalste Stadtteil von ganz İstanbul, wie ich finde. Eine Mischung aus Gutverdienern, Studenten, Altlinken und vielen jungen Leuten lebt hier. Ich habe mich also in einer Keimzelle des Widerstands gegen Erdoğan niedergelassen, was immer mal wieder dazu führt, dass eine Wolke aus Tränengas in meine Küche zieht, wenn ich vergessen habe, das Fenster zu schließen. Die türkische Polizei kann Demonstranten nicht leiden und geht gegen sie mit einer Brutalität vor, als herrsche Bürgerkrieg.

An normalen Tagen aber übernimmt der Kitsch. Auf dem großen Markt des Viertels riecht es nach Fisch und Fleisch. Die Händler haben ihr Obst und Gemüse zu Pyramiden aufgebaut und spritzen mit der Hand aus Eimern etwas Wasser darauf, damit es schön glänzt. An fast jeder Ecke gibt es frisch gepressten Orangen- oder Granatapfelsaft. Auch viele Kioske haben eine mechanische Saftpresse im Laden stehen. Die kilometerlange Uferpromenade ist ein Geheimtipp, neu begrünt und äußerst ruhig, denn der Verkehr ist weit weg, und das ist in İstanbul äußerst selten. Ich kann dort sogar joggen gehen und meine Muskeln trainieren. Alle paar Hundert Meter stehen Geräte, wie sie früher auf einem Fitnessparcours standen.

Das Zentrum von Kadıköy markiert ein Kreisverkehr, in dessen Mitte die Skulptur eines großen, wütigen Stiers aufgestellt wurde: der »Boğa«. Träumen die jungen Leute von einem Land ohne Tayyip Erdoğan, wäre Kadıköy bestimmt seine Hauptstadt. Die angesagtesten Bars und Pubs sind nach europäischen Städten benannt, das Belfast und das Zürich. Dort erzählte mir neulich ein Barkeeper, warum Alkohol in der Türkei etwas Gefährliches sei: »Der typische Türke ist ein schlafender Vulkan«, meinte er. »Nüchterne Türken sagen immer nur zehn Prozent von dem, was sie eigentlich denken, neunzig Prozent davon bleibt verborgen.« Mit viel Alkohol aber breche der Vulkan aus. »Dann kommt alles raus, und es gibt Tote.« Türken würden deshalb gerne Leber essen, frittiert oder gegrillt, damit der Alkohol besser absorbiert werde.

Zwar gibt es in Kadıköy nicht viel Historisches zu sehen. Die Geschichte dieses Stadtteils aber reicht weit in die Zeit vor Jesu

Geburt zurück, ins 7. Jahrhundert vor Christus zum Beispiel, als die Griechen Byzanz gründen wollten. Damals befragten sie das Orakel von Delphi, wo sie die Stadt bauen sollten. »Gegenüber dem Lande der Blinden«, sollen sie zur Antwort bekommen haben. Mit den »Blinden« waren die Bewohner auf der asiatischen Seite des Bosporus gemeint, dem heutigen Kadıköy, denen die günstigere Lage auf der europäischen Seite entgangen war. Mehr als tausend Jahre später, beim Konzil von Chalkedon im Jahr 451 nach Christus, wurde in Kadıköy wieder Geschichte geschrieben. Die Kirchenleute stritten darüber, was Jesus denn genau gewesen sei: Mensch und Gott, wie die Reichskirche damals und die Katholiken bis heute glauben. Oder doch ein göttliches Wesen, das zu Fleisch geworden ist – davon waren damals auch einige Geistliche überzeugt. Es kam zur Spaltung und zur Gründung der orientalisch-orthodoxen Kirchen: der armenischen, koptischen, äthiopischen und der syrischen.

Heute passieren in Kadıköy weit weniger geschichtsträchtige Dinge. Im Dezember 2012 versuchte ein Mann in einem Fünf-Sterne-Hotel seine Freundin in jener Manier zu töten, wie der Killer Dexter in der gleichnamigen US-Krimiserie immer vorgeht. Der Mann fesselte die Frau mit Handschellen und packte aus, was er im Koffer hatte: Klebeband, Plastikfolie, Müllbeutel und Seziermesser. Das Hotelpersonal hörte Schreie und konnte die Frau in letzter Minute befreien. Der Mann gab später an, er habe seine Freundin nicht töten wollen. »Ich wollte sie nur erschrecken und damit sicherstellen, dass sie mich niemals betrügt«, erklärte er den Polizisten.

Kadıköy ist auch, wenn man so möchte, eine Bastion der Anhänger von Mustafa Kemal Atatürk. Auch so ein Mann, dem man sich in der Türkei nicht entziehen kann. Nur hört man ihn nicht mehr pausenlos reden, sondern sieht ihn allenthalben: auf Fahnen, Autos und in Büros und Wohnungen, eingerahmt an der Wand. Der Offizier schlug die Griechen im Herbst 1922 ein für alle Mal und formte aus den Trümmern des Osmanischen Reiches die moderne, türkische Republik. Später gab er sich den Namen Atatürk, was übersetzt so viel heißt wie: Vater der Türken. Er hatte damals eine genaue Vorstellung davon, wohin das Land gehört: nach Europa. Atatürk schaffte das arabische Alphabet ab, führte Türkisch als Amtssprache ein, verbot die Polygamie und ließ die Scheidung zu. Männern verbot er, die runde, osmanische Filzkappe, den Fes, zu tragen und schrieb ihnen stattdessen Hüte mit Krempe vor, wie ihn europäische Gentlemen trugen – denn mit einer Krempe kann ein gläubiger Muslim den Boden nicht mehr berühren, wenn er betet. Atatürk war überzeugt, dass Islam und Fortschritt nicht zusammenpassen. Er ist also auch dafür verantwortlich, dass mir manches hier vertraut vorkommt.

Am Ende erging es Atatürk so, wie es allen Herrschern ergeht, denen die Macht zu Kopf steigt: Er wurde größenwahnsinnig. Seiner Adoptivtochter Afet İnan gab er den Auftrag, sie solle mit einigen Anthropologen durchs Land reisen und den Schädelumfang der Menschen vermessen. Sie sollte damit beweisen, dass die Türken erstens der Rasse des weißen »Homo Alpinus« angehörten und nicht der angeblich zweitrangigen »gelben Rasse« und dass zweitens die Türken aus einer homogenen Rasse bestünden. Vierundsechzigtausend Schädel wurden für die Forschungsarbeit ausgemessen, mit der Atatürks Adoptivtochter 1939 ihren Doktortitel an der Universität in Genf verteidigte. Der Kult um seine Person nahm groteske Züge an. Bis 1981 gab es weder einen Film noch ein Theaterstück, in dem Atatürk dargestellt wurde. Richard und Nancy Tapper, zwei britische Anthropologen, verglichen dieses Verbot sogar mit jenem aus dem Islam, das vorschreibt, dass der Prophet Mohammed unter keinen Umständen gezeigt werden darf. Außerdem waren viele Leute damals überzeugt davon, dass kein Schauspieler es vermöge, ihren Staatsgründer darzustellen.

Doch nicht nur Porträts von Atatürk schmücken Heim und Büro. Wenn ich am Wochenende zum Markt spaziere, komme ich meistens an einem Mann vorbei, der ein gutes Dutzend Türkeifahnen in der Hand hält und sie für wenig Geld verkauft. Die Ware ist ein Bestseller. An einem ganz normalen Tag hängen in İstanbul die roten Flaggen dermaßen zahlreich an den Fassaden, dass ein Nichtsahnender vermuten könnte, das Land habe soeben die Fußballweltmeisterschaft gewonnen. Ich musste mich anfangs daran gewöhnen, dass die türkische Fahne regelrecht heilig ist, wie eigentlich alles, auf dem Halbmond und Stern gedruckt ist. Die Heimatliebe ist quasi ins Gesetz geschrieben. Wer die türkische Nation, den türkischen Staat, die türkische Regierung, das türkische Militär oder die türkische Justiz beleidigt, muss heute noch bis zu zwei Jahre ins Gefängnis. Das regelt Artikel 301 im Strafgesetzbuch. Dazu passt auch, dass in jedem Vereinslokal ein Bild von Kemal Atatürk hängen muss – und zwar höher als alles andere an der Wand. An Feiertagen werden ganze Hochhäuser mit türkischen Fahnen verhüllt und im Fernsehen wird live über Atatürk diskutiert. Vor Kurzem fragte ich einen Bekannten, wie man denn eine zerrissene türkische Fahne entsorgen könne, ohne vor Gericht zu landen. »Schwierig«, sagte er. »Du wickelst sie in Zeitungspapier, und wenn niemand hinschaut, dann verbrennst du sie.«

Die türkische Gesellschaft macht es mir nicht leicht, sie zu verstehen. Das hat zunächst mit der Sprachbarriere zu tun. Als ich ankam, war ich erstaunt, wie wenig Leute etwas Englisch sprechen. Dann sah ich eine Show des türkischen Komikers Cem Yılmaz, der sich darin über die mangelnden Englischkenntnisse seiner Landsleute lustig machte. Dabei äffte er den typischen Dialog mit einem Touristen nach: »Are you Cola? Are you Disco? What are you?« Was mir den Zugang zu dem Land außerdem erschwert, ist die innere Zerrissenheit der türkischen Gesellschaft, einer Gesellschaft voller Widersprüche. Da ist ein immenser Stolz der Menschen, der aber von einem großen Minderwertigkeitskomplex unterlaufen wird. Da ist eine tiefe Ausländerfeindlichkeit zu spüren, die nicht zusammenpassen will mit der großzügigen Gastfreundschaft. Türken können nicht oft genug hören, wie schön die Türkei doch ist – und doch ist es den meisten eigentlich völlig egal, was andere über sie denken. Die Japaner gelten seit Langem als ihr Vorbild. Die hätten es nämlich geschafft, mit dem Westen mitzuhalten, ohne ihre Werte aufzugeben.

Doch was sind die türkischen Werte überhaupt? Türken sind ethnisch und kulturell eine Mischung aus Turkmenen, Griechen, Armeniern, Bulgaren, Russen und Juden, um nur einige Nationen und Völker zu nennen. Gut sechsundsiebzig Millionen Menschen leben in diesem Land, das die grobe Form eines Rechtecks hat und doppelt so groß ist wie Deutschland. Wie ein großes Scharnier verbindet die Türkei Abendland und Morgenland. Ich finde hier auch beides wieder.

Das Europäische: Türken sind pünktlicher als Italiener und mögen es funktional wie die Deutschen. Sie sind diszipliniert wie die Briten, zumindest, wenn sie anstehen müssen. Ihre Sprache hat die Höflichkeit des Französischen; Türken sagen Sie und nicht Du. Türken wurden nie unterjocht – sie herrschten. Im Frühling blühen in İstanbul überall bunte Tulpen. Die Zwiebeln jedoch kommen nicht aus Holland, sondern wurden dort erst im 16. Jahrhundert eingeführt – aus der Türkei, wo sie ursprünglich herstammen.

Das Orientalische: Diebstahl ist das schändlichste Verbrechen, Obdachlose sind eine Seltenheit. Die alten, türkischen Lieder dauern minutenlang und sind traurig. Türken besuchen sich gegenseitig oft und gerne und bringen dabei Geschenke mit. Sie vermeiden den zu direkten, unverblümten Ton. Sie haben ein tiefes Verständnis für die Lebenssituation von Menschen und sehen eher das große Ganze als das Detail. Und dann ist da noch so etwas wie die Akzeptanz des Todes, die den Leuten innewohnt, dass Menschen also sterben, weil Gott es so will.

Der Istanbuler Soziologe Ömer Seven beschrieb die Mentalität der türkischen Gesellschaft einmal mit dem Wort »*vurdum-*

duymaz«. Deutsche Wörterbücher übersetzen es mit gleichgültig, doch wortwörtlich bedeutet es: Ich habe ihn geschlagen, er spürt nichts davon.

Vurdumduymaz – anfangs hatte ich mich gewundert, dass mir kaum jemand auf E-Mails antwortete oder mich zurückrief. Meinem Freund Nelson geht es ähnlich. Sein Job ist es, Ingenieuren die Elektrik zu verkaufen, die in einem Tunnel oder in einem Hochhaus steckt. Die Kalkulation im Baugeschäft sei heutzutage so einfach wie brutal: Wie viel Zement brauche ich, und was kosten die Arbeitskräfte? Die Türkei hat billige Arbeiter, aber nicht das Know-how. Das kommt aus Japan, denn die Ingenieure dort sind die besten, wenn es darum geht, in Gegenden zu bauen, wo es Erdbeben gibt. Das Zubehör, das Nelson verkauft, ist eine globalisierte Massenware; für alle erhältlich, zum gleichen Preis. Und da liegt das Problem: Er muss die Leute davon überzeugen, dass sie die Ware bei ihm kaufen sollen und nicht beim Konkurrenten.

Nelson jedenfalls braucht mehrere Anläufe, damit ein möglicher Geschäftspartner ihm überhaupt mal antwortet, geschweige denn zuhört. »Die ignorieren mich«, sagte er mir. »Und wenn sie sich dann mit mir treffen, ist die Atmosphäre kühl. Manchmal beleidigen sie mich auch.« Überhaupt seien die Geschäftspraktiken in der Türkei anders: »In Indien fragen mich meine Kunden direkt, ob sie ein Auto für den Vertrag kriegen, und wir sind dann schnell Freunde.« Das mit dem Auto würden sie hier auch machen, sagt Nelson, »aber nur untereinander, nicht bei Ausländern«.

Wie viele Inder bewegt Nelson beim Sprechen seinen Kopf hin und her und hat den für seine Landsleute typischen Akzent, der dadurch entsteht, dass seine Zunge beim T, D und N nicht die oberen Schneidezähne berührt, sondern den vorderen Gaumen. Genau das aber kommt nicht gut an bei seinen türkischen Kunden, die oft die Strenge eines Militärgenerals haben. Der österreichische Schmäh funktioniert hier auch nur bedingt, wie ich feststellen musste. Dabei wurde ich gleich bei meiner Ankunft von einer Bekannten, die seit Langem in İstanbul lebt, gewarnt: »Pass auf, die Türken sind noch humorloser als die Deutschen!«

So ganz unrecht hatte sie nicht. Zwar gibt es an den Kiosken viele Comic- und Satiremagazine, die sich auch gut verkaufen. Im Alltag aber ist es doch sehr wichtig, dass man sich seriös und von seiner besten Seite zeigt. Man sieht jedenfalls deutlich mehr Leute in Sakkos als in Schlabberpullis. Türkische Männer treffen sich in Teestuben und haben ihre besten Freunde, die sie oft von Kindesbeinen an kennen – und denen sie auch alles erzählen. »Ihr im Westen habt Psychiater, wir haben das Teehaus«, erklärte mir Çağdaş, der mit meiner japanischen Bekannten Yoko verheiratet ist. Männer würden dort tatsächlich alles mit ihren Freunden besprechen, was sie bewegt, Probleme mit Geld, den Nachbarn und der Ehefrau. Es ist die Familie, die zählt, die man achtet, ehrt und auf die man schaut. Am meisten spüren das die Leute, die einheiraten. Kristina aus Litauen lebte zwei Monate bei ihren Schwiegereltern in İstanbul und wurde gefüttert, bemuttert und kaserniert. Die Gespräche drehten sich nur um die Familie. »Du hast das Blut, und wenn du es nicht hast, dann bist du auch nicht wichtig«, erklärte sie mir. Yoko wiederum war irritiert, als ihr die japanische Botschaft vor der Hochzeit mit Çağdaş eindringlich riet, sie solle auf keinen Fall erzählen, wie viel Geld, Grundstücke oder Besitz sie habe. »Das betrachtet die Familie sonst als ihr Eigentum.«

So schwierig es also ist, aus den Familienbanden auszubrechen, so schwierig ist es auch, als Außenstehender aufgenommen zu werden. Überhaupt trifft man hier auf Extreme: In einer Apotheke, die ich neulich aufsuchte, holte mir der Apotheker einen Stuhl, brachte ein Glas Tee und wir unterhielten uns zwei Stunden lang darüber, warum Handys in der Türkei so teuer sind. In einer anderen Apotheke, keine zweihundert Meter entfernt, passierte es mir hingegen, dass ich komplett missachtet wurde. Als ich nach einem Medikament fragte, schaute mich der Apotheker nicht einmal an und sagte nur: »Nein« – in jenem bestimmten Ton, der mir klar zu verstehen gab, dass er auch keine Nachfrage dazu wünschte.

Ich werde oft gefragt, was ich mit İstanbul verbinde, was typisch für diese Stadt sei. Doch ist der Ort, in den ganze Nationen passen würden, zu vielschichtig und widersprüchlich, um darauf eine allgemeine Antwort zu geben. Aber mir ist aufgefallen, dass die meisten meiner Freunde im Baugeschäft arbeiten. Dass überall Baukräne und Bagger arbeiten. Dass in fast jeder Gasse leerstehende Häuser und Geschäfte stehen, Spekulationsobjekte, an denen Werbetafeln hängen, auf denen eines der beiden Wörter steht: *satılık* (zu verkaufen) oder *kiralık* (zu vermieten). Die beiden Begriffe waren die ersten, die ich im Wörterbuch nachgeschlagen habe, so häufig sieht man sie. Gebaut wird hier jedenfalls, als müsste man die halbe Welt unterbringen. Mit dem Ergebnis, dass sich die Stadt ständig verändert und neu erfindet, was ihren Charakter prägt.

Wer es beständig mag, wird sie hassen. Ich mag sie. Ich entdecke hier ständig Neues. Kaum hatte ich meinen Stamm-Dönerladen gefunden, war dieser auch schon wieder dicht. Der neue Mieter riss alles heraus und machte vier Wochen später selbst einen Dönerladen auf. Die einzigen Geschäfte, die sich in meinem Viertel halten, sind Modeläden, die Brautkleider verkaufen. Davon habe ich im Umkreis von zweihundert Metern genau siebzehn Stück, und monatlich werden es mehr. All das, was ich als Ökonom in meinem Studium gelernt habe, kann ich hier nicht gebrauchen. Mit den Theorien der Standort- und Gewinnoptimierung kann ich mir jedenfalls nicht erklären, warum sich Geschäfte genau dort ansiedeln, wo es schon viele Konkurrenten gibt, sodass am Ende eine Straße ausschließlich aus Juwelieren, Mechanikern oder Antiquitätenhändlern besteht. Als ich neulich ein paar Nägel und Schrauben brauchte, irrte ich durch die Stadt und fragte

mich durch. Am Ende wurde ich fündig und hatte drei neue Stadtteile kennengelernt.

Die Menschen, die ich hier kennenlerne, scheuen kein Risiko. Ständig probiert jemand etwas aus. Eine Familie schaffte
kürzlich sogar eine riesige Keksbackmaschine nach Kadıköy.
Die Kekse waren gut, nur hat sie niemand gekauft, was zum einen daran lag, dass die Eigentümer griechische Vorfahren haben
und es außerdem, keine halbe Minute entfernt, zwei gute Bäcke-
reien gibt, die Süßes verkaufen. Drei Monate später war der Laden eine große Baustelle – und ein neues Brautkleidgeschäft eröffnete. Richtig leid tat mir Hikmet, ein netter Mann um die
fünfzig, der in meiner Nachbarschaft einen *manav* eröffnet hatte, ein Geschäft für Obst und Gemüse. Seine ganze Familie arbeitete im Laden mit. Die Preise waren günstig, das Obst von guter Qualität, der einzige Mangel: Es gab keine Kundschaft.
Angeblich lag es daran, erzählte man mir später, dass Hikmet
nicht aus der Gegend stammte und die Restaurants nicht bei ihm
kauften, weil ihnen Hikmets einziger Konkurrent mit der Mafia
drohte. Über Nacht war der Laden zu und Hikmet verschwunden. Als ich ihn Wochen später zufällig traf, verlor er kein Wort
darüber. Er war ganz aufgeregt: »Ich mache jetzt was mit Mö-
beln«, erzählte er mir stolz. Sein neues Geschäft, keine einhundert Meter von meiner Wohnung entfernt, sei fast fertig; ich solle doch mal auf einen Tee vorbeikommen.

Ich bin in einer Gesellschaft aufgewachsen, die auf menschliche Berechnung setzt. Das hilft mir hier wenig, zumal ich auch
noch in einer Stadt lebe, die inmitten einer hochgefährlichen Erd-
bebenzone liegt. Die Menschen haben sich dem Schicksal ergeben, und ich tue das auch. Zu oft wurde İstanbul von Erdbeben
zerstört und musste sich wieder hochkämpfen, wie zuletzt 1999,
als das Beben von İzmit, bei dem ingesamt siebzehntausend Menschen starben, bis an den Bosporus zu spüren war. Aus Angst vor
der großen Katastrophe wird hier selten in die Höhe gebaut, und

die Häuser kleben aneinander, um den knappen Platz nicht zu verschwenden.

Wie sich das anfühlt, wenn die höhere Macht zuschlägt, konnte ich ein wenig im Herbst 2012 erahnen, als ich gemütlich auf meiner Couch lag und plötzlich alles zitterte. Am nächsten Tag las ich in der Zeitung, dass es tatsächlich einen kleinen Erdstoß gegeben hatte. Erst neulich haben Wissenschaftler einen extrem gefährlichen Erdbebenherd ausgemacht, der keine zwanzig Kilometer südlich vom historischen Stadtkern İstanbuls schlummert, in gut zehn Kilometern Tiefe im Meer. Forscher haben für İstanbul berechnet, dass die Wahrscheinlichkeit eines schweren Erdstoßes bei zwei Prozent im Jahr liegt. Das ist vergleichbar mit Tokyo oder San Francisco. Die Prognose ist düster, denn somit ist es zu sechzig Prozent wahrscheinlich, dass es in den nächsten dreißig Jahren ein starkes Erdbeben geben wird, das alles plattmachen könnte.

Was passiert, wenn man eine Kultur einer anderen aussetzt? Zunächst wehrt sie sich und wird extremer. Dann vergisst sie allmählich und romantisiert ihre Ideale. Schlussendlich nimmt sie Neues auf und passt es ihren Vorstellungen an. So entstand über die Jahrzehnte eine eigene, türkische Kultur in Deutschland, die kaum noch in die heutige Türkei passt, weil ihre Gebräuche und Traditionen ein Mischmasch sind. In İstanbul treffe ich ständig auf Leute, die Deutsch können und in der Türkei ihre Heimat suchen wollen. »Deutschländer«, nennt sie mein Freund Melih Zaim. »Die kommen an und sagen, sie seien Türken. Verstehen Kultur und Sprache nicht. Die sollten ehrlicherweise sagen: Ich bin ein Deutscher, der Türkisch kann. Wenn du Englisch sprichst, sagst du ja auch nicht, ich bin ein Engländer.«

Melih ist selbst ein Deutschländer. Er ist so alt wie ich, 36, und arbeitet im Baugeschäft. Melih ließ das Haus bauen, in dem ich lebe, und benannte es nach Ender, seiner verstorbenen Mutter,

von der er auch das Grundstück geerbt hat. Es war sein erstes Bau-
projekt. Deshalb gab er sich bei der Inneneinrichtung große
Mühe: Er ließ eine Gegensprechanlage mit Videoübertragung
einbauen, ein hochmodernes Gerät, das die Aufnahmen wochenlang speichert. Ebenfalls eine Vorrichtung für einen Staubsauger-
roboter, der sich an ein Loch in der Wand andockt, um den aufge-
sammelten Dreck automatisch zu entsorgen. Besonders stolz ist
er auf seine qualitativ hochwertigen Steckdosen und Schalter, die
er nur mit großem Aufwand aus dem Ausland importieren konnte. Groß ist sie zwar nicht, die Wohnung, genau fünfundvierzig
Quadratmeter, dafür aber hell, möbliert und preiswert. Nur im
Bad gibt es ein Problem, denn es sammelt sich Wasser an der Decke, das sich immer tiefer durch die Rigipsplatten frisst. Die
Schimmelpilze sprießen bereits. »Es kotzt noch«, sagte mir Melih
vor ein paar Tagen, als ich ihn anrief, weil ich in meinem Bad morgens einen See entdeckte. »Kotzen, das sagen wir Türken im Bau,
wenn es irgendwo tropft und noch nicht trocken ist.«

Melih ist einen Kopf größer als ich, weshalb er sich bücken
muss, wenn er zur Tür hereinkommt. Als wir uns kennenlernten,
fuhr er mit einem fetten, schwarzen BMW vor. Er liest die Zeitung »Sözcü«, ein regierungskritisches Blatt, und wird deshalb in
der U-Bahn oft schief angeschaut. Er hat Religiösen im Sommer
schon mal ein Deo geschenkt. »Die waschen sich immer nur die
Hände und Füße und die Nase. Das bringt doch nichts.« Wenn
ich nach Deutschland fliege, gibt mir Melih seine Wunschliste
per SMS durch, Sachen, die es hier nicht zu kaufen gibt: Knop-
pers, Schogetten, Hanuta, Duplo, Yogurette, Kinder Country,
Nippon, Bifi Roll, Gouda-Käse, Sauerkraut, Schwarzwälder
Schinken, Kasseler, Bratwürstchen und vor allem: nimm2-Bon-
bons. »Ich könnte sofort einen Weihnachtsmarkt leer fressen«,
sagte er mir neulich.

Melih spricht akzentfrei Deutsch, und wenn er etwas gut findet, sagt er: »Prima!« Er stammt aus Wedel im Norden Deutsch-

lands, einer Kleinstadt unweit von Hamburg. Seine Mutter sprach
Deutsch mit ihm. Sein Vater, der nur Türkisch konnte, ernährte
die Familie, stieg ins Fleischergeschäft ein und handelte mit Na-
turdärmen für die Wurstherstellung. Die Familie brachte es damit zu einem bescheidenen Wohlstand und packte im Sommer
stets das Auto voll, wenn sie sich zum immer gleichen Urlaub in
der Türkei aufmachte. An der Grenze wurde ihnen dann jedes
Mal der Fotoapparat abgenommen, mit der Begründung, dass Fo-
tografieren in der Türkei verboten sei.

Wenn seine Schwester da war, durfte Melih keine Jungs mit
nach Hause bringen. Seinen Onkel musste er mit Herr Onkel an-
sprechen, und wenn jemand vom Friseur mit frisch geschnittenen
Haaren nach Hause kam oder nach dem Duschen aus dem Badezimmer trat, achtete der Vater immer sehr genau darauf, dass die
Kinder auch das sagten, was er ihnen eingebläut hatte: *sıhhatler olsun,* was so viel bedeutet wie: Bleib gesund. Melih glaubte damals,
dass alle Türken so sind. Immer öfter rannte er als Teenager gegen die Regeln seines Vaters an, der ihn so erzog, als lebten sie in
der Türkei der Sechzigerjahre.

Als Melih zwölf war, zog die Familie ins Grüne. Dort lernte er
in der Nachbarschaft Klaus Wilhelm Grunwald kennen. Grunwald war zwei Meter groß und in der Fremdenlegion. Er konnte
einen Bierkasten mit einer durchgestreckten Hand hochheben.
Melih mähte Grunwalds Rasen und verdiente sich ein kleines Taschengeld. Er sprach ihn mit Herr Grunwald an, so hatte ihn sein
Vater erzogen. Bei ihm fand er jedenfalls all das, was er zu Hause
vermisste: Freiheit, Männergespräche und Luxus. »Der war mein
Ziehvater«, sagt Melih, »mein Mentor.« Grunwald nahm ihn mit
auf seine Jachten und fuhr einen Mercedes SL 500. Im Auto hatte er eine riesige Freisprecheinrichtung installiert.

Melih hielt es zu Hause nicht mehr aus, auch in der Schule hatte er Stress. Mit fünfzehn riss er von zu Hause aus. Er zog in Grunwalds neue Bleibe, in ein altes, umgebautes Hallenbad in Ham-

burg-Niendorf, das in der Einflugschneise des Flughafens lag. Dieser Herr Grunwald, Ehrendoktor einer ukrainischen Universität, ehemaliger Bettwäschevertreter, gelernter Kellner, Kneipen- und Kapitänspatentbesitzer, angegraut und schon etwas über der Mitte seines Lebens, hatte eine erfolgreiche Partnervermittlung gegründet, die er mal Maritim, mal Noblesse nannte. Mit seinen Kunden traf er sich nur in den schicksten Hotels. Trug Schnauzbart, Goldschmuck und nahm seinen Altdeutschen Schäferhundwelpen Teddy mit. »Ich gebe den Frauen einen Traum«, erklärte er Melih sein Geschäftsmodell. »Den Traum, dass sie einen Millionär heiraten.«

Grunwald schaltete Annoncen in Zeitungen für angeblich heiratswillige Ärzte, die in traurige Kinderaugen blicken, und einsame Piloten, die von ihrer Haushälterin begrüßt werden – und die allesamt nur warteten auf die Lehrerinnen, Sekretärinnen und Hausfrauen kurz vor den Wechseljahren, die sich bei Grunwald meldeten. Für seine Verkupplungsdienste verlangte er ein üppiges Honorar: zweitausend D-Mark. Melih schwärmt noch heute von dessen Überzeugungskraft: »Der war ein Dichter, du wolltest einfach nur weiterlesen, wenn der Mann seine Mappe mit den Kundenprofilen öffnete, fein einsortiert in Klarsichthüllen.« Am Ende bekamen die Frauen einen Gärtner oder Klempner vorgestellt, manche Männer gab es gar nicht oder sie waren bereits verstorben. Im Winter 1997 flog der Schwindel auf. Grunwald bekam eine Bewährungsstrafe. Zum Prozess reiste eine »Stern«-Reporterin an und schrieb ein großes Porträt über ihn, den »Herzaufreißer«, »Liebes-Dienstler« und »Annoncen-Rilke«.

Währenddessen trieb sich Melih immer häufiger nachts auf der Reeperbahn herum, wo er neue Freunde fand, Zuhälter und Dealer. Es gab Streit zwischen ihm und Grunwald: »Willst du mit fünfzehn Mark am Tag enden?«, schrie der ihn an. Melih packte seine Sachen und zog aus. Er kaufte sich dunkle Alpha-Jacken, wie sie von Piloten eines Kampfflugzeugs getragen werden, und ließ sich eine Glatze rasieren. Noch keine zwanzig, schnappte er sich eine Pistole und ging auf Raubzug. »Das war totaler Mist, das waren nicht mal reiche Leute. Das waren völlig unschuldige, arme Menschen.« Mit einer geklauten EC-Karte wollte er Geld aus einem Automaten ziehen; kurze Zeit später schnappte ihn die Polizei. Melih, der türkischer Staatsbürger ist, wurde verurteilt, zu sechs Jahren Haft in einer Zelle im Dammtor-Gefängnis. Drei Monate später schoben ihn die Behörden nach İstanbul ab.

Seine Lebensgeschichte erzählte mir Melih erst vor Kurzem, gut ein Jahr, nachdem wir uns kennengelernt hatten. Hätte er das nicht getan, hielte ich ihn noch immer für das, was er vorgab zu sein: erfolgreicher Bauunternehmer, gutes Elternhaus, gutes Einkommen, schwarzer BMW 420 D. Der Wagen aber, mit dem er vorfuhr, gehört nicht ihm, sondern einem Bekannten. Melih fährt einen alten Opel Corsa, Baujahr 1996, auf dessen Kofferraum er einen Sticker geklebt hat mit der Unterschrift von Kemal Atatürk.

Wir hatten uns im Damla getroffen, wie wir das häufiger tun, Melihs Stammkneipe, die bei mir um die Ecke liegt, zwei braune Klimaanlagen surren unter der Decke, die Neonbeleuchtung wirft kaltes Licht in den Raum. Im Damla – zu Deutsch: Tropfen – bekommt man Efes-Bier vom Fass und Kleinigkeiten zum Essen. Hühnerspieße und *köfte* hat der Chef stets im Kühlschrank gelagert und *amerikano*, wie er sagt, Mayonnaisesalat, der bei uns Russischer Salat heißt. Die türkische Bezeichnung ist ein Relikt aus den Sechzigerjahren, als durch die Türkei die Angst vor dem Kommunismus geisterte. Jedes Wort, das an die Sowjetunion erinnerte, war damals verpönt, und so wurde aus dem Russischen Salat eben der *amerikano*. Damals hatte sogar ein Professor seinen Job an der Uni verloren, weil er die französische Enzyklopädie »Larousse« im Regal stehen hatte – weil das Wort eine Verbindung zu Russland vermuten ließ.

»In İstanbul wirst du abgestempelt je nach Job und den Sachen, die du besitzt«, erklärte mir Melih. Er kennt das nur zu gut: Sitzt er in dem fetten BMW, heißt es überall »großer Bruder«. Frauen flirten ihm von anderen Autos zu, und sogar ›Red Bull‹-Mini Cooper, die durch die Stadt kurven, um für das Getränk zu werben, haben schon neben ihm angehalten und ihm ein paar Dosen geschenkt. Weil Äußerlichkeiten so wichtig sind, lassen sich auch alle älteren Frauen die Haare färben. »Die reichen Türken wissen gar nicht, was ›natürlich‹ ist. Hier ist alles nur Show«, sagte Melih. Auch seine Schwiegermutter lasse sich Botox spritzen und die Haut straffen. Dazu passt auch, dass es in İstanbul überall Kliniken und Praxen gibt, in denen man künstliche Zähne bekommt und sich Brillenträger die Augen lasern lassen. Besonders beliebt, auch bei arabischen Gesundheitstouristen, sind die Haarverpflanzungen. Ein Freund aus Deutschland, der mich besuchte, war etwas verstört, als er einige Männer sah, die mit einem Verband und blutigen Stellen auf dem Kopf durch die Gassen liefen. Er fragte mich bestürzt: »Sind das Syrer aus dem Krieg?«

Im Damla kennt Melih jeden Gast. Meistens sitzt dort ein Mann im Anzug, der sich mir als Direktor einer guten Schule vorstellte. Daneben ein Kumpel, der eine Straße weiter die *dolmuş*-Minibusse einteilt, und gelegentlich schaut auch Hakan vorbei, der Türkisch mit schwäbischem Akzent spricht, weshalb Melih für ihn übersetzen muss. Das macht er auch für mich. Ich rufe Melih immer an, wenn ich mit meinen Sprachkenntnissen am Ende bin, und stelle mein Handy dann auf Lautsprecher.

Melih erzählte mir beim Bier, wie es für ihn war, als er vor vierzehn Jahren nach İstanbul kam: fünfundneunzig Kilogramm schwer, den Kopf kahlrasiert, »ein Tier von einem Mann«, »du hast jede Ader gesehen«. Damals war Bodybuilding in der Türkei noch kein Thema. Die Leute schauten ihn komisch an.

Melih musste erfahren, dass vieles von dem, was er von seinem Vater gelernt hatte, von gestern oder vorgestern war. Der Wortschatz, die Kultur, das Benehmen. Heute ist es so, dass sein Vater ihn nicht mehr versteht, wenn Melih mit ihm Türkisch spricht, wie vor einer Woche, als er ein umgangssprachliches Wort sagte: *kanka*, eine Abkürzung für *kan kardeş*, was Blutsbrüder bedeutet. Melih wollte damit ausdrücken, dass er neue Kumpel gewonnen hat. »Die Türken hier denken über die Deutschländer, dass sie Idioten sind. Die nutzen das gnadenlos aus. Es ist auch so: Du denkst, du kommst mit einem Handschlag weiter, weil du ja jetzt in der Türkei, deiner Heimat bist. Aber die wollen hier alle nur dein Geld.« Viele Deutschländer würden auch den Fehler machen, die Türken zu kritisieren. »Besserwisserei ist vielleicht bei Europäern akzeptiert, nicht aber bei Türken.« Die meisten, die zurückkommen, würden scheitern. Und diejenigen, die wie er aus Deutschland rausgeschmissen wurden, werden ausgegrenzt. »Es gibt hier einen Park, wo die Deutschländer herumlungern, die abgeschoben wurden. Die sind obdachlos, weil die Verwandten in der Türkei sie nicht mehr wollen.«

Aber ist das Leben hier für ihn, den Deutschtürken, so anders? Melih sagte mir, dass er vor allem deutsches Essen vermisse. Vieles von dem, was in Deutschland für ihn normal war, ist hier seltsam: Nach einer durchzechten Nacht essen die jungen Leute keinen Döner, sondern *kokoreç*, auf einem Spieß gegrillte, kleingeschnittene Därme vom Lamm. Kaum jemand putzt sich die Nase mit einem Taschentuch. Laut schnäuzen gilt als unhöflich. Das fiel auch mir auf. Am besten solle ich den Rotz leise hochziehen, riet man mir, oder mit einem Taschentuch möglichst unauffällig herausziehen. Taxifahrer halten die Fenster geschlossen, weil sie Angst haben, von draußen könnte etwas reinfliegen, was sie krank macht. In den Häusern machen viele die Klimaanlagen aus, weil auch sie krank machen und womöglich zu *midem üşütmüş* führen, verkühltem Magen, der ominösen Standardkrankheit in diesem Land, die für alles herhalten muss: Wenn man friert, Blähungen bekommt, bei saurem Aufstoßen oder auch, wenn der Bauch drückt, weil man zu viel gegessen hat. Aus Angst vor Krankheiten sieht man draußen auch keine Babys, was meinem Freund Nelson aufgefallen ist, denn im ersten Lebensjahr verlassen Kleinkinder nur in Notfällen die Wohnung. Eine Bekannte aus Österreich, die mit ihren Zwillingen täglich spazieren ging, wurde bemitleidet: »Die Leute dachten, ich gehe jeden Tag mit den Kindern zum Arzt.«

Leute der Oberschicht kaufen im Dezember Christbäume und stellen diese zu Hause auf – allerdings für das Neujahrsfest, denn Weihnachten feiern sie als Muslime ja nicht. In Badewannen findet man meistens keinen Stöpsel, weil die türkischen Muslime glauben, dass man in stehendem Wasser nicht sauber wird, was übrigens auch für das Geschirrspülen gilt. Auch wenn es die meisten Türken mit dem Beten nicht gerade ernst nehmen, halten sie manches Gebot besonders hoch. Am islamischen Opferfest rinnt viel Blut durch die Straßen. Mehr als siebenhunderttausend Kühe und zwei Millionen Schafe wurden dafür im Herbst 2012 geschlachtet. Und auch die Vorschrift, keinen Straßendreck in eine Wohnung zu schleifen, befolgen sie mehr als vorbildlich. Die beiden Umzugshelfer, die mir beim Kistenschleppen halfen, zogen geschätzte zwanzig Mal ihre ausgetretenen Schlappen vor dem Eingang aus, obwohl klar war, dass ich die Wohnung danach sowieso putzen musste.

Was Melih nach vierzehn Jahren hier noch immer nervt, sind die Kellner. In Restaurants und Cafés räumen sie bereits das Glas ab, noch ehe man den letzten Schluck daraus getrunken hat – *kalsın* heißt das Zauberwort dagegen: Es soll noch bleiben. Auch wenn das Tempo in İstanbul gelegentlich höher ist, passiert manches doch in Zeitlupe, wie auch ich feststellen musste. Ich bin Aldi-Kassen gewöhnt, mitsamt dem Stress, gleichzeitig einpacken und bezahlen zu müssen. An Supermarktkassen hier sehen die Kunden erst seelenruhig dabei zu, wie die Kassiererin jeden Artikel gemächlich über den Scanner zieht. Anschließend kramen sie umständlich aus ihrer Geldbörse die Kreditkarte heraus und beginnen, nachdem sie den Pincode eingetippt haben und die Bezahlung erfolgt ist, mit dem Einpacken, Stück für Stück, als hätten sie alle Zeit der Welt. Als ich neulich meine Miete überweisen wollte, musste ich in der Bank eine Nummer ziehen und exakt dreiundfünfzig Minuten warten. Die Leute flüsterten höchstens, meistens aber spielten die Männer schweigend mit ihrer Gebetskette.

Ich erzähle Melih das, was ich auch mit Nelson berede, Dinge, die für mich seltsam sind. Zu meiner Überraschung sehe ich in den Straßen nur selten einen Mercedes. Der Türken-Mercedes: ein altes Klischee. Der BMW ist heute das Statussymbol. Nur schwer kann ich mich an den Verkehr gewöhnen, der hier alles lahmlegt, weil es viel zu viele enge Gassen gibt und die Stadt noch mindestens fünf weitere Brücken über den Bosporus bräuchte. *Kalabalık,* das Wort für überfüllt und Gedränge, geht deshalb immer als Ausrede durch, wenn man sich verspätet.

Vor allem aber stört mich, dass ich hier auf Schritt und Tritt überwacht werde. Ich habe in Ägypten noch Mubaraks Polizeistaat erlebt. Nun bin ich in der Türkei und fühle mich immer mal wieder in diese Zeit zurückversetzt. Kaum eine Straße, in der kein Polizist steht, mal in Uniform, mal in Zivilkleidung, mal mit Maschinenpistole. Nur noch Russland soll mehr Beamte pro Einwohner haben. Der Staat möchte alles wissen und sammelt an persönlichen Daten, was geht. Ich musste mein ausländisches Handy mit der IMEI-Nummer registrieren lassen, sonst hätte man es nach gut zwei Wochen gesperrt. Beim Tanken bekomme ich erst Benzin, nachdem der Tankwart mein Kennzeichen in ein Gerät getippt hat. Jeder Staatsbürger bekommt eine elfstellige Identifikationsnummer, die *kimlik* genannt wird. Unter dieser Nummer wird sein ganzes Leben gespeichert und ist für jede Behörde auf Knopfdruck abrufbar: Krankheiten, Automarke, Straftaten und Eheschließungen, wie viel Steuern man bezahlt, welche Medikamente man nimmt oder wie hoch die letzte Telefonrechnung war. Was der Staat im Großen macht, das tun die Bürger indes im Kleinen. Jedes Hotel, jeder Laden hat mindestens eine Überwachungskamera installiert. Wer in eine Shopping-Mall möchte, muss durch einen Metalldetektor laufen. Selbst bei Starbucks läuft pausenlos ein *özel güvenlik* herum, ein privater Sicherheitsmann.

İstanbul mag etwas braver sein als andere Großstädte, doch gibt es auch hier genügend Türen, die in die Unterwelt führen. Melih kennt sich im Milieu aus und hat sich auch in İstanbul immer mal wieder dorthin verirrt. Er musste zunächst auf die harte Tour lernen, in der Türkei zurechtzukommen. Er war Mitte zwanzig, als er aus Deutschland abgeschoben wurde. Kaum war er in seiner neuen Heimat angekommen, wurde Melih sofort zum Militärdienst eingezogen. Er kam nach Edirne, wo die Türkei an Bulgarien und Griechenland grenzt. »Da waren nur Verrückte«, erzählte er mir. »Da waren Leute, die sich mit Rasierklingen malträtiert haben. Keine Junkies, denn Drogen gab es damals kaum.« Die Deutschländer hätten dann nach und nach Drogen in die Türkei eingeführt, richtig professionell, als Massenware. »In Deutschland sind ja alle türkischen Dealer ausgewiesen worden.«

Melih arbeitete in der Residenz der Generäle und Ex-Generäle, einer Hotelanlage für nette Ferientage. Er wurde zum Zoll geschickt, um Whiskey für die Vorgesetzten zu holen, und lernte dort Tricks, wie man schmuggelt. Nach dem Militärdienst zog er nach İstanbul. In seiner Wohnung regnete es durch die Decke, eine Wäscheleine war quer durch den Raum gespannt. Er schlief auf einer Luftmatratze. Melih nahm einen Job in einem Boutiquehotel beim Taksim-Platz an und bekam dafür vierhundertfünfzig Türkische Lira im Monat, das reichte gerade einmal für zwei Wochen. Ein Kumpel erzählte ihm von einer Arbeit in einem Fitnessstudio: »Fünfhundert Lira, und du kannst bei mir wohnen.« Als Melih, der damals aussah wie ein Michelin-Männchen, die schmalen Männer an den Geräten beim Pumpen sah, kam ihm eine Idee: Multipower, das Wunderpulver, das Muskeln macht. Er kaufte eine Rührmaschine und kippte Eiweißpulver und Geschmacksverstärker hinein, Vanille, Erdbeere, was er fand. »Wir verdienten uns blöd«, sagte er. »Die Türken hatten damals keine Ahnung von dem Zeug.«

Dann las Melih in einer Zeitung von einer neuen Gelegenheit: ›Agent‹ in einem Callcenter, siebenhundertfünfzig Lira Lohn. Er musste zum Vorstellungsgespräch und war in der Nacht zuvor in einer Kneipe abgestürzt. »Ich kam voll k.o. zum Gespräch, auch noch zu spät. Das war aber alles okay. Das waren alles Deutschländer dort und keine Türken, deshalb ging das.« Er bekam den Job, die Arbeit lief gut, nach einem Monat wurde er befördert: Melih sollte den Leuten zeigen, wie man Sachen verkauft, ihnen die richtige Gesprächstechnik beibringen, was er bei Grunwald eben so gelernt hatte. Nach einer Weile gründete er sein eigenes Callcenter – und ging schlussendlich 2009 pleite, angeblich, weil ihn ein paar Geschäftspartner betrogen haben. Melih hat jetzt zweihundertfünfzigtausend Lira Schulden. Noch immer wittert er überall ein Geschäft: Zum Beispiel hat er herausgefunden, dass Anabolika in der Türkei in der Apotheke zum Spottpreis erhältlich sind – Primobolan, Sustanon und Testosteron. Er hatte Ideen mit Viagra, das man hier für fünf Lira das Stück kriegt. Kürzlich hat er auf einem Trödelmarkt Adolf-Hitler-Feldpostkarten gekauft, weil er hörte, dass Deutsche dafür bis zu hundert Euro pro Exemplar zahlen. Er rief mich ganz aufgeregt an: »Sag mal, darf ich das eigentlich legal in Deutschland verkaufen?« Alles, was Melih besitzt, seine Wohnung, sein Auto, läuft auf den Namen seiner Schwester, die mittlerweile in Santa Barbara, Kalifornien, lebt, zwei Kinder hat und mit einem Deutschen verheiratet ist, der mit einer Software reich wurde. Von seiner Ex-Frau hat er sich getrennt, weil ständig ihr Vater oder ihr Bruder vorbeikommen wollten. »Die haben am Ende gar nicht mehr angerufen, die hatten einen Schlüssel.« Bei der Scheidung ließ sie ihm eine Liste zukommen, was sie von ihm will. Ganz oben stand: ein Auto. Vor zwei Jahren verliebte sich Melih wieder, heiratete seine neue Liebe und kümmert sich um seinen Sohn. Er lebt in einer Wohnung mit Meerblick, in Kartal, einem Stadtteil so groß wie Hannover, nicht weit vom Flughafen Sabiha Gökçen entfernt. Er spekuliert im Baugeschäft und hofft weiter auf das große Geld. In Sichtweite meiner Wohnung ist ein riesiger Parkplatz. Melih hat gehört, dass dort ein Einkaufszentrum kommen soll. »Dann explodieren hier die Immobilienpreise.«

Ich kann jedenfalls nichts Schlechtes über Melih, den Ex-Knacki, Kleinganoven und Kneipenbesucher, sagen. Er hilft mir, oft auch auf unkonventionelle Weise – etwa einmal, als wir gemeinsam meine Satellitenschüssel auf dem Dach des Nachbarn montierten. Zwei Monate später saß ich vor dem Fernseher und hörte ein komisches Geräusch, das irgendwo von draußen kam. Das Bild ruckelte, auf einmal hieß es: »*Sinyal yok*« – kein Signal. Ich rief Melih an, wir stiegen aufs Dach. Der Nachbar vom anderen Haus hatte die einbetonierte Schüssel herausgerissen und hinuntergeworfen.

Meine Wohnung liegt in Sichtweite der Fußballarena von Fenerbahçe, einem von drei Istanbuler Topklubs in der *Süper Lig*, dem türkischen Pendant zur Bundesliga. Die drei Stadtrivalen mögen sich nicht und sind zutiefst politisiert, auch wenn es immer wieder den Versuch gibt, die Politik herauszuhalten. Da ist der Verein Beşiktaş, der eher links ist und gegen Tayyip Erdoğan. Bei den Heimspielen, in Minute vierunddreißig, der Zahl für das Autokennzeichen von İstanbul, skandierten die Fans neulich: »Überall ist Taksim, überall ist Widerstand.« Taksim ist der zentrale Platz auf der europäischen Seite, auf dem sich die Demonstranten gegen die Regierung treffen. Der Fanklub war auch schnell und zahlreich mit dabei, als die Proteste um die Bebauung des Gezi-Parks anfingen. Der vielleicht bekannteste Sportklub ist Galatasaray, eher rechts und für Erdoğan. Hakan Şükür, der ehemalige Superstürmer, wechselte für dessen Partei sogar zeitweise ins Parlament, hat sich mittlerweile aber mit Erdoğan überworfen. Und dann ist da noch der Verein Fenerbahçe, der in Kadıköy seine Heimat hat und über den die meisten nur sagen: »Das ist die Mafia.« Der Präsident des Klubs soll den Meistertitel in der Saison 2010/2011 durch illegale Spielabsprachen gekauft haben und wurde deswegen zu sechs Jahren Haft verurteilt. Die Mannschaft war daraufhin für einige internationale Wettbewerbe gesperrt.

Ganz in der Nähe der Fußballarena von Fenerbahçe, dreihundert Meter hinter der Polizeistation, wo ein Beamter mit einer Maschinenpistole steht und mir immer bedeutet, ich solle doch einfach über die Straße gehen, obwohl die Fußgängerampel rot leuchtet, wohnt mein dritter guter Bekannter, der zufälligerweise auch im Baugeschäft arbeitet: Oğuz Doğan, neunundfünfzig Jahre, ein gelernter Chemielaborant, der heute als Makler arbeitet. Wenn ich ihn sehe, schaut er meistens Ulusal und freut sich, wenn der linke Sender wieder über eine neue Sauerei der Regierung berichtet. Oğuz begrüßt mich dann meistens mit den Worten: »Ich glaube, es ist jetzt bald vorbei für ihn.« Mit »ihn« meint er Tayyip Erdoğan, mit dem er nicht viel anfangen kann.

Oğuz handelt nebenbei mit allem, was sich sammeln lässt: osmanische Wasserflaschen, Füller und Miniaturautos der Marken Matchbox, Schuco und Tecno, von denen er insgesamt zweitausend Stück besitzt. Sein wertvollstes Exemplar ist ein roter Fiat 1500, den er mittlerweile für tausend Dollar losbekäme. Im Keller stapeln sich die original Rolex-Uhrenboxen, von denen er tausendfünfhundert Stück gehortet hat. Oğuz erklärte mir, dass er sie für fünfzig Lira von den Juwelieren bekomme und für fünfzig Euro über Ebay weiterverkaufe. Er sammelt auch alte Pin-ups, die er in einem Büro in einer Schublade versteckt hält, wegen seiner Frau.

Oğuz kennt jeden in Kadıköy und mag es nicht, wie der Regierungschef sein İstanbul zerstört: die historischen Viertel, die abgerissen werden, um Platz für Investoren zu machen; die Autobahnen, die wie Schneisen in die Landschaft hineingefräst werden; der Wald, der abgeholzt wird, damit der dritte Flughafen entstehen kann. Außerdem trinkt Oğuz gern guten Wein und fühlt sich in seinem İstanbul immer häufiger fremd, weil so viele Menschen aus allen Landesteilen in die Stadt ziehen – und anders sind als er. »Die Nachbarn haben früher immer Essen vorbeigebracht, weil sie wussten, dass die anderen den Duft riechen. Wenn die Eltern nicht zu Hause waren, sagte man immer, ich solle zu Tante Özlem gehen. Die Tante war aber in Wahrheit die Nachbarin«, erzählte mir Oğuz einmal beim Tee. Vor vielen Jahren musste er ins Krankenhaus. »Da kamen sechs Leute vorbei und brachten Essen. Ich wusste nicht, wie ich das alles runterkriegen sollte.« Heute aber sei İstanbul eine Großstadt wie jede andere: anonym und kalt. Neue Nachbarn würden sich nicht einmal mehr vorstellen.

Auch mit Oğuz unterhalte ich mich gelegentlich über die Eigenheiten der Stadt. Als ich ihn fragte, ob er denn wisse, warum ständig neue Läden eröffnen und kurz darauf wieder zumachen würden, lachte er nur. »Grand opening« und »Grand closing« nennt er das. Oğuz erklärte mir, dass eine Firma nur dann bestehen bleibe, wenn sie zwei Jahre durchhalte. Das kommt aber wohl nicht so oft vor: »Die Leute verrechnen sich, die Steuerberater sind nicht professionell. Die Leute denken auch nicht darüber nach, ob eine Idee gut ist. Sie sind nur euphorisch.« Vor zehn Jahren zum Beispiel hatte ein Türke, der eine Zeit lang in Amerika wohnte, eine Geschäftsidee: *Hot Stops.* Er stellte in den Randgebieten İstanbuls beigefarbene Verkaufsstände auf, wo es *Coffee to go* gab, meilenweit von Touristen und der reichen Oberschicht entfernt. »Türken trinken nur Tee«, sagte mir Oğuz und grinste: »Natürlich war der Mann drei Monate später pleite.«

»Die Leute«, sagte mir Oğuz, »leben von heute auf morgen, die kennen das Wort Investition nicht. Was heute an Geld reinkommt, geht morgen sofort wieder raus. Irgendwann wollen die Partner die Miete, die Ware muss den Lieferanten bezahlt werden, und dann merken sie, dass das Geld hinten und vorne nicht reicht.« Die Leute würde das zunächst nicht beunruhigen. »Gezahlt wird, wann man Lust hat, oft auch nur die halbe Miete. Dass aber im nächsten Monat wieder eine komplette Rate dazukommt, daran denkt niemand.«

Tragisch endete die Idee einer Bekannten von Oğuz. Sie hatte von einer Frau einen Laden gemietet und darin einen Friseursalon eröffnet. Als Oğuz sie nach drei Monaten wieder traf, war sie traurig, aber auch wütend. Er wollte wissen, was passiert ist. »Die Frau, von der ich den Laden gemietet habe, hat nebenan einen eigenen Friseursalon aufgemacht«, schluchzte sie. Die Vermieterin hatte gesehen, dass der Laden gut lief, und wollte daran auch verdienen.

Kürzlich war ich wieder bei Oğuz, wir tranken schwarzen Tee mit Nelken, seine Spezialität, und schauten zusammen die Nachrichten. Der Moderator berichtete über neue Skandale der Regierung. »Ich glaube, es gibt jetzt wirklich bald einen Wechsel«, wollte er mir prophezeien. Ich fragte ihn, was denn die Alternative wäre. Oğuz schaute mich ratlos an. In der Türkei gibt es gefühlte einhundert Parteien und drei große: Religiöse (AKP), Faschisten (MHP) und Nationalisten (CHP). Der Leiter der Friedrich-Naumann-Stiftung, die der deutschen FDP nahesteht, musste in einem Interview mit der Tageszeitung »Zaman« resigniert feststellen: »Wir kooperieren ausschließlich mit liberalen Parteien, aber so eine Partei gibt es in der Türkei nicht.«

Ich könnte mich mit keiner der großen Parteien anfreunden. Oğuz wählt eine Splitterpartei, die es bei den letzten Wahlen auf nicht einmal ein Prozent gebracht hat. Für ihn ist wichtig, dass die Islamisten der AKP nicht stärker werden, denn die, sagte mir Oğuz, führten das Land in die Vergangenheit und spalten mehr, als sie einen. Ich sehe täglich, was er meint, Leute, die nebeneinander her leben: Minirock gegen Kopftuch. Anisschnaps gegen Joghurtgetränk. Freiheitsdrang gegen islamisches Selbstbewusstsein. Der Istanbuler Professor Berat Özipek meint, dass das Kopftuch nicht diese bedrohliche Bedeutung für die Säkularen hätte, wenn es die Kopfbedeckung der Frauen aus der Arbeiterklasse geblieben wäre.

Solange also eine Putzfrau in den Gängen des Parlaments ein Kopftuch trug, habe sich niemand daran gestört. Das Kopftuch sei erst zu einer Bedrohung geworden, als verschleierte Frauen danach strebten, als Abgeordnete ins Parlament zu kommen.

Ein frommer Taxifahrer schwärmte mir neulich vor, wie gut die aktuelle Regierung doch arbeite: »Wir hatten drei Herrscher, die in der Türkei gebaut haben: die Griechen, die Osmanen und Tayyip Erdoğan.« Seit März 2003 regiert Recep Tayyip Erdoğan, den alle nur Tayyip nennen, das Land und lässt es zubetonieren: siebzehntausend neue Moscheen, siebzehntausendeinhundert neue Autobahnkilometer, die Zahl der Flughäfen verdoppelt, auf über fünfzig. Schulbücher sind kostenlos, Ambulanzbesuche auch, außerdem ließ er vier Jets anschaffen, um in Notfällen auch Kranke aus entlegenen Regionen zu retten.

Erdoğan ist ein Politiker, der sich blitzschnell seiner Umgebung anpasst und von ihr akzeptiert wird. Er kennt die Sprache der Bauern, der Politiker und der Unternehmer. Er hat Sensoren, die aus kleinen Gesprächen jene Themen herausfiltern, die seine Wähler bewegen und die er dann in eine seiner nächsten Reden einbaut. Meistens formuliert es Erdoğan dann so, dass er »Informationen« bekommen habe. Er sieht sich als »schwarzer Türke«, ein Begriff, den Schriftsteller und Journalisten verwenden, um die Zuwanderer aus den Dörfern Anatoliens von den »weißen Türken« zu unterscheiden, den wohlhabenden in der Stadt. Erdoğan ist jemand, der von ganz unten kam, Jahrgang 1954, vom Schwarzen Meer, der als kleiner Junge Löcher in den Schuhen hatte, Sesamkringel verkaufte, auf eine religiöse Schule ging und professionell Fußball spielte. »Imam Beckenbauer«, riefen ihm die Fans zu, sogar Fenerbahçe wollte ihn verpflichten – Erdoğan aber wollte studieren und schrieb sich für Wirtschaft ein. Seit seinem Amtsantritt regiert er das Land wie ein strenger Vater. Es kursiert das Gerücht, dass er einen Minister geohrfeigt hat. Angeblich seinen Sportminister. Der Vorfall wurde weder bestätigt noch dementiert.

In Kadiköy hat er nicht viele Fans, und er tut auch nichts, was ihn bei Bier- und Schnapstrinkern beliebter macht. Einer der Auslöser für die Wut der jungen Leute war seine Rede zu den neuen Vorschriften, die den Alkoholverkauf erschweren sollen. »Wenn zwei Säufer ein Gesetz machen, respektiert ihr es. Aber wenn wir ein Gesetz für etwas machen, das unser Glaube gebietet, lehnt ihr es ab. Warum?«, fragte Erdoğan im Frühjahr 2013. Wen er damit meinte, sagte er nicht, aber den meisten Beobachtern war klar, dass einer der Säufer Kemal Atatürk war, der an Leberzirrhose starb, und der andere wohl sein Weggefährte İsmet İnönü.

Seit ich hier bin, schimpft der *başbakan* über Zigaretten, Bier, Pornos, den Kaiserschnitt, Lippenstift, Wohngemeinschaften, das Internet, die »internationale Zinslobby« und die Lufthansa, die angeblich den dritten Flughafen in İstanbul verhindern will. Vor allem aber muss er mittlerweile gegen das kämpfen, was er selbst eigentlich geschaffen hat: Wohlstand, Einkaufszentren, Kreditkarten, globalisiertes Leben. Die Wirtschaft erlebte in den vergangenen Jahren einen Wachstumsschub. Der Mindestlohn liegt nun bei 846 Türkischen Lira, die Armutsgrenze bei 3523 Lira, wohlgemerkt für eine vierköpfige Familie. Billiger als in Deutschland sind Brot, Gemüse und Obst, teurer hingegen Kosmetikartikel, Handys und Benzin. In keinem anderen Land der Welt kostet der Liter Super mehr als in der Türkei – umgerechnet über zwei Euro. Die Regierung hat in letzter Zeit einige Verbrauchssteuern und Zölle drastisch erhöht, um schnell an Geld zu kommen. Denn die Einkommensteuer brachte zu wenig ein, die sollen nur vier Prozent der Türken bezahlen, errechnete die Weltbank. Die Schwarzarbeit mache gar bis zu vierzig Prozent der Wirtschaft aus.

Vor allem aber versucht der Regierungschef, die Gesellschaft nach seinen frommen Vorstellungen umzubauen. Dass dies nicht jeder mitmachen möchte und sich dagegen wehrt, das ist ihm egal. Er beschimpft die Demonstranten als »Perverse«, »Marodeure«, »heimtückische Viren«, »Atheisten«, »Blutegel«, »schlimmer als

Schiiten«, »kinderlos« oder auch »Tumore«. Die Polizisten lässt er mit Knüppeln zuschlagen und mit Tränengas schießen. Die Vorräte an Tränengas, die eigentlich bis 2015 reichen sollten, waren bereits im Sommer 2013 aufgebracht, weshalb das Innenministerium einhundertfünfzigtausend Gaskartuschen aus Brasilien und Großbritannien nachbestellen musste. Erdoğan ordnete deshalb an, dass von nun an türkische Firmen das äußerst aggressive Tränengas selbst herstellen sollen.

Ende Januar 2014 probierte der Regierungschef eine neue Technik aus, die ein indischer Politiker ausgetüftelt hatte: Erdoğan ließ sich in den Sportpalast von İzmir beamen und sprach als drei Meter hohes 3D-Hologramm, im Raum schwebend, den zehntausend Fans ins Gewissen: »Ich möchte, dass Sie unseren Menschen erzählen, wie sehr die neue und große Türkei ständigen Angriffen ausgesetzt ist. Das möchte ich hier noch einmal deutlich betonen: Die Türkei wird im In- und Ausland in einer verräterischen Art und Weise attackiert.« Der Mann hat offenbar buchstäblich die Bodenhaftung verloren.

Ich lebe also in einer Stadt, in der sich alle irgendwie fremd fühlen: Nelson, der Inder, der keine Babys sieht und seine Landsleute sucht. Melih, der Deutschtürke, der davon träumt, einen deutschen Weihnachtsmarkt leer zu fressen. Und Oğuz, der Makler, der sich fragt, warum konservative Frauen bei vierzig Grad im Sommer einen grauen Mantel tragen.

Als ich mich gestern wieder mit Nelson zum Teetrinken traf, erzählte ich ihm, dass es in meinem Badezimmer noch immer »kotzt«. Melih hatte mir einen Handwerker geschickt. Der zog die Schuhe aus, riss die total durchgeweichte Rigipsplatte mit bloßen Händen von der Decke, ein Schwall Wasser platschte auf den Boden, es stank bestialisch. Mit einem Feuerzeug leuchtete der Mann dann hinein. Er schüttelte nur den Kopf. »*Kolay gelsin*«, sagte er zur Verabschiedung, möge es leichter werden.

Ich fragte Nelson, ob sich schon was auf dem Heiratsmarkt getan habe. »Bloß nicht!«, kam es aus ihm herausgeschossen, und er lachte: »Ich habe gerade keine Zeit zum Heiraten.« Ich sagte ihm, dass ich froh sei, bereits verheiratet zu sein. Schließlich würde es sonst wohl eher Entsetzen auslösen, wenn meine Mutter in ihrer österreichischen Nachbarschaft bekannt gäbe: »Mein Sohn wohnt jetzt in Anatolien.«

Kapitel

2

Susurluk, 50 Meter

In den Wiesen klebt der Morgenreif am Gras wie Zucker, trostlos sieht es hier aus im Januar, in einer Gegend, wo Meer und Flughafen eine gefühlte Ewigkeit entfernt sind. Alle Dutzend Kilometer sehe ich am Straßenrand entweder eine Polizeistreife oder einen Bauern, der auf einem Stuhl sitzt und friert und in Honig eingelegte Kastanien verkauft, die Spezialität hier im nördlichen Westen der Türkei. Ich bin auf dem Weg zu einem Ort, in dem vor Jahren ein mysteriöser Unfall passiert ist, der nie vollständig aufgeklärt wurde. »Der heilige Unfall«, wie manche Journalisten ihn auch nennen. Denn er legte auf einen Schlag offen, was nicht einmal glühende Verschwörungstheoretiker für möglich gehalten hätten, als wäre es Allahs Wille gewesen.

Die abenteuerliche Geschichte beginnt am Sonntagabend des 3. November 1996. Ein schwarzer, gepanzerter Mercedes SEL 600 rast mit gut zweihundert Sachen über die Landstraße 565 in Richtung Bursa. Etwas außerhalb der Kleinstadt Susurluk, um 19.15 Uhr, rollt plötzlich ein unbeleuchteter, voll beladener Lastwagen von einer Tankstelle auf die Fahrbahn. Ungebremst prallt die schwere Limousine dagegen und wird zermalmt.

Die Namen der vier Insassen sickerten schnell an die Presse durch:

Hüseyin Kocadağ, zweiundfünfzig, der Fahrer; Leiter der türkischen Polizeiakademie am Bosporus und ehemaliger Vizedirektor der Istanbuler Polizei. Soll die Entführung und Ermordung Dutzender kurdischer Geschäftsleute organisiert und vollstreckt haben – tot.

Sedat Edip Bucak, sechsunddreißig, der Beifahrer und Besitzer des Wagens; ein Parlamentarier der Partei des Rechten Weges (DYP), der einen der größten und mächtigsten Kurden-Clans anführt und in seinem Heimatort Siverek im Südosten eine Privatarmee von mehr als zehntausend Mann unterhält – schwer verletzt.

Abdullah Çatlı, vierzig, der auf der Rückbank saß; Mafiapate und schillerndste Figur der türkischen Unterwelt, seit achtzehn Jahren von Interpol gesucht. Ehemaliger Vizechef der Grauen Wölfe, einer rechtsextremen Schläger- und Mördertruppe. 1981 soll er das Attentat auf Papst Johannes Paul II. mit geplant und dem Täter zur Flucht verholfen haben. Später saß er wegen Heroinhandels in einem Schweizer Gefängnis, konnte dort aber 1990 ausbrechen und bis zum verhängnisvollen Unfall untertauchen. Er hatte sechs gefälschte Personalausweise und einen echten Diplomatenpass bei sich, unterschrieben vom Innenminister und ausgestellt auf einen falschen Namen – tot.

Gonca Us, siebenundzwanzig, die neben ihrem Geliebten, dem Mafiapaten, auf der Rückbank saß; sie gewann den Schönheitswettbewerb zur Miss Kino und war zeitweise das Liebchen eines Agenten des türkischen Geheimdienstes – tot.

Im Kofferraum: jede Menge Koks, fünf Pistolen mit Schalldämpfern, zwei Maschinengewehre, Abhörwanzen, falsche Nummernschilder und ein gefälschter Zufahrtsausweis zum Parlament.

Ein paar äußerst berüchtigte und mächtige Gestalten saßen da also gemeinsam im Wagen. Der damalige Innenminister aber wollte an diesem Unfall nichts Sonderbares erkennen. Als Journalisten ihn dazu befragten, behauptete er allen Ernstes, der Polizeichef habe den Mafiaboss doch nur den Behörden übergeben wollen. Der Minister trat später zurück – und nahm wichtige Antworten mit.

Ich bin jetzt kurz vor Susurluk und suche die berüchtigte Tankstelle, wo der Unfall passierte, aber ich finde sie nicht. Es gibt zu viele Tankstellen in dieser Kleinstadt, in der 27 383 Menschen leben; zwanzig Stück zähle ich auf gerade einmal zehn Kilometern Strecke: Teco, Shell, Opet, Milangaz, Lukoil, Ready, Reha Petrol, Reypet, Petrol Ofisi, Çekoil und Total; manche Marken gibt es doppelt und dreifach, von einigen habe ich noch nie etwas gehört. Der Unfall ist auf der »NATO-Straße« passiert, so nennen die Einheimischen die Hauptstraße, weil sie zum NATO-Stützpunkt in Balıkesir führt.

An der Total-Tankstelle, die gleich hinter dem Autobahnkreuz liegt, halte ich an. Sie sieht aus wie ein neuer, riesiger Schuhkarton und die Spritpreise sind so wie überall im Land: extrem hoch. Gegenüber sehe ich einen Parkplatz, auf dem die Polizei verdächtige Fahrer herausfischt wie den jungen Mann, der vor einer halben Stunde in einem tiefergelegten, roten Peugeot 206 frech an mir vorbeizog.

»Der Unfall damals, ist der hier passiert?«, frage ich den Tankwart, während er Benzin in meinen Tank füllt. »Wo war die Stelle genau?«

Er dreht den Kopf zu mir und sagt nur: »*Yok.*«

Das Wort ist so etwas wie die Quintessenz des Nichtvorhandenseins, die ultimative Steigerung der Verneinung und bedeutet, je nach Mimik, Betonung und dazugehörigem Blick, so viel wie: Nein, gibt es nicht. Oder auch: Nein, lass mich in Ruhe!

Ich bin mir sicher, dass ich hier richtig bin. Aber es gibt ohnehin nichts zu sehen, außer Gestrüpp, und es ist kalt. Ich fahre ins Zentrum und sehe eine blaue Tafel am Straßenrand. Eine Werbung für die Stadt Susurluk. Darauf ist ein Glas *ayran* mit Schaumkrone zu sehen, das aussieht wie ein weiß eingefärbtes Bierglas. Darunter lese ich den Schriftzug: »Meine Stadt«.

Der Bürgermeister von Susurluk hält viel von den Ideen, die Kemal Atatürk predigte. So sehen das auch seine Wähler, in den Kiosken ist fast nur die »Sözcü« zu haben, eine regierungskritische Zeitung, immerhin die fünftgrößte der Türkei, von der täglich zweihundertachtzigtausend Stück verkauft werden. Die halbe Innenstadt ist eine Baustelle, weil ein paar Leitungen verlegt werden, worüber sich die Männer in den Teestuben aufregen. Ein Mann schleppt einen alten Röhrenfernseher, der mit Tesa zusammengeflickt wurde, auf seiner Schulter über die Straße. Auf dem zentralen Platz der Stadt wurde eine Statue zu Ehren eines Soldaten aufgestellt, der ein Maschinengewehr in die Luft hält. Gegenüber ruht die große Moschee, die gelb gestrichene Fensterrahmen hat und von einem grauen Dach geschützt ist. Ihre Form erinnert an ein halbes Ei. Sie gehört also nicht zur Massenware, die Tayyip Erdoğan ins Land setzen lässt, diese protzigen Gebetshäuser im osmanischen Stil, deren Kuppeln aussehen wie Soldatenhelme.

Ich gehe ins Café Çınaraltı gegenüber der Moschee. Die Sonne schickt ein bisschen Wärme zu den kleinen, orangefarbenen Plastikhockern draußen. Ein junger Mann mit einer schwarzen Mütze und einer dickmaschigen Strickjacke stellt mir ein Glas Tee auf den Tisch.

»Tourist?«, fragt er mich. Ich sage ihm, dass ich aus Österreich komme. Mir passiert es häufig, dass Menschen auf dem Land die beiden türkischen Wörter *Avusturya* und *Avustralya* verwechseln, also Österreich mit Australien. Der Mann ist sich nicht sicher und fragt deshalb nach: »Nah oder fern?«

Er will mich in die neue und vor allem riesige Outlet-Mall schicken, die ein paar Kilometer südlich der Stadt ins Nirgendwo gesetzt wurde. Ich sage ihm, dass ich schon hier bleiben möchte, um mir den Ort näher anzuschauen, dessen Namen heute schließlich jedes türkische Kind kenne. »Ach so, den Unfall meinen Sie«, sagt er. »Ich war damals zu jung.« Er schaut zum Tisch gegenüber, wo ein Mann um die fünfzig mit schwarzem Mantel sitzt, der mich schon länger beobachtet, während seine Finger mit einer schwarzen Gebetskette spielen.

»Unsere Stadt hat nichts mit diesem Sumpf zu tun«, will mir der Mann erklären. »Die vier Leute im Wagen verbrachten zuvor drei Tage miteinander in einem Hotel in Kuşadası«, sagt er. Das ist ein Badeort am Mittelmeer und liegt dreihundert Kilometer weiter südlich. »Der Unfall ist einfach nur zufällig hier passiert.« Eine Woche lang sei die Stadt damals belagert gewesen, von Journalisten, mysteriösen Gendarmen und Geheimdienstleuten. »Dann war wieder Ruhe.«

Allen sei damals klar gewesen, dass einiges vertuscht wurde. »Bis heute fehlt eine Tasche«, sagt er. Der Beifahrer eines Lastwagens, der damals an derselben Tankstelle war, will die gesehen und mitgenommen haben. Er sei zu dem kaputten Mercedes gerannt, habe die Tasche herausgezogen und sei weggerannt. Vor Gericht sagte er aus, dass er die Tasche in einem Obstgarten in einem Dorf bei Antalya, Hunderte Kilometer vom Unfallort entfernt, vergraben habe. Als der Mann aber die Ermittler zur besagten Stelle führte, war die Tasche weg. Zehn Jahre später hieß es dann, dass die Ehefrau des Mafiapaten sie habe, dem sie angeblich auch gehörte. Doch sei sie leer gewesen. Ein Vertrauter des Unterweltbosses gab später zu Protokoll, was dieser stets in seiner Tasche hatte: eine Mikro-Uzi, ein Telefonbuch, persönliche Dokumente und ein Büchlein, in dem er über seine Kontakte Notizen machte.

Für den Vertrauten war klar: »Wenn diese Tasche gefunden wird, kann Susurluk gelöst werden.«

Als der Unfall im Herbst 1996 passierte, führte Necmettin Erbakan das Land, ein Islamist und Ingenieur, der 1953 an der Technischen Hochschule in Aachen zum Thema »Theorie über die Vorgänge bis zur Zündung im Dieselmotor« promovierte. In einem Pamphlet schrieb er, dass »der Zionismus ein Glaube und eine Ideologie ist, dessen Zentrum sich bei den Banken der New Yorker Wall Street befindet«. Er pflegte Kontakte zur ägyptischen Muslimbruderschaft, weshalb ihn Hosni Mubarak, der Despot am Nil, offiziell nicht empfing. Erbakan schlug vor, aus der weltberühmten Hagia Sophia in İstanbul wieder eine Moschee zu machen, und wollte das Kopftuchverbot abschaffen, was damals als Angriff auf die moderne Türkei galt.

Erbakan war sich wohl der Tragweite nicht bewusst, die der Unfall von Susurluk für die Türkei besaß. Stattdessen werkelte er weiter an seinem göttlichen Auftrag, das Land religiöser zu machen. Während er mit den Außenministern von sieben führenden muslimischen Staaten einen islamischen Wirtschaftsgipfel vorbereitete, gingen in Ankara hundertfünfzigtausend Menschen auf die Straße und riefen »Temiz toplum!« – eine saubere Gesellschaft! Journalisten spielten mit dem Namen des Unglücksortes, »sus, sus, sus, Susurluk« – *sus* bedeutet auf Türkisch: Schweig!

Die Bürger hatten genug von den dubiosen Machenschaften und den Vertuschungen des Staates. In den säkularen, bürgerlichen Schichten schalteten die Menschen jeden Tag für eine Minute die Lichter aus, sie gingen auf die Balkone und vor die Türen und trommelten mit Besteck auf Töpfe und Pfannen. »Eine Minute Dunkelheit für eine aufgeklärte Türkei«, hieß die Aktion. Das ging so über Wochen.

Der überfromme Regierungschef jedoch machte sich nur darüber lustig, und sein Justizminister sagte dazu spöttisch: »mum söndü« – die Kerze ist ausgegangen. Der Ausdruck beruht auf dem

Vorurteil strenggläubiger Muslime, dass bei Gottesdiensten von Aleviten, bei denen Männer und Frauen gemeinsam feiern, die Kerzen ausgepustet werden – und danach eine sexuelle Orgie losbricht.

Dann aber schaltete sich das Militär ein. Als der Nationale Sicherheitsrat am 28. Februar 1997 zusammenkam, erklärte die Armeeführung, dass der reaktionäre Islamismus im Land einen Grad erreicht habe, der eine ernsthafte Gefahr für den kemalistischen Staat darstelle. Damit war klar, dass in der Türkei der nationale Notstand ausgerufen werden würde.

Im Sommer musste Erbakan zurücktreten, ein Gericht verhängte gegen ihn ein fünfjähriges Politikverbot wegen Volksverhetzung. Auch Tayyip Erdoğan, damals mächtiger Bürgermeister von İstanbul, wurde im April 1998 wegen »Anstachelung zu Hass auf der Grundlage der Religion« verurteilt und musste vier Monate ins Gefängnis. Einige Monate zuvor hatte er eine feurige Rede in der ostanatolischen Kleinstadt Siirt gehalten, aus deren Nähe seine Frau Emine stammt. Darin trug er eine Zeile aus einem bekannten Gedicht von Ziya Gökalp vor, dem Ideologen des türkischen Nationalismus, geschrieben, als das Osmanische Reich am Abgrund stand: »Die Moscheen sind unsere Kasernen, die Minarette unsere Bajonette, die Kuppeln unsere Helme und die Gläubigen unsere Soldaten.«

Der Mann bestellt noch ein Glas Tee für mich. »Das hat damals ordentlich gekracht im Land«, sagt er. Die Politiker hätten einfach nicht auf das Volk gehört. »Stattdessen wollten sie sogar den Fahrer des Lastwagens einsperren!«, empört er sich. In der Zeitung habe gestanden, dass der Mann arbeitslos und hoch verschuldet sei. Das Gericht hatte ihn ursprünglich zu vier Jahren Haft verurteilt; später wurde daraus eine Geldstrafe. Die Witwe des toten Polizeidirektors, der am Steuer saß, wollte Geld von ihm und auch die Versicherung, weil er schuld sei, dass die teure Mercedes-Limousine nur noch Schrott sei. Er musste seinen alten, roten Ford-Laster verkaufen. »Der Provinzgouverneur hat mir Gold versprochen, der Bürgermeister ein Haus. Nichts habe ich bekommen«, grollte er später gegenüber Journalisten.

Ohne den Lkw-Fahrer wüsste man bis heute nicht, dass es den Tiefen Staat tatsächlich gebe, erzählt mir der Mann. Bevor ich in die Türkei zog, hatte ich davon noch nie etwas gehört. *Derin Devlet* nennen ihn die Türken, den Staat im Staat: diese konspirative Verflechtung von Militär, Geheimdiensten, Politik, Justiz, Verwaltung und Mafia, der man alles zutraut. So mächtig soll das Netzwerk sein, dass Reporter des Magazins »Der Spiegel« im Februar 2011 darüber spekulierten, ob es nicht der türkische Tiefe Staat gewesen sein könnte, der sieben Türken und einen Griechen in Deutschland ermorden ließ. Am Ende kam dann heraus, dass die Täter deutsche Neonazis waren, die im Namen des Nationalsozialistischen Untergrunds, kurz NSU, quer durch das Land mordeten.

Verschwörungstheorien machen in den Ländern, die südlich des Mittelmeers liegen, die Welt oft leicht erklärbar. Hört man den Arabern zu, haben immer die Juden irgendwie ihre Finger im Spiel, wenn etwas Böses passiert. Hört man den Türken zu, dann sind es ebenfalls oft die Juden – oder aber der eigene Tiefe Staat. Denn der Unfall in Susurluk hatte ja schließlich den Beweis geliefert: dass Generäle und Politiker mit Ganoven und professionellen Killern kooperieren, die lästige Menschen für immer verschwinden lassen.

Tansu Çiller, die zu den wichtigsten Politikern des Landes zählte, als der Unfall in Susurluk passierte, sagte über Çatlı, den toten Mafiaboss, vieldeutig: »Wer für diesen Staat schießt, verdient unsere Hochachtung.« War dieser Satz ein Eingeständnis, dass es den Tiefen Staat gibt? Journalisten wollen das so verstehen. Der ehemalige Regierungschef Süleyman Demirel ging im April 2005 deutlicher darauf ein: »Der Tiefe Staat ist der Staat selbst«, sagte er in einem Interview mit CNN Türk. Das Militär habe ständig Angst vor dem Kollaps der Nation. Sobald sich das Land diesem Punkt nähere, werde der Tiefe Staat aktiv.

Auch Tayyip Erdoğan glaubt noch immer fest daran, dass es den Tiefen Staat gibt, wie er in einer Fernsehshow 2007 kundtat: »Ich widerspreche denen, die sagen, den Tiefen Staat gebe es nicht. Es gibt ihn. Es gab ihn immer – und zwar nicht erst seit der Republik; er geht zurück bis in das Osmanische Reich. Es ist also eine Tradition. Sie muss minimiert und falls möglich, eliminiert werden.«

Erdoğan aber, erklärt mir der Mann, habe den Begriff nur verwendet, weil er das Militär entmachten wollte. Denn nach Susurluk will der Regierungschef einen neuen Geheimbund ausfindig gemacht haben, der für den Tiefen Staat gearbeitet hat. Im Juni 2007 entdeckten Ermittler in einem Haus in İstanbul siebenundzwanzig Handgranaten, Sprengstoff und Dokumente. Ergenekon nannte sich das Netzwerk, benannt nach einem sagenhaften Tal, in das eine Wölfin den Stamm der Ur-Türken rettete. Mehr als dreihundert Personen wurden angeklagt. Der Vorwurf: Pensionierte Generäle sollen einen aus vier Phasen bestehenden Plan ausgearbeitet haben, um die Regierung von Tayyip Erdoğan zu stürzen. Dazu gehörten angeblich Attentate auf Christen, Prominente und Journalisten. Das anschließende Chaos sollte für einen Putsch gegen Erdoğans Regierung genutzt werden.

Was an den Vorwürfen dran ist, darüber wird bis heute spekuliert. Für kritische Beobachter ist jedoch klar: Erdoğan wollte das Netzwerk zerschlagen und am besten gleich alle mit erledigen, die sowieso lästig waren. Von einer »Hexenjagd« war die Rede, kritische, vor allem linke Journalisten wurden pauschal verdächtigt und angeklagt. Als die Urteile im Sommer 2013 verkündet wurden, war der Luftraum über dem Gerichtsgebäude gesperrt. Demonstranten wurden mit Tränengas vertrieben. Eine Sprecherin des US-Außenministeriums äußerte Verständnis für die Sorgen türkischer Staatsbürger, dass die Prozessführung intransparent sei.

»Wir Kemalisten haben leider einen großen Fehler gemacht«, seufzt der Mann. »Wir haben Erdoğan erlaubt, Ministerpräsident zu werden.« Nach seiner Rede, die ihn ins Gefängnis brachte, war Erdoğans politische Karriere zu Ende, »lebenslanges Politikverbot«, urteilten die Richter. Trotzdem gründete er die AK-Partei, ausgesprochen wie *ak,* das türkische Wort für sauber. Die Abkürzung steht für Gerechtigkeit und Aufschwung. Erdoğan tingelte damals von Dorf zu Dorf, hielt Reden, ließ sein Foto auf Wahlplakate drucken, obwohl er gar kein Kandidat war. Im November 2002 wurde die AK-Partei mit vierunddreißig Prozent die stimmenstärkste Partei.

Die Türkei war damals in einer politischen Krise und steckte in einem Dilemma: Das Volk wollte Erdoğan, aber das Gesetz ließ es nicht zu. Die türkische Verfassung schrieb vor, dass niemand zum Abgeordneten gewählt werden kann, der wegen ideologischer und anarchistischer Vergehen verurteilt worden ist. Erdoğan machte einen Deal mit Deniz Baykal, dem damaligen Chef der CHP, der Partei der Kemalisten. Der Passus wurde gestrichen. Im Februar 2003 wurde in der Provinz Siirt noch einmal gewählt, weil es zuvor Unregelmäßigkeiten gab. Ausgerechnet in Siirt also, der Stadt, in der Erdoğan seine verhängnisvolle Rede hielt. »Helden suchen die Revanche am Ort ihrer Niederlage!«, stand auf Spruchbändern. Erdoğan gewann haushoch – und wurde Ministerpräsident.

»Wissen Sie«, sagt der Mann, »die Türkei ist die Islamisten nie richtig losgeworden. Kaum war Atatürk unter der Erde, sind wir schon wieder rückwärts gegangen.« Der Islam war zu stark in der Gesellschaft verankert, als dass man ihn mit Gesetzen und Verboten neutralisieren konnte. Die Religion war nur im Schlummermodus und erwachte 1950, bei den ersten Wahlen der modernen Türkei. Damals gewann Adnan Menderes, der bei den Massen beliebt war, was nicht zuletzt damit zusammenhing, dass er den Gebetsruf auf Arabisch wieder einführte, die Koranrezitation im Radio erlaubte und es fortan wieder Religionsunterricht an den

Schulen gab. Außerdem schaffte er das Verbot ab, nach Mekka zu pilgern. »Wir haben unsere bis jetzt unterdrückte Religion von der Unterdrückung befreit«, verkündete Menderes.

Als der Ministerpräsident 1959 nach London flog, stürzte sein Flugzeug beim Anflug auf den Flughafen Gatwick ab. Vierzehn der vierundzwanzig Insassen starben – Menderes überlebte. Am Bahnhof in Ankara wurde er bei seiner Rückkehr wie ein Held gefeiert. Auf den Bahnsteigen standen Hunderte Männer mit Schafen, Ochsen und sogar Kamelen, denen sie die Kehle durchschnitten. Blut rann in Strömen durch die Hauptstraße. Auch in anderen Städten gab es rituelle Tieropfer. Die Forderungen der Leute waren überall gleich: Allah habe Menderes gerettet, als Dank solle er nun den Islam als Staatsreligion einführen. So weit kam es aber nicht. Menderes wurde den Generälen zu übermütig und zu undemokratisch. Die Armee übernahm 1960 das Land. Menderes wurde im September 1961 öffentlich gehenkt.

»Die Religiösen kamen aber auch später immer wieder hoch«, erzählt der Mann. Am schlimmsten sei Necmettin Erbakan gewesen, der an der Regierung war, als der Unfall in Susurluk passierte. In den Siebzigerjahren hatte der promovierte Ingenieur die religiöse Bewegung Milli Görüş gegründet, die in Deutschland vom Verfassungsschutz observiert wird. »Im Prinzip hat Erbakan den türkischen Islamismus erfunden«, findet der Mann. »Der war ja auch der Mentor von Tayyip Erdoğan. Nur hat Erdoğan später erkannt, dass der extreme Islamismus ihn ins Gefängnis bringt. Also setzte er auf konservative, fromme Ideen.«

Der Mann trinkt einen Schluck Tee. »Erdoğan hat auch Gutes gemacht«, sagt er, »viel gebaut.« Auf die alten Leute könne er noch immer zählen, die wählten ihn bedingungslos, »weil sie die schlimmen Zeiten noch in Erinnerung haben, die es vor ihm gab, die Folter, die Gewalt und die Unterdrückung«. Erdoğan brachte Wohlstand und Stabilität. »Die jungen Menschen aber sind verwöhnt, die kennen unsere Geschichte nicht. Denen muss er etwas Neues bieten.«

Außerdem, sagt der Mann, brauche es wohl kein Militär mehr, um »das Problem«, wie er es nennt, zu lösen. »Die Islamisten zerfleischen sich gerade gegenseitig.« Der Ministerpräsident sieht den einflussreichen, türkischen Islamprediger Fethullah Gülen als zentrale Figur einer neuen Verschwörung. Los ging es im Dezember 2013 mit einer Razzia gegen Vertraute Erdoğans, die Geld unterschlagen haben sollen.

Es ist ein Showdown, in dem sich beide nichts schenken: »Jene, die den Dieb nicht sehen, aber denen nachsetzen, die den Dieb verfolgen, jene, die den Mörder nicht sehen, stattdessen aber Unschuldige diffamieren – Gott bringe Feuer über ihre Häuser und zerstöre ihre Häuser«, sagte Fethullah Gülen in seinem Predigersound in Richtung Erdoğan. Der wiederum ließ ihm prompt in seinem Polterton ausrichten, er werde »allen dunklen Mächten die Hände brechen«.

»Und geht das gut aus?«, frage ich den Mann.

»Sonst kommt das Militär«, sagt er und grinst.

Als Erdoğan an die Macht gelangte, hatte er sich vor allem darum gekümmert, die Generäle klein zu halten. Die treuen Anhänger von Fethullah Gülen, die den alten Prediger *hoca efendi* nennen, Lehrmeister, erhielten gute Posten in der Verwaltung, bei der Polizei und in der Justiz, schließlich waren sie gut ausgebildet und fromm. Erdoğan fand allmählich aber, dass Gülens Jünger zu mächtig werden. Er ließ ihre privaten Nachhilfeschulen verbieten, die ihnen viel Geld und Einfluss eintrugen. Gülens Getreue aber schlugen zurück und steckten den Journalisten geheime Dokumente und Telefonmitschnitte zu. »Seitdem hat Erdoğan mehrere tausend Beamte versetzen lassen, weil er glaubt, die arbeiten alle gegen ihn«, erklärt mir der Mann.

In den meisten islamischen Ländern kann niemand mit dem Namen Fethullah Gülen etwas anfangen. In der Türkei soll der alte Mann mehr als eine Million Anhänger haben. Wie viele es genau sind, weiß auch Gülen nicht, denn es gibt keine Mitgliedschaft, man folgt ihm einfach, die Organisation spricht von »Teilnehmern«. Das US-Magazin »Time« zählte Gülen, der sich mit seinen dreiundsiebzig Jahren nicht mehr oft zeigt, 2013 sogar zu den »einhundert einflussreichsten Menschen« der Welt. Seit 1999 lebt Gülen in Pennsylvania in den USA. Er war aus der Türkei geflohen, weil der Staat ihn beschuldigte, eine islamische Übernahme geplant zu haben, was Gülen bestreitet. Angeblich hat er fünfzig Blumentöpfe mit Erde aus der Türkei in seinem Haus stehen, für den Fall, dass er Heimweh bekommt. Seine Organisation nennt sich Hizmet, das türkische Wort für Service. Was sich genau dahinter verbirgt, weiß niemand. Bekannt ist mittlerweile nur, dass zu dem Apparat eine Vielzahl an Unternehmen, Schulen und Krankenhäusern gehören, auch große Versicherungen und Geldhäuser wie die Bank Asya. Die größte Zeitung des Landes, »Zaman«, soll unter seinem Einfluss stehen. Menschen, die ihm Böses wollen, vergleichen seine Bewegung mit Scientology oder Opus Dei.

Für mich ist die Gülen-Bewegung ein Phantom. Man spürt, sieht und hört nichts von ihr. Man muss schon nach ihr suchen. Kurz bevor der Machtkampf unter den Islamisten eskalierte, hatte ich mich mit einem engen Freund Gülens getroffen, Mustafa Yeşil, Jahrgang 1963, ein kleiner, unscheinbarer Mann mit Schnauzer und grau meliertem Haar. Er ist der Vorsitzende der Vereinigung der Journalisten und Schriftsteller in İstanbul. Wir trafen uns in einer Villa am Bosporus, die von einem weißen Zaun geschützt und von vielen Kameras überwacht war. Es gab Kekse und Tee, ich saß in einem Zimmer mit Blick auf die Bosporusbrücke, an der Wand hing ein großer LG-Fernseher. Mustafa Yeşil saß im halben Schneidersitz vor mir auf einem Sofa. Er war aus seinem Schuh geschlüpft und hatte das Bein unter den anderen Oberschenkel gezogen. Wir unterhielten uns auf Hocharabisch.

»Ein Freund hatte mich 1977 in sein Haus eingeladen«, erzählte er. »Wir hörten uns eine Kassette an, es war das erste Mal, dass ich Gülens Stimme hörte. Es war wunderbar.« Mustafa Yeşil studierte damals islamische Theologie, mit einem besonderen Schwerpunkt auf den Hadithen, den Weisheiten und Sprüchen des Propheten Mohammed. Er wurde zum privaten Studenten Gülens auserkoren, ein Kadertraining: täglich beten, fünf Stunden Unterricht, sechs Stunden Hausaufgaben, drei Jahre lang.

»Ziviler Islam«, so nannte er das, was sie predigen. Der Mann, der vor mir auf der Couch saß, war nett und höflich, solange er über seinen »friedlichen Islam«, seine »unvorstellbar große Liebe zu Gülen« und über das Gefühl von »unendlichem Frieden« reden durfte, den er bei seinem Tun spüre. Kritische Fragen aber mochte er nicht. »Machen Sie Politik?« »Wie stehen Sie zum Kopftuch?« »Was sind Ihre religiösen Ziele?« Dann lächelte er nur und sagte knapp: »Es gibt dazu eine Deklaration. Sie können das nachlesen.« Beim Gespräch mit dabei waren auch Murat und Fatih, zwei junge Männer, die mich anschließend zum Mittagessen in die Kantine ihrer Zentrale mitnahmen. Es gab Suppe, gekochtes Rindfleisch mit Gemüse und als Nachspeise »kadayıf«, eine Kalorienbombe aus Zucker und Honig. Die Kantine war ein Raum ohne Fenster. Männer und Frauen saßen an verschiedenen Tischen, die Frauen trugen Kopftuch. Murat und Fatih wollten wissen, was ich von der Gülen-Bewegung halte, und erzählten mir, dass sie mal in Deutschland gewesen seien. »Dort wusste niemand, wer Gülen ist«, sagt Murat. »Außer der Bundespolizei.« Er lacht.

»Was willst du trinken?«, fragte mich Fatih anschließend in seinem Büro. »Ich habe American Coffee, deutschen Winterzauber-Tee und türkischen Schwarztee.« Die Bewegung sei eben international, schmunzelte er. Er liest Bücher von Bernard Lewis, die kaum ein Araber anrühren würde, weil der Autor zu freundlich mit Israel ist. Das ist untypisch für Islamisten, aber typisch für die Anhänger von Gülen. Als im Mai 2010 sechs Schiffe auf dem Weg nach Gaza waren, um den Menschen dort Hilfsgüter zu überbringen, kam es zu einer Tragödie. Beim Entern des Schiffes Mavi Marmara wurden sechs Türken erschossen. Erdoğan schmiss daraufhin den israelischen Botschafter aus dem Land, eine diplomatische Eiszeit begann. Gülen aber meinte, man hätte im Vorfeld das Einverständnis Israels für den Hilfstransport einholen sollen. Beobachter sehen darin den Auslöser, dass Erdoğan und Gülen getrennte Wege gingen.

Aber gehört die Gülen-Bewegung nun zum Tiefen Staat, wie Tayyip Erdoğan behauptet? Für den Mann im Café, mit dem ich mich seit zwei Stunden unterhalte, ist das Quatsch. »Da haben sich einfach zwei übermütige Islamisten in die Haare gekriegt«, sagt er.

Wer den Tiefen Staat führe, das wisse niemand. »Das Einzige, was wir seit Susurluk wissen, ist, dass es ihn gibt.«

Teil 2

ÄGÄIS

Kapitel

3

Akyaka, am Meer

Thomas zieht einen Setzling aus der Erde.

»Verdammte Läuse!«, schimpft er.

Er nimmt einen letzten, tiefen Zug von seiner Marlboro und schnippt den Zigarettenstummel in eine trübe Suppe, in der schon einige vergammelte Kippen liegen. »Diese Brühe wirkt phänomenal gegen Läuse«, sagt er und gießt die Plörre über die Pflanzen.

»Verfluchter Eukalyptus!«, blafft er. »Zu nichts zu gebrauchen!«

Thomas Schmitz ist vierundsechzig Jahre alt, ein Deutscher. Die Haare muss man auf seinem Kopf suchen. Eine randlose Brille sitzt auf seiner Nase. Er trägt eine Jeans, blaue Plastikschuhe und trotz der Hitze einen roten Pulli, was ich mir nur so erklären kann, dass sich sein Hitzegefühl dem der Einheimischen angepasst hat, nach einem Vierteljahrhundert hier, in diesem kleinen Paradies.

Er füllt eine Gießkanne mit Wasser und geht zu den großen Blumentöpfen aus Plastik, in denen Kohlrabis sprießen, groß wie Salatköpfe. Thomas erzählt mir, dass er die Kohlrabisetzlinge in Töpfe eingraben musste, weil die Eukalyptusbäume nichts in ihre Nähe lassen. Die Wurzeln wuchern bis zu zwanzig Meter in die Breite. »Die saugen den Boden leer und hungern jeden Eindringling aus«, sagt er. »Da geht alles ein.«

Immerhin spenden die Bäume wohltuenden Schatten. Darüber bin ich sehr froh, denn obwohl es Herbst wird, ist die Luft noch immer so heiß wie an einem schönen Berliner Sommertag. Ich sitze in einem lauschigen Garten in Akyaka und lausche der Stille, die nur durch das Rauschen der Eukalyptusblätter gestört wird. Der Hund Benek, ein altersschwacher Kangal-Hirtenhund, döst unter dem Tisch. Die Stämme der mehr als fünfzig Eukalyptusbäume würden ein deutsches Einfamilienhaus gleich zwei Mal überragen. Oben sind sie buschig; samtgrüne, sichelförmige Blätter hängen an den Ästen, und weil die Krone das Licht schluckt, sind die Stämme unten nackt und zeigen nur die blanke, weiße Borke.

Thomas erzählt, dass das Holz dieser Bäume völlig unbrauchbar sei. »Wenn es frisch ist, dann ist es butterweich und man kann mit dem Fingernagel leicht in die Rinde ritzen.« Getrocknet aber werde es dermaßen zäh, dass man es selbst mit einer Säge kaum auseinanderbringe.

»Und verheizen?«, frage ich.

Er formt mit seinem Zeigefinger und seinem Daumen einen Kreis. So klein sei der Kamin am Ende noch gewesen, versichert er mir. Die Öle im Holz hätten die Wände total verharzt und klebten am Kamin wie zähes Fett in einem alten Dampfabzug.

Ich hatte Thomas geschrieben, weil ich eine Frage zu Störchen hatte, die in der Türkei als *hacı babas* verehrt werden, als heilige Pilger, weil sie jedes Jahr über Mekka fliegen. Er beobachtet seit Jahrzehnten die Zugvögel in der Türkei mit seinen Nikon-Ferngläsern und Teleskopen, die Ausländer eigentlich gar nicht benutzen dürften, weil es optische Geräte sind. Einmal bekam er deswegen Ärger mit einem Polizisten. »Irgend so ein schwachsinniges Gesetz«, sagt er, »wegen Spionage und so.«

Thomas lebt im äußersten Südwesten der Türkei, in der Provinz Muğla, direkt am Meer, das hier türkisfarben schimmert. Einer Legende nach legten die Menschen in dieser Gegend einst Leber aus, und dort, wo sie am längsten frisch blieb, ließen sie sich nieder. Akyaka ist ein Dorf, das an einem neunhundert Meter hohen Berg liegt. Von diesem führt eine Straße in den Ort hinunter, die zweihundertfünfzig Kilometer weiter in der Großstadt İzmir beginnt und deren Neigung von einigen Lkw-Fahrern schon unterschätzt wurde. Mal flogen palettenweise Eier auf die Wiesen, mal sogar Weinkisten, die von den Dorfbewohnern geplündert wurden, noch ehe die Feuerwehr an der Unfallstelle eintraf.

Im Ort gibt es nur wenige Frauen, die Kopftuch tragen. Doch auch wenn die Menschen äußerlich nicht sehr fromm wirken, so sind sie doch gottesfürchtig. Bei einem Erdbeben im Frühjahr 2002 wurden in Akyaka zwei Gebäude beschädigt: die Bäckerei und das Minarett der Moschee. Ein Mann hatte das Gebetshaus für seinen Sohn errichten lassen, weil er sich dem Allmächtigen gegenüber schuldig fühlte. Denn sein Sohn, keine dreißig, war schwul und hatte sich zu Tode gesoffen. Als dann ausgerechnet das Minarett dieser Moschee einstürzte, waren sich die Leute schnell einig, den Grund zu kennen: *Allah kabul etmedi,* der Herr hat es nicht akzeptiert. Ansonsten hat das Dorf vor allem eines zu bieten: Es ist hübsch; zweitausendvierhundert Einwohner im Winter, zwanzigtausend Touristen im Sommer, sechzig Hotels und Pensionen und eine Brise, die Kitesurfer zu den besten der Welt zählen. »Kennst du die Sultane des Osmanischen Reiches?«, fragt mich Thomas. »Der Neffe von einem der letzten ist der

Grund, dass wir hier im Garten sitzen«, sagt er. Thomas ist ein Mensch, dem man keine Fragen stellen muss, um eine Antwort zu erhalten. Er holt aus der Küche eine Kanne mit frischem Kaffee, ein paar Biskuitkekse, und es beginnt ein Gespräch, das zwei Tage dauern wird.

Aufgewachsen ist Thomas Schmitz in Heidelberg, in einer Familie, wie es sie häufig gab in Deutschland nach dem Krieg. Der Vater war ein Nazi, der sich vom System verraten fühlte, die Mutter ein Kind reicher Leute, das sich einst in den schnittigen Offizier verliebt hatte. Thomas machte Abitur, trug Schlabberpulli, lange Haare und Bart. Rebellierte. Trampte nach Israel, weil er in einen Kibbuz wollte. Hing ein gutes Jahr bei Kufstein in Tirol herum und verdingte sich ein paar Monate im Elsass. Schrieb sich an der Uni für alles Mögliche ein und gründete eine illegale Autowerkstatt, die er zu einem Großhandel für Wohnwagen und Yachten ausbaute.

Im Winter 1981, als er wieder einmal nach Kreta gereist war, lief er am Strand plötzlich in ein junges Mädel hinein: Heike Thol, die tagsüber auf einem Acker Tomaten pflückte und abends in einer Taverne jobbte, die eigentlich in den Osten wollte und stattdessen auf dieser verrückten Insel gelandet war. Thomas sah zwar aus wie ein Hippie, doch im Vergleich zu den Leuten, die er auf Kreta sah, war er geradezu reaktionär. »Da waren völlig durchgeknallte Typen«, erinnert er sich. »Eine Studentin ist mal splitternackt in eine Kirche gerannt und hat die Glocken geläutet. Sie wollte damit ein Zeichen setzen, dass alle Leute frei sind.« Thomas war von Anfang an von Heike entzückt. Doch er tat sich zunächst schwer, bei ihr zu landen. Er war zweiunddreißig und sie achtzehn. Er pennte nicht am Strand. Und als sie dann auch noch hörte, dass er eine Firma in Deutschland habe, sah sie ihn total entsetzt an: »Du bist ein Kapitalist?!«

Thomas hält kurz inne, als er mir davon erzählt. Er grinst: »Und dann bekam sie Gott sei Dank Ohrenschmerzen.« Sie waren

zusammen auf der Insel unterwegs und weit und breit war kein
Arzt. »Ich sage dir, du würdest alles tun, damit dir jemand diese
Schmerzen nimmt.« Thomas hatte selbst häufig Ohrenschmerzen
und deshalb immer Ohrentropfen dabei. »Das war der Durch-
bruch!«, sagt er. »Ohrentropfen, kannst du dir das vorstellen?«

Thomas blieb zunächst mit Heike auf der Insel, bis ihn der
Alltag einholte und die Firma nach ihm verlangte.

»Komm mit nach Deutschland«, bat er Heike.

»Ich bin nicht aus Deutschland weggegangen, um gleich wieder dahin zurückzugehen«, maulte sie.

Thomas wusste, wie er Heike ködern konnte, und trieb auf der
Insel einen ›Post-Fridolin‹ auf, einen VW 147, diesen kleinen Kas-
tenwagen mit Schiebetüren, mit dem die Briefträger in Deutschland unterwegs waren und der damals als hip galt. »Ich bring dir
das Fahren bei«, versprach er. »Los, wir gehen!« Er setzte Heike
ans Steuer. »Als wir uns der jugoslawischen Grenze näherten,
konnte sie zumindest die Spur halten«, erinnert sich Thomas.

In Deutschland fanden sie all das wieder, was ihnen zuwider
war und weshalb sie aus ihrem alten Leben ausgebrochen waren.
Thomas traf eine Entscheidung: »Heike, pack deinen Scheiß zusammen, wir ziehen ab!« Er ließ sich von seinem Bruder auszahlen.
Noch um Mitternacht fuhren sie los, nonstop durch Jugoslawien,
zurück zur Insel ihres Glücks. Von dort zogen sie später weiter in
die Türkei. »Das war damals eine Art Indien«, sagt Thomas. Sie
hatten ihr gesuchtes Leben wieder.

Im Spätherbst 1988 erreichten sie durch einen Zufall Akyaka.
Das Dorf liegt am Golf von Gökova im Gebiet des antiken Ka-
rien, eines längst verschwundenen Königreichs im Südwesten
Kleinasiens, das etwa halb so groß war wie das heutige Berlin. Darüber ist nur wenig bekannt. Der griechische Dichter Homer erwähnte das Volk der Karer im 8. Jahrhundert vor Christus mehrmals in seinen Schriften. Alexander der Große soll durch die
Gegend gestreift sein, als er sich gut dreihundert Jahre vor Chris-

tus nach Persien aufmachte, um es zu erobern. Nachdem die Römer in das Gebiet eingefallen waren, verloren sich die Spuren der Karer. Erdbeben suchten die Region heim, die Pest und später auch Malaria, weshalb in den Dreißigerjahren des 20. Jahrhunderts begonnen wurde, die Sümpfe trockenzulegen. Akyaka war ein erbärmliches Nest, in dem Nomaden hausten. *Yörük* nennt man diese wandernden Viehzüchter im Türkischen, eine Gaststätte im Dorf heißt noch heute so. In den Siebzigerjahren ließ die Regierung eine Straße in den Berg bauen, um die Städte Muğla und Marmaris zu verbinden, und Akyaka, mit seinen Hütten und Baracken, war plötzlich wieder an die Welt angeschlossen.

In einem türkischen Reiseführer stolperte Thomas über die Zeile, dass es in Akyaka einen Campingplatz gebe. Sie fuhren hin und wurden von einem Mann begrüßt, der wild herumfuchtelte. Der Mann wusste nicht so recht, was er mit den beiden Fremden anstellen sollte. »Der wollte anfangs nicht einmal Geld. Es war schon fast Winter. Da war keine Sau.« Thomas wollte nicht bleiben und weiterfahren. Heike aber legte sich quer. Sie wollte endlich einmal wieder fließend Wasser, und das gab es dort.

Sie stellten den Wagen ab und fanden Gefallen an dem Ort, der seine Ursprünglichkeit noch nicht verloren hatte. Sie schauten tagsüber den Wolken am Himmel zu, gingen spazieren und erkundeten die unberührte Natur. Den Einheimischen aber kamen die Fremden seltsam vor. Eines Tages klopfte ein Jäger an die Tür des Wohnwagens. Er konnte kein Englisch – sie kein Türkisch. Der Jäger grunzte mehrmals laut. Dann ging er wieder. Zwei Stunden später lag ein totes Wildschwein vor dem Wohnwagen.

Mit einiger Mühe schleppte Thomas das schwere Tier in den Wald und weidete es aus. Im Dorf machte derweil die Runde, dass zwei *gavur* im Wald ein Schwein schlachten. *Gavur* ist ein Schimpfwort und heißt: ungläubig. Just in dem Moment, als Thomas die Gedärme herausschnitt, machte ein Mann heimlich Fotos. Ein paar Tage später erschien in der Zeitung »Yeni Asır« ein großer Artikel. Thomas erkannte sich auf dem Foto wieder und war überrascht, was darin stand: »Dieser Mann ist seit zwei Wochen in der Türkei. Er hat einen Hund dabei und lebt in einem Wohnwagen. Dann ging ihm wohl das Geld aus. Er ging in den Wald und tötete ein Wildschwein. Jetzt kann er noch zehn Tage länger hier bleiben!«

Thomas nahm den Text mit Humor. Er freute sich über das Fleisch. Vierzehn Tage lang legte er Speck und Schnitzel in eine Salzlake, räucherte die Stücke über dem Feuer und packte sie anschließend in Stoffbeutel ein, die er mit Kalk bestäubte. Das sollte die Fliegen vertreiben. Später machte er sogar noch Schweinskopfsülze.

Wir machen eine kurze Pause. Thomas will mir sein Naturparadies zeigen. Wir laufen zum Steg, den er selbst gebaut hat. Daneben hat er eine Dusche in den Boden gesteckt. Im Wasser blubbern ein paar Luftbläschen. Es ist so klar, dass ich am liebsten daraus trinken würde. »Mach das bloß nicht!«, fährt mich Thomas an. Das Wasser ist eine Solelösung, hat einen hohen ph-Wert und schmeckt nicht besonders gut. »Ich sehe schon, man kann dich nicht allein lassen«, scherzt er. Kadın Asmak heißt das Gewässer, was man grob mit Frauenbächlein übersetzen könnte. Es fließt gemächlich vor sich hin, ein paar Hundert Meter, bis es schließlich ins Meer mündet. Den Namen bekam das Bächlein, weil es früher eine Stelle gab, an der die Frauen des Dorfes ihre Teppiche wuschen. Heute sind dort Restaurants. Am Ufer gegenüber wächst meterhohes Schilf. Wir laufen vorbei an den Gemüsesetzlingen und dem gesammelten Altholz. Über dem Eingang seines Hauses hängen die Hauer eines Ebers und zwei riesige Kiemen. »Selbst erlegt!«, sagt er stolz.

Thomas hat unzählige weiße Striche auf den Händen. Es sind kleine Narben, die er sich beim Fischfang zugezogen hat. In der Küche sehe ich ein eingerahmtes Foto, auf dem ein junger, stolzer

Mann einen fünfundzwanzig Kilogramm schweren Maifisch *(akya balığı)* in seinen Armen hält. »Das war vielleicht ein hartnäckiger Bursche«, erinnert er sich. »Dem musste ich mit der Harpune in den Kopf schießen.« Sogar im Boot sei der Fisch noch herumgesprungen. Heike habe sich dann im Garten auf ihn geworfen und ihm den Gnadenstoß gegeben. Auf Fischfang ging er meistens nachts, mit Licht und Harpune. »Ein Barsch zum Beispiel sieht dich und versteckt sich in einer Höhle. Irgendwann aber wird er neugierig, und dann kriegst du ihn.« Thomas zeigt mir seine vernarbten Zeige- und Mittelfinger: »Mit diesen beiden Fingern greifst du dem Fisch in die Kiemen und ziehst ihn heraus.«

Auch wenn sich kaum jemand daran störte, war es doch illegal, wie Thomas sich sein Essen besorgte. Er wollte den Angelschein machen. Doch auf der Behörde richtete man ihm aus, dass Ausländer den nicht bekämen. »Das stand tatsächlich in einem Gesetz«, sagt Thomas. »Und weißt du, was absurd ist: Den Jagdschein habe ich problemlos gekriegt.« Nur eine Frage bekam er dafür auf dem Amt gestellt: »Würden Sie auch auf einen Menschen schießen?« – »Nö«, sagte Thomas und bekam den Ausweis.

Die Sonne brennt gnadenlos vom Himmel, wir setzen uns wieder in den Schatten. Thomas schenkt noch einmal Kaffee nach. »Endlich einer, der Kaffee trinkt«, sagt er. Die Türken hätten ja regelrecht Angst vor einer großen Tasse. »Die denken, da ist viel zu viel Koffein drin, weil sie die drei Teelöffel hochrechnen, die in einem Tässchen türkischem Kaffee sind.«

So wie Thomas lebt, in diesem Fleckchen heile Welt, möchten viele gerne leben, die abends müde nach Hause kommen, ihr neues Auto in die Garage stellen, den HD-Fernseher anschalten und sich fragen, wozu das alles. »Die Aussteiger von heute sind andere Menschen«, meint Thomas. Abenteurer steigen heute in ein Flugzeug und machen ein Sabbatical, »Wichtigtuer«, so nennt er sie. »Es ist heute gar nicht mehr möglich, sich einfach auszukoppeln, wie wir das damals taten.« Zu viele Verpflichtungen, zu viel

Vernetzung und Überwachung. »Mal dir daraus aber kein zu romantisches Bild. Vom Tod meiner Eltern habe ich erst lange nach ihrer Beerdigung erfahren. Es gab hier kein Telefon. Es gab hier eigentlich gar nichts. Du warst einfach aus der Welt.«

Doch genau das war es auch, was Thomas und Heike an dem Ort gefiel. Sie wollten bleiben und sich niederlassen. In Akyaka lernten sie einen Engländer kennen, der für ein englisch-libanesisches Ehepaar ein Häuschen hütete, das von Eukalyptusbäumen umgeben war. Sie waren sich sofort einig: »Das ist unser Häusle!«

Was sie damals aber nicht wussten: Der Besitzer des Hauses, Selim Ethem, war der Enkel von Sultan Abdülhamid II., der bis 1909 über das Osmanische Reich herrschte. Kemal Atatürk hatte das Sultanat im November 1922 abgeschafft und damit das Ende der sechshundertjährigen Herrschaft des Hauses Osman besiegelt. Der Clan wurde ins Exil verbannt. Selim war deshalb im Libanon aufgewachsen. Er heiratete eine Britin, die sich Visitenkarten drucken ließ, auf denen »Princess of Turkey« stand. Selim, geboren im April 1939, durfte erst in seinen letzten Lebensjahren Türke werden. Turgut Özal, der das Land in den späten Achtzigerjahren regierte, unterschrieb sein Gesuch – unter der Auflage, dass Selim nicht politisch aktiv wird. Ausländer durften damals kein Eigentum erwerben. Thomas und Heike bedienten sich eines bekannten Tricks. Mit Hilfe eines türkischen Strohmanns schlossen sie einen Mietvertrag über neunundvierzig Jahre ab. Selim wollte dafür sechzehntausend D-Mark.

»Der Preis war viel zu hoch«, sagt Thomas, das sagten ihm auch die Einheimischen. Was ihn jedoch mehr verunsicherte, waren die Geschichten, die er über den Spross des Sultans hörte: Die Familie sei gierig und betrüge Leute. Thomas wollte sich absichern. Er lud Selim in das beste Restaurant der Gegend ein. Mit ernster Stimme sprach er eine deutliche Warnung aus: »Ich habe zehntausend D-Mark auf der Seite. Wenn du mich bescheißt, dann garantiere ich dir, dass diese Summe nicht an einen Rechtsanwalt gehen wird.«

Thomas und Heike hatten jetzt also ihr ›Häusle‹. Es sieht aus, als wäre es aus einem Geschichtsbuch gefallen, 18. Jahrhundert, Osmanisches Reich. Das Haus ist einstöckig und hat ein trapezförmiges Dach, aus dem ein kleiner Schornstein hervorsteht. Aus der weißen Fassade gucken viele kleine Fenster heraus, geschnitzt und verziert, aus Holz – osmanisch-seldschukisch, so nennt man diesen Stil. Fenster aus Kunststoff sind verboten, mehr als zwei Stockwerke darf man nicht hochziehen. Über die Mauern wachsen lilafarbene Bougainvilleen, die im Deutschen auch Drillingsblumen genannt werden. Das Dorf ist heute voll von solchen Häusern. Wer baut, muss so bauen, das schreibt eine Verordnung aus dem Jahr 1986 vor, die Akyaka zum Sonderschutzgebiet erklärt.

Dabei ist es einem Zufall zu verdanken, dass Akyaka zu einem Dorf im Retrostil wurde. Nail Çakırhan, ein Journalist und Dichter aus einer benachbarten Stadt, der in seinem Leben nie Architektur studiert hatte, entwarf für sich ein Haus. Das gefiel vielen Leuten so gut, dass sie ihn baten, auch für sie ein solches Schmuckstück zu konzipieren. Auch viele Experten lobten sein Haus. 1982 wurde ihm sogar der Aga-Khan-Preis verliehen, der mit einer Million US-Dollar höchstdotierte Architekturpreis der Welt, dafür gedacht, »islamische Traditionen« zu erhalten. Das ist insofern bemerkenswert, weil Çakırhan, so erzählt mir Thomas, »ein Anti-Islamist, Atheist und überzeugter Kommunist« war, der sogar nach Russland pilgerte.

Im Winter 1990 fuhren Thomas und Heike für ein paar Tage nach Deutschland. Es war eine Reise in ein Land, das sie für immer verlassen wollten. Deutschland war damals im Freudentaumel, weil die Mauer weg war. Thomas packte alles ein, was in den Wagen passte: Werkzeug, Bücher von Marx und Engels und Georg Büchner, CDs und eine kleine Stereoanlage. Ein paar Tage zuvor hatte ihm Heike gebeichtet, dass sie ihn heiraten wollte. Thomas dachte sofort: »Die Heike, die will Kinder!« Sie aber sagte, es sei Liebe. Thomas war verwirrt. Er war sich nur in einem sicher:

dass er keine Kinder wollte. Er ließ sich sterilisieren. Heike heiratete ihn trotzdem.

Doch kaum waren sie zurück in Akyaka, war ihr neues Glück bald bedroht. Es gab Ärger mit Selim. Dieser hatte sich inzwischen mit dem Geld, das er von den beiden als Miete bekommen hatte, ein großes Anwesen errichten lassen, direkt nebenan. Thomas traute dem Mann von Anfang an nicht und wurde jetzt noch misstrauischer. Er ging zum Grundbuchamt. Dort fand er heraus, dass das Haus, in dem sie wohnten, Selims Frau überschrieben worden war, der Britin und selbsternannten Princess of Turkey. Das ging nun, denn 1992 wurde aus dem Dorf Akyaka eine Gemeinde, eine *belediye,* in der Ausländer Eigentum kaufen durften. Thomas war sauer, denn er hatte Selim immer gesagt, dass er das Haus gerne kaufen würde. Selim aber dachte nie daran, es den Deutschen zu überlassen. Stattdessen forderte er mehr Miete – sonst würde er sie rausschmeißen.

Von nun an begann ein Nachbarschaftskrieg, der sich um Kleinigkeiten des Alltags drehte und schließlich eskalierte. Thomas fand seinen damaligen Hund tot im Garten. In der Nähe lag ein Köder, der mit Gift präpariert worden war. Thomas war außer sich und nicht mehr zu beruhigen. »Ich schiffte dem in den Benzintank, vor lauter Wut! Ich dachte sogar kurz daran, ein paar Schläuche an seinem Wagen zu präparieren.« Einige Zeit später ging Heike spazieren. Ein Mann rief ihr aus einem Teehaus zu und wollte mit ihr reden. »Ich höre, du hast Ärger«, sagte der Mann geheimnisvoll. Er legte eine Knarre auf den Tisch. »Schau, die ist sauber. Geh hin, erschieß den Kerl und gib sie mir zurück.« Der Mann war ein hochrangiger Mafiaboss, der vor Kurzem in das Dorf gezogen war. Als sein Sohn bei einer Schießerei in İstanbul ums Leben gekommen war, fuhren fünf Limousinen durch Akyaka. Bodyguards mit Sonnenbrillen stiegen aus und eskortierten ein paar dubiose Gestalten zum Paten, die ihm kondolieren wollten. »Das beeindruckte hier aber niemanden«, erklärt mir Thomas. »Früher liefen viele Einheimische im Dorf mit Pistolen herum.« Immer mal wieder sei auch jemand aus Versehen erschossen worden, vor allem im Sommer, bei Vollmond, wenn die Leute auf die Felder gingen, um Kräuter zu sammeln – und für eine Wildsau gehalten wurden.

Es ist Abend geworden in Akyaka, die Sonne geht gerade unter und taucht das Sumpfgras in eine goldene Farbe. Thomas schlägt vor, ins Dorf zu gehen. Wir laufen entlang des Frauenbächleins zum Strand.

»Siehst du den Laden dort?«, fragt mich Thomas. »Da gehen wir auf keinen Fall hin! Das Restaurant gehört dem Mafiapaten.«

Es ist das einzige Restaurant im Dorfzentrum, das direkt am Bach liegt. Eigentlich gibt es die Vorschrift, dass ein Abstand von dreißig Metern zum Ufer eingehalten werden muss. »Wir haben sofort die Behörden alarmiert, als wir das gesehen haben«, erzählt er. Der Bürgermeister war stocksauer, als er den Experten dann beibringen musste, wie das passieren konnte. »Und weißt du, was der Bürgermeister für eine Erklärung hatte?«, fragt mich Thomas und gibt gleich die Antwort: »Der Bach muss seinen Lauf geändert haben!« Die Behörden wollten keinen Ärger mit der Mafia, notierten die Begründung – und schlossen die Akte.

Während wir durch die Stadt spazieren, begrüßt Thomas jeden Einheimischen mit Namen. Bei einigen bleibt er stehen und fragt, was es Neues gebe, und wir müssen uns mit Händen und Füßen gegen Einladungen zum Tee wehren.

Thomas fällt zu jedem Haus und seinen Bewohnern eine Geschichte ein. Zum Beispiel zu Ali, einem der Kneipenbesitzer. Ali schoss früher gern Otter und hing deren Felle an die Wand. Thomas stellte ihn deshalb zur Rede, doch dieser blaffte ihn nur an: »Ich schieße hier, was ich will!« Thomas alarmierte daraufhin alle Touristen, denen er im Dorf begegnete. »Geht da hin, bestellt ein teures Essen, und wenn das Zeug kommt, schaut ihr zu den Fellen, schreit und flieht!« Nach drei Monaten waren keine Felle mehr an der Wand.

Wir trinken ein Bier in einem Restaurant und reden über Deutschland. Auch wenn Thomas auf mich noch immer sehr deutsch wirkt, ist ihm das Land doch fremd geworden. Eigentlich verbindet er damit nur noch Essen. »Manchmal habe ich Gelüste auf Dinge, die es hier nicht gibt«, sagt er. »Auf Fleischwurst, Laugenbrezel und auf Nudeln mit einer Schinken-Käse-Soße.«

Thomas gehört zu jener Generation, die den Teller leer isst, die Preise im Supermarkt auswendig kennt und repariert, was man flicken kann. Finanzielle Sorgen hat er nicht. Als er sich von seinem Bruder trennte und sich auszahlen ließ, legte er sein kleines Vermögen gut an, in sicheren europäischen Ländern. In den Neunzigerjahren gab es in der Türkei viele Millionäre, denn Geld war nichts mehr wert. Die Inflation erreichte Rekordhöhen. Damals hat Thomas versucht, möglichst vieles mit der Kreditkarte zu bezahlen. Das lohnte sich: »Der Betrag wurde ja erst im nächsten Monat abgebucht. Durch die Inflation war also alles schon wieder fünfzehn Prozent günstiger.«

»Wird einem als Aussteiger nicht langweilig?«, frage ich.

»Nach den ersten acht Wochen kommt irgendwann das Gefühl auf, das ist jetzt kein Urlaub mehr«, sagt Thomas. Dreißig Jahre lebte er ohne Fernseher, was für einen Türken völlig unverständlich ist. »Nach und nach schenkten mir die Leute im Dorf eine Satellitenschüssel, einen Receiver und einen alten Röhrenfernseher. Die dachten, ich habe einfach nicht das Geld dazu.« Sein Leben sah damals so aus: Frühmorgens fuhr er mit dem Fischerboot aufs Meer und holte raus, was Heike bei ihm bestellte. Nachmittags tranken sie Kaffee und spielten Skat, Rommé und Bridge, auch Domino und Schach. Thomas gab sogar in der Dorfschule Schachunterricht und bekam dafür umgerechnet zwei Mark pro Tag. Für das Geld kaufte er Schachbretter. Bei einem Ausscheidungsturnier in der Provinz Muğla qualifizierte er sich für die Türkei-Meis-

terschaft. Aber dann hieß es: »Du bist Ausländer, du darfst nicht.«
Das ärgert ihn bis heute.

Für gute Freunde übersetzten die beiden deutsche Liebesbrie-
fe ins Türkische. Sie waren meistens das Ergebnis von Urlaubsbe-
kanntschaften. In den Briefen standen Sätze, die verliebte Deutsche schreiben: Ich vermisse Dich; ich liebe Dich; ich will Dich
wiedersehen. Die meisten Türken reagierten enttäuscht: »Wie,
das ist alles?« Sie hatten sich »einstürzende Himmel« erwartet,
eine »bebende Erde«, oder einen Hinweis auf den Trennungs-
schmerz, zumindest »einen großen Regenbogen, der seine Farben
verliert«.

Heike hatte Gefallen an dem Naturparadies gefunden, das vor
ihrer Tür lag. Sie beobachtete in ihrer Freizeit Vögel und beschäf-
tigte sich mit Pflanzen. Den Bürgern im Dorf kam das seltsam
vor. »Der Türke kennt große, kleine, graue und schwarze Vögel«,
höhnt Thomas. Eine Nachbarin sei mal zu Besuch gekommen. Sie
tranken Kaffee und unterhielten sich im Garten. Plötzlich stand
Thomas auf und deutete mit seiner Hand in den Himmel.

»Oh, schau, ein Kormoran!«, rief er seiner Bekannten zu.

»Und zu was ist der gut?«, fragte sie irritiert.

»Nun, das ist einfach nur ein schöner Vogel«, sagte er.

Am nächsten Tag, um halb elf, klingle ich wieder bei Thomas.
»Der Hund hat sich schon an dich gewöhnt«, sagt er verschmitzt.
»Der hat schon neun Leute auf dem Kerbholz. Und ich muss sagen: Er hatte jedes Mal recht.« Thomas läuft mit der Gießkanne
durch seinen Garten und ärgert sich wieder über den Eukalyptus.
Vor seinem Haus stehen vier Gartenzwerge, was vor allem Besucher aus England erschrecken lässt: zu viel deutsche Spießigkeit.

»Früher hatten wir hier im Garten wochenlang ein Luftver-
schmutzungs-Messgerät stehen«, erzählt er. Vierzig Kilometer
von Akyaka, mitten im Naturschutzgebiet, ließ die Türkei Braun-
kohle abbauen und setzte Ende der Achtzigerjahre ein Kraftwerk

direkt an die Küste. Es folgten noch zwei weitere Klötze, mit bis zu einhundert Meter hohen Schloten, alle zur Gökova Termik Santral gehörend. Im Naturschutzgebiet erkrankten damals häufig Menschen an Asthma und später an Krebs. Die Einheimischen protestierten. Thomas und Heike unterstützten sie, fuhren zu den Kraftwerken, legten schwere Ketten um die Schlote und banden sich daran fest.

Heike wurde gefragt, ob sie im Fernsehen in einer Diskussion auftreten würde. Ihr Türkisch war damals noch holprig. Sie sagte zu, ging ins Studio – und kniff. »Ich habe sie damals zum ersten Mal richtig hängen gelassen«, sagt Thomas nachdenklich. Er mochte solche Aktionen nicht, zu viel Lärm, am Ende vielleicht zu viel Ärger. Heike bereute es, dass sie zu wenig Mumm hatte. Ein paar Wochen später nahm sie noch einmal ihren Mut zusammen und redete auf Türkisch ihre Gegner nieder.

Die erboste Deutsche, die den Türken auf Türkisch die Meinung sagt, das sprach sich schnell herum. Jemand vom Dorfverschönerungsverein kam vorbei und fragte, ob Heike einen Artikel für die Vereinszeitung verfassen würde. Sie sagte zu und schrieb darüber, was für Vögel sie sah: Braunliest, Kuhreiher, Bienenfresser oder Rotfußfalken.

Der Verein heißt Freunde von Akyaka. Es gab damals Überlegungen, ihn aufzulösen. »Als Verein warst du automatisch subversiv und verdächtig. Wir wurden von der Terrorabteilung kontrolliert«, erzählt mir Thomas. Es waren jene Zeiten, als die »schönste Ministerpräsidentin der Welt« die Türkei regierte, wie einige Zeitungen schrieben, Tansu Çiller, eine Wirtschaftsprofessorin, die der Welt beweisen wollte, dass auch eine Frau eiskalt und brutal sein kann. Wer aufmuckte, wurde weggesperrt und gefoltert. »Jemand hatte mal bei einem *rakı*-Abend die Internationale gesungen. Danach hatten wir alle eine schlaflose Nacht.« Auch seine Post wurde damals vom Geheimdienst überprüft. Jeder Brief war auf der Rückseite mit einem Häkchen versehen oder mit Tesafilm zugeklebt. Einer aus der Gemeinde verplapperte sich einmal bei einem Trinkgelage und sagte, dass bereits elf Geheimdienstoperationen gegen Thomas und Heike stattgefunden hätten.

Die beiden Deutschen hatten sich allmählich richtig warmgelaufen. Auf der Jahreshauptversammlung des Vereins der Freunde von Akyaka, über dessen Schicksal entschieden werden sollte, wurde eine neue Vorsitzende gewählt: Es war Heike. »Jetzt hast du die Scheiße«, sagte Thomas damals spontan zu ihr. Heike musste zuerst zur Anti-Terror-Polizei. Dort hieß es: »Ausländer und türkischer Verein, das geht nicht!«

»Wo bitte steht das?«, fragte sie sauer.

»Das ist unser Gesetz«, antworteten die Beamten.

Heike kaufte sich eine Ausgabe des türkischen Vereinsgesetzes und las es mit dem Wörterbuch, Zeile für Zeile. Dann ging sie noch einmal zu den Beamten. Am Ende wurde viel telefoniert, und Heike bekam Recht. »Du und dein Scheißvereinsgesetz«, entfuhr es einem Polizisten.

Die Menschen in Akyaka waren zwar gegen die Kohlekraftwerke, doch wenn es um ihr eigenes Dorf ging, träumten sie vom schnellen Geld. Investoren hatten die Gegend entdeckt. Umweltschutz jedenfalls interessierte nur wenige Leute. Als Thomas einmal auf der Terrasse eines Restaurants saß, bestellte er etwas zu essen und einen *rakı,* den türkischen Anisschnaps. Im Glas schwamm eine Ölschicht. Kurz zuvor war ein Lkw durchs Dorf gefahren und hatte Gift gegen Mücken versprüht, einen blauen, dicken Qualm, versehen mit Dieselöl, damit das Zeug möglichst lange kleben bleibt.

»Das zahle ich nicht«, sagte er dem Wirt. »Schick die Rechnung dem Bürgermeister!«

»Aber der zahlt mir das doch nicht«, antwortete der Wirt. »Willst du dafür ein Essen haben?«

»Der Teller stinkt doch auch nach Diesel«, antwortete Thomas – und ging.

Damals gab es im Dorf Leute, die ihre Fenster aufrissen, wenn sie den Giftlaster sahen, damit möglichst viel von der Wolke in ihre Wohnung zog. »Manche hielten sogar Babys in den Qualm«, sagt Thomas, schüttelt den Kopf und wirkt noch immer entsetzt. Die Insektizide hatten auch Auswirkungen auf andere Tiere. »Am Anfang war der Fluss voll mit Fröschen«, sagt Thomas. »Heute hörst du höchstens noch einzelne Tiere quaken.«

Nun verbrachten Thomas und Heike die Nachmittage nicht mehr mit Karten spielen. Sie sahen ihr Dorf in Gefahr und nahmen den Kampf auf: gegen Fertigbeton und Asphalt, gegen Bettenburgen und Discolärm, gegen Korruption und übermächtige Gegner. Sie wollten ihr kleines Juwel retten. Aber durften sie das auch? Sich in die Angelegenheiten eines fremden Dorfes einmischen? Als Zugezogene im Namen der Bürger sprechen? Thomas und Heike waren keine Türken und schon gar keine Einheimischen. Sie waren zwei Deutsche. Fremde, die als Gäste kamen und höchstens geduldet waren. Vor einem Jahr kam in einer Umfrage heraus, dass die Mehrheit der Türken keinen Nachbarn aus einer anderen Kultur haben möchte. Thomas und Heike sprachen fließend Türkisch. Sie fühlten sich längst nicht mehr als Gäste, sondern als Bewohner in einem Dorf – ihrem Dorf.

So langsam hatten sie auch verstanden, wie die Bürger ticken und wie man sie austrickst. Der Bürgermeister zum Beispiel hatte einen Mann beauftragt, das Wasser zu chloren. Der Mann schüttete je nach Lust und Laune ein paar Liter hochgiftige Chemikalien in eine Säuberungsanlage. Mal war das Wasser noch dreckig, mal roch es wie in einem Hallenbad.

Heike traf sich nachmittags regelmäßig mit einer Frauenrunde. Zusammen mit Thomas heckte sie einen Plan aus. Heike wollte den Dorffrauen etwas Brisantes mitteilen: »Also das mit dem Chlor ist ja schon gut, aber ich sag euch, also mein Mann abends im Bett ... Also ich weiß nicht, ich glaube, das hängt damit zusammen.« Drei Monate später wurde der Chlor-Mann von der Gemeinde gefeuert und stattdessen eine vollautomatische Anlage installiert. »Es war damals schon komisch für mich, durchs Dorf zu gehen«, erinnert sich Thomas. »Aber es hat mich kein einziger Mann darauf angesprochen.«

Mit der Zeit wurden sie zu den Grünen des Dorfes, die lästigen Umweltschützer aus dem Ausland, die sich überall einmischten. Sie wollten die Schildkröten im Bächlein schützen und setzten durch, dass Motorboote einen Propellerschutz brauchen – umgesetzt und kontrolliert wurde das natürlich nie. Sie organisierten Müllsammlungen, bei denen im Schnitt zehn Ausländer kamen und zwei Einheimische. Sie kämpften dafür, dass in den Häusern die Braunkohleöfen verboten wurden, was sie auch schafften – freilich nur auf dem Papier. Sie setzten eine Mülltrennung durch, Glas, Papier, Metall, ganz nach deutschem Vorbild, später auch eine Altöl- und Speiseölentsorgung und schafften es sogar, den Leuten ein neues Wort beizubringen, das für deutsche Ohren wie ein Zungenbrecher klingt: *sürdürülebilirlik*. Es ist das türkische Wort für Nachhaltigkeit.

Ali, der Restaurantbesitzer und Jäger, hing plötzlich ein Otterschutz-Plakat auf. Der Bürgermeister musste das Versprühen des Insektengifts einstellen. Einmal sah Thomas den Lkw wieder und rief sofort beim Gemeindeamt an. Der Bürgermeister war gerade in einer Sitzung, ging kurz raus und flüsterte beinahe flehentlich: »Nein, das ist nur Wasser, ich schwöre. Geh raus und sauf es!« Er habe das nur gemacht, damit die Leute Ruhe geben und glauben, die Gemeinde versprühe noch immer Insektengift. Zeitungen schickten auf einmal Reporter zum Haus von Thomas und Heike und überschrieben ihre Artikel mit: »Die deutschen Robinsons von Akyaka«.

Thomas besuchte regelmäßig die Dorfgendarmen, um schießwütige Jäger zu melden, die auf alles feuerten, was ihnen vor die Flinte kam. Besonders ärgerte ihn, dass immer mal wieder auf Späher geschossen wurde, die den Zugvögeln vorausfliegen und die Gegend auskundschaften. »Wenn auf die einer schießt, dann kommt später kein Vogel mehr vorbei.« Die Beamten freilich wurden nicht ohne Gegenleistung tätig. Ein Gendarm knallte ihm einmal einen Zettel auf den Tisch: Es war eine private Stromrechnung, die Thomas bezahlen sollte. Ein anderes Mal sagte man ihm: »Wir brauchen einen neuen Drucker.« Thomas blaffte zurück: »Dann geh einen kaufen.«

Doch einige Bürger wollten partout nicht, dass sich die beiden Deutschen in die Angelegenheiten des Dorfes einmischten. Thomas und Heike fanden tote Vögel vor der Tür und Zettel mit Koranversen. »Es gab Zeiten, da habe ich meinen Briefkasten mit einem Holzstock aufgemacht, aus Angst, da könnte etwas Gefährliches drinstecken.« Im Herbst 2001 wurde das Büro des Vereins angezündet, behauptet Thomas. »Wir waren nachmittags noch dort. Zwei Stunden, nachdem wir gegangen waren, rief man uns dann an: ›Es brennt.‹« Einige Feuerwehrleute hätten die Räume absichtlich unter Wasser gesetzt. »Die wurden regelrecht geflutet, sodass alles kaputt war.« Im Dorf wurden mehrere Vereine gegründet, um Heikes Einfluss zu schwächen. Plötzlich gab es Treffen zum gemeinsamen Singen, Vereine für den Schutz der Tiere, für die Entwicklung des Dorfes, für die Kultur, ja sogar ein Bürgerrat wurde installiert, dessen Mitglieder selbst nicht so genau wussten, was denn eigentlich ihre Aufgabe ist.

»Warum bist du geblieben?«, frage ich Thomas.

»Weil die Streitkultur in der Türkei anders ist«, antwortet er. »Du kannst hier mit deinem Todfeind abends *raki* saufen.« Die Leute können Streit und Spaß trennen, zumindest für ein paar Stunden. »Am nächsten Tag gehen sie dann wieder mit dem Messer aufeinander los.«

Der neue Bürgermeister verschärfte den Streit zwischen den Dorfbewohnern und den beiden Deutschen weiter: Ahmet Çalca, ein Kemalist, Ökonom und Mann aus der Restaurantbranche, der mit dreißig Jahren ins Amt gewählt wurde. Am Anfang seiner

Karriere, im Frühjahr 2004, waren die meisten Leute in Akyaka überzeugt, dass endlich etwas für den Tourismus getan werden müsse. Der Bürgermeister sah das auch so und handelte. Er ließ eine große Disco bauen, mitten am Strand im Feuchtgebiet, mit einem drei mal vier Meter großen Büfett und einer riesengroßen Terrasse, Laseranlagen und Lautsprecherboxen, wie sie auf großen Konzerten zum Einsatz kommen. Damit auch alles hübsch aussah, wurden kleine Bäumchen gepflanzt. Die Umweltschutzbehörde, so hieß es, habe das Projekt im Naturschutzgebiet abgesegnet.

Thomas war sich sicher, dass da etwas faul war. Die Investoren waren Geschäftsleute und Politiker – »graue Eminenzen«, wie er sie nennt. Der Bauherr, so fand Thomas heraus, war der *muhtar* aus dem Nachbardorf. Ein *muhtar* ist so etwas wie der Dorfvorsteher. Er ist aber auch der Dorfversteher. Zu ihm gehen die Bürger, wenn sie eine Meldebescheinigung brauchen, er schlichtet kleine Streitigkeiten. Und vor allem: Der *muhtar* weiß alles. Er muss informiert werden, wenn der Geheimdienst jemanden überwacht, wenn die Gendarmen jemanden festnehmen wollen oder auch, wenn jemand etwas Großes bauen will.

Thomas und Heike machten Stimmung gegen die Disco. Sie nahmen sich einen Rechtsanwalt und erstatteten Anzeige. Auf die Internetseite des Vereins schrieben sie: »Wir wollen wenigstens, dass in Akyaka die Gesetze gelten.« Sie wollten keine Disco und auch keine Billigtouristen. Sie wollten ihr Dorf erhalten, wie sie es schätzen gelernt haben. Sie hatten Angst um die zweihundert heimischen Vogelarten, die dreißig Kriechtierarten und die einhundertacht Pflanzen, deren Bestand Heike mittlerweile akribisch erfasst hatte.

Doch wenn schon der Streit mit dem Nachbarn mit toten Tieren und einem Angebot eines Mafiapaten endete, was sollte denn nun auf Thomas und Heike zukommen, wo sie sich mit der Politik anlegten?

Die erste Hürde lag schon einmal hoch: die Beschwerde. Jede Stadt hat eine städtische Gesellschaft, die an Firmen Aufträge erteilt. »Der, bei dem du dich aufregst, ist zugleich der, der es macht«, sagt Thomas. Im Dorf hieß es schnell, sie wären ausländische Agenten, die verhindern wollten, dass Türken Geld verdienen. »Achtung, du machst dich schuldig!«, warnten ihn die Leute im Dorf. Eines Tages bekam er hohen Besuch. Es war ein Emissär der Investoren, der ihm ein Angebot machte: »Und was ist, wenn Sie mein Teilhaber werden?«

Im April war die Eröffnung der Disco. Der *muhtar* und die versammelte Lokalprominenz ließen sich feiern.

Drei Monate später, im Juli, kamen die Bulldozer. Thomas und Heike hatten gesiegt.

Der Bürgermeister musste alle eingepflanzten Palmen wieder ausreißen lassen. Der *muhtar* wurde nicht eingesperrt, sondern schloss sich der AKP an, der Partei Erdoğans. »Seit die AKP das Land regiert, bekommt man für alles, mit dem man Geld verdienen kann, schnell eine Genehmigung«, sagt Thomas. »Heute hätten wir wahrscheinlich keine Chance mehr.«

Dass sie einige wichtige Leute sehr verärgert hatten, merkten sie, als eine fünfköpfige Prüfkommission aus dem Innenministerium plötzlich vor ihrem Haus stand und die Bücher des Vereins sehen wollte. »Die nahmen nicht einmal einen Kaffee, die haben richtig die Krallen ausgefahren«, sagt Thomas. Nach drei Tagen gaben sie auf. Sie hatten nichts gefunden. Der Chefkontrolleur, er war ein Staatssekretär, gratulierte Heike stattdessen »zum außergewöhnlichen Verständnis der türkischen Gesetze«.

Doch viele im Dorf waren weiterhin gegen die deutschen Einwanderer. Einmal hieß es, sie seien Anhänger der PKK, der kurdischen Arbeiterpartei, deren Mitglieder in der Türkei als Terroristen und Staatsfeinde gelten. Als Beweis diente ein Foto, das ein Mann an eine Zeitung verkauft hatte. Darauf war Heike zu sehen. Sie hatte einen dicken Mantel an und feste Stiefel, die auch Solda-

ten tragen. Um den Hals hatte sie sich ein Palästinensertuch ge-
bunden, diese weiß-schwarzen Tücher, die zum Markenzeichen
von Jassir Arafat wurden. Heike war in Ostanatolien gewesen und
hatte in einer Wiese Enten gezählt. Es war damals feucht und
kalt.

»Aber warum druckt eine große Zeitung das Bild einer unbekannten Deutschen, die ein kleines Dorf etwas aufmischt?«, frage
ich Thomas. »Unbekannt?«, fährt er mich an. »Wir hatten einen
Verein mit internationalen Beziehungen hochgezogen!«

Er zählt mir im Stakkato einige Namen auf, bekannte Künstler und Journalisten, mit denen sie damals zu tun hatten und die jeder Türke kennt: Nina Organ, eine linke Schriftstellerin, oder İl-
han Selçuk und Oktay Ekinci, zwei mächtige Zeitungskolumnisten.
Der Verein hatte im Jahr 2001 sogar den Zuschlag für ein Natur-
schutzprojekt der Vereinten Nationen bekommen, neunzigtausend US-Dollar schwer. Eine Zeitung meldete daraufhin, dass
Heike das Geld eingesteckt habe. »Denen waren alle Mittel recht,
um uns schlecht zu machen«, sagt Thomas.

Zur Jahreswende 2005 erschien in der Zeitung »Yeni Çağ«, einem rechten, nationalistischen Hetzblatt, ein Artikel: »Die Missionare von Akyaka verteilen Bibeln!« Der Bürgermeister rief
Thomas an und riet ihm eindringlich: »Geht in die Cafés und stellt
das klar!« Auch wenn Türken, vor allem im Westen des Landes,
ihre Religion nicht besonders streng auslegen, gelten christliche
Missionare auch dort als ausgesprochen gefährliches Übel.

Thomas dachte natürlich nicht daran, etwas klarzustellen, wo
es nichts klarzustellen gab. »Du glaubst es nicht, aber dann kamen
einige Leute bei uns vorbei«, sagt Thomas. »Die waren neugierig
und sagten, sie hätten noch keine Bibel bekommen, um zu testen,
was dann passiert.«

Im Herbst 2006, bei der Jahreshauptversammlung des Vereins, waren sechs Gendarmen mit Maschinenpistolen anwesend.
Sie kamen auf Befehl des Bürgermeisters; er hatte zuvor im Dorf

einige Geschichten gehört, die ihn sehr beunruhigten. Er rechnete mit dem Schlimmsten. In der Türkei können alle Bürger zu einer Jahreshauptversammlung gehen und nicht nur Mitglieder, das
regelt ein Gesetz.

Mehr als hundert Leute kamen. Sogar ein Anwalt saß im Publikum, der penibel darauf lauerte, dass Heike einen Fehler
machte. Lautstark wurde sie ausgebuht. Doch Thomas und Heike hatten nicht nur Feinde, sondern mittlerweile auch viele
Freunde im Dorf. Am Ende wurde Heike wieder zur Vorsitzen-
den gewählt. Sie war nun nicht mehr die Aussteigerin, die ein
neues Leben suchte. Sie hatte ihr Leben gefunden. Sie verfasste
Aufsätze und Broschüren zu Fischottern und Wildschweinen
und arbeitete später ein paar Monate in İstanbul für ein Natur-
schutzprojekt. Heike zählte zu den bekanntesten Umweltschüt-
zern der Türkei.

Thomas zündet sich eine Marlboro an. Der Ringfinger an seiner linken Hand ist verstümmelt, ein Unfall, sagt er. Neulich hat
er gelesen, dass es in der Türkei bald nur noch weiße Verpackungen geben soll. Der Name der Marke soll ganz unten auf der
Schachtel stehen, neutral und in kleiner Schrift. Die Regierung
will den Türken damit das Rauchen austreiben.

»Heike hat hier alles geraucht«, sagt er. »Die Heike«, seufzt
Thomas.

Im Dorf kannte man Heike unter einem anderen Namen:
Bahar Suseven. So nannte sich Heike Thor, nachdem sie 2003 türkische Staatsbürgerin geworden war. Sie wollte das so. Bahar bedeutet Frühling; Suseven ist eine Kombination aus den Wörtern
Wasser und liebend. Heike war auf dem Papier eine Türkin. In
den Augen der Einheimischen blieb sie eine Ausländerin mit einem türkischen Pass. Das Gesetz aber kennt keine Einheimischen, sondern lediglich Staatsbürger. Sie schafften es schließlich,
ihr ›Häusle‹ zu kaufen, mitsamt den Eukalyptusbäumen und dem
fünfhundert Quadratmeter großen Grundstück. Zehntausend

Euro wollte Selim am Ende haben. Heute würde Thomas dafür rund eine halbe Million Euro bekommen, das war das Angebot, das ihm neulich ein Investor machte.

Ohne dass sie es merkten, hatten Thomas und Heike es geschafft, aus ihrem Dorf etwas Besonderes zu machen: einen Ort, der anders ist als die lauten und hässlichen Resorts in der Ägäis. Nach und nach entdeckten immer mehr Feriengäste das malerische Akyaka mit seinen sauberen Stränden, der Natur und der Ruhe. Die britische Schauspielerin Liz Hurley reiste an, um einen Werbespot für Algida zu drehen, so heißt der Eishersteller Langnese in der Türkei. Am Strand leckte sie an einem tiefgefrorenen Magnum-Eis. Sechzig Gendarmen schützten sie vor den mehr als dreitausend Schaulustigen. »Ich habe die Bucht in mein Herz geschlossen«, schwärmte sie damals.

Auch Tayyip Erdoğan machte in Akyaka Urlaub. »Der Mann muss sich unantastbar fühlen, da war kaum ein Personenschützer dabei«, erinnert sich Thomas. Der Ministerpräsident fuhr sogar mit einem Boot an seinem Steg vorbei. Eine Zeitung berichtete anschließend über den hohen Besuch: »Unser religiöser Führer hat im Missionarsnest Urlaub gemacht!«

Akyaka war nun stolz, nicht nur eines der schönsten Dörfer der Türkei zu sein, sondern auch das umweltfreundlichste. Die Gemeinde bewarb sich um die Aufnahme in die Organisation Cittàslow. Die 1999 in Italien gegründete Bewegung strebt eine Entschleunigung der Orte an und will die Vereinheitlichung und Amerikanisierung von Städten, in denen Franchise-Unternehmen dominieren, verhindern. Es gab eine Volksabstimmung: 811 stimmten dafür, 78 dagegen, 22 Stimmen waren ungültig.

Mit den meisten Einheimischen hatten sich Thomas und Heike ausgesöhnt, als ruhige und zahlungskräftige Touristen ihr Geld im Dorf ließen. Der Bürgermeister rief sie an, um sie um Rat zu fragen, und sein Vorgänger begrüßte Heike bei offiziellen Anlässen neckisch mit *baş belası,* was man grob übersetzen könn-

te mit: Plage für meinen Kopf. Thomas und Heike waren angekommen.

Im Januar 2012 begann ein neuer Kampf, den sie am Ende verlieren sollten. Heike spürte bei einem Spaziergang einen Stich in der
Brust. Sie hatte heftige Schmerzen und konnte sich kaum noch
bewegen.

Am nächsten Tag gingen sie zu einem Arzt. Er machte ein
Röntgenbild, doch darauf war nichts zu sehen. Thomas dachte
an eine gebrochene Rippe. Er kannte das und wusste, dass man
sich die sogar durch eine kleine, blöde Bewegung brechen kann,
beim Niesen zum Beispiel. Sie gingen zu einem anderen Arzt,
der Heikes Lymphknoten am Hals abtastete und dabei besorgt
aussah.

Sie fuhren ins Krankenhaus in Muğla. Ein Onkologe bat Thomas zu sich. Er sah ernst aus und wurde schnell direkt: »Zwei Jahre, höchstens.«

Es sei Lungenkrebs, fortgeschrittenes Stadium.

Heike solle sich nichts andrehen lassen, riet der Arzt, keine
Therapien in den USA. Die kosteten oft bis zu hunderttausend
Dollar und würden vielleicht einen Monat bringen. »Sie wird ster-
ben«, sagte der Arzt.

Heike bekam Morphium.

Kotzte.

Weinte.

Lachte.

Sie hatte schlaflose Nächte.

»Wir kamen uns dabei so nah wie nie in unserem Leben«, sagt
Thomas.

Heike unterzog sich einer Chemotherapie, die nicht anschlug
und ihren Körper zerbrach. Wenn schon Krebs, dann müsste er
ihn doch haben, der um zwölf Jahre ältere, der natürlich auch früher sterben würde, dachte sich Thomas. Er hatte schon vor Jahren

seinen Besitz an Heike überschrieben und sich Gedanken über das Alter gemacht. Nun schenkte sie ihm alles zurück.

Heike trug Perücken und Kopftücher, krebskranke Frauen fallen in einem muslimischen Land nicht so auf. Ihr blieben damit die Blicke erspart, diese Mischung aus Angst, Erschrecken und Mitleid, die sie in Deutschland bekommen hätte.

Ein halbes Jahr später, am 17. Juli 2012, starb Heike in Thomas' Armen. Der Arzt stellte als Todesursache einen Herzinfarkt fest. Sie wurde 49 Jahre alt.

Über die Lautsprecher des Dorfes wurde ihr Tod bekannt gegeben. Heike, die überzeugte Atheistin, wollte nach den türkischen, muslimischen Regeln bestattet werden.

Thomas fragte den Imam aus dem Nachbardorf. Der drückte ein Auge zu, machte aus Heike eine Christin, denn das ist schließlich noch immer besser, als eine Ungläubige zu beerdigen. Der Imam von Akyaka ließ sich nach einigem Zögern auch überreden, und so hielten sie zusammen die Trauerfeier ab.

Sie brachten Heike in einem Mehrwegsarg in den Garten. Er ist nur für den Transport, denn Muslime müssen in einem Leintuch, dem *kefen,* begraben werden. Mehr als hundertfünfzig Leute aus dem Dorf kamen zur Verabschiedung. Danach wurde der Sarg in ein Kühlhaus in der Moschee gebracht, wo noch einmal für sie gebetet wurde.

»Der Imam trat die Tür zum Paradies regelrecht ein, so in der Art: Das war ein guter Mensch, los, Gott, jetzt mach deine Tür auf!«, erinnert sich Thomas. Der Heike hätte das gefallen, da ist sich Thomas sicher.

In Akyaka wird das irdische Urteil bei der Beerdigung gesprochen: »Je wichtiger du bist, desto weiter wirst du zum Friedhof getragen.« Ist jemand oberwichtig, tragen ihn die Bürger von der Moschee zum Friedhof, das sind dreieinhalb Kilometer. Die Leute wechseln sich dabei ab, denn jeder Trauergast will zumindest ein paar Sekunden seine Hände unter dem Sarg gehabt haben.

Auch Heike wurde ein gutes Stück zum Friedhof getragen. Sie war schlussendlich eine aus dem Dorf.

Mit dem Kopf in Richtung Mekka legten sie Heike ins Grab. Jeder schüttete zumindest einmal etwas Erde über das Grab. Der Bürgermeister, mittlerweile ein guter Bekannter, verlor dabei seinen Ehering. »Die Heike hat dem im Tod noch den Ring abgezogen«, wurde später im Dorf gescherzt.

»Başın sağ olsun!«, sagten die Leute zum Kondolieren: Dass dein Kopf heil bleibt. Neben dem Grab wurde ein Wasserkrug aufgestellt, das haben in der Türkei alle Gräber. Der Tote soll immer Wasser haben.

Die Dorfleute wollten Thomas in diesen schweren Stunden beistehen. »Die kamen in Scharen und saßen dann einfach im Garten«, erinnert er sich. In der Türkei glauben die Menschen, dass es hilft, wenn die Trauer geteilt wird, dass der Schmerz leichter wird, je mehr man darüber redet. Klageweiber wurden ihm angeboten. »Die jammern dann einfach nur stundenlang herum.«

Sogar der *muhtar*, gegen den sie damals wegen der Disco vor Gericht gezogen waren, kam vorbei und weinte. »So einen Feind wünscht man sich. Sie war mein bester Feind«, sagte er traurig. In den Zeitungen erschienen Nachrufe, die zwar wenig mit Heikes Leben zu tun hatten, aber dafür allesamt sehr positiv waren.

Thomas bekommt nun eine Witwenrente, da Heike, nachdem sie Türkin wurde, bei einigen Projekten angestellt war. Er ist deshalb auch krankenversichert. Er bekam achthundert Lira vom Staat als Zuschuss für die Beerdigung, Geld, das er gar nicht gebraucht hätte. Thomas hat finanziell längst ausgesorgt. Vor Kurzem wurde ihm mitgeteilt, dass er nun die erweiterte Aufenthaltsgenehmigung bekomme und bei Wahlen sogar seine Stimme abgeben dürfe. »Ich bin dann ein deutschstämmiger Türke«, sagt er und lacht.

In Deutschland war Thomas seit Langem nicht mehr. Er hat dort niemanden, den er besuchen könnte. Seine Eltern und sein

Bruder sind tot. Nur seine ehemaligen Firmen in Seckbach gibt es noch, das hat er neulich im Internet gesehen. Die Türkei war sein Zuhause, aber ist sie das jetzt noch, wo Heike nicht mehr da ist? Er fühlt sich oft einsam, ohne seine Heike, geht viel spazieren; meditieren, wie er es nennt. Aus dem Verein der Freunde von Akyaka möchte er sich zurückziehen. Er hat sich jetzt auch zwei Satschüsseln installiert, um deutsche und englische Sender zu empfangen. Sonntags guckt er »Tatort«.

Thomas geht jeden Tag zu seiner Heike auf den Friedhof und nimmt ihr ein Blümchen aus dem Garten mit. Ich begleite ihn zum Grab.

Es liegt gegenüber von Çakırhan, dem Architekten, der das Dorf mit Häusern im osmanischen Stil schmückte und es damit einzigartig machte. Einige Gräber auf dem Friedhof, der in einem Wald am Stadtrand liegt, sehen aufgewühlt aus. »Das waren Wildschweine«, sagt Thomas. Heikes Grab hat er deshalb mit schwarzem Schmiedeeisen eingezäunt. Thomas zündet sich eine Zigarette an und setzt sich auf einen Stein. Das macht er jeden Tag so.

Er hatte seiner Heike, der Kettenraucherin, noch eine Schachtel Zigaretten ins Grab geworfen, als sie beerdigt wurde, obwohl das verboten ist.

Später hat er erfahren, dass drei Türken aus dem Dorf ebenfalls Zigaretten hineingeworfen hätten – für Heikes letzten Weg.

Schwarzes Meer

Boğazkale

Ankara

Sivas

Kappadokien

Tuz Gölü · Kayseri

Göreme

Konya

Çatalhöyük

Antakya
Vakıflı

ZYPERN

Teil 3

ZENTRAL-ANATOLIEN

Kapitel

4

Konya, 1016 Meter

Ich lasse mich treiben durch die Nacht, die hier besonders brav sein soll, Konya, Zentralanatolien, Hort der Frommen. Ich laufe durch das Zentrum und sehe rot und blau blinkende Pfeile, die mich in die Nachtklubs locken, aufdringliche Reklame an den Fassaden, meistens ganz oben. Ich höre türkische Livemusik, die ohne elektronische Bässe auskommt, aus einem Haus, das neben einem McDonald's steht, ein schlichter Eingang, ich laufe die Treppen hoch, erster, zweiter Stock, eine schwere Tür, die ins Türkü Cafe führt, abgewetzte, angeranzte, rote, grüne Stoffsessel, Wände, die rosa angemalt sind, schwarze Tische und orangefarbene Kugeln, die als Lampen von der Decke hängen, und der Raum so schummrig, dass ich meine Armbanduhr nicht mehr lesen kann. In Deutschland sieht so ein Puff aus.

Ich bestelle Tee. Alkohol gibt es hier nicht, auch wenn der Laden danach aussieht, Alkohol gibt es hier fast nirgendwo, das verbietet der Islam. Der Kellner stellt einen Teller mit Haselnüssen auf den Tisch, aber keinen Nussknacker. Ich nippe gerade an meinem süßen Tee und lausche der Musik, als die Stimmung im Laden seltsam wird.

Ein Kellner rennt zu den Fenstern und reißt sie hektisch auf. Ein Mann eilt zu einem Tisch weiter hinten. Schnappt sich eine Wasserpfeife und verschwindet damit in einem Hinterraum. Eine junge Frau kommt zu mir. Grapscht den Aschenbecher; dann ist sie weg. Plötzlich stürmen zwei groß gewachsene Männer in Motorradkluft zur Tür herein. Sie grüßen nicht. Ihre Augen suchen den Raum ab. Dann schalten sie ihre Taschenlampen ein und leuchten in die Dunkelheit. Ihr Licht ist so grell, dass ich ihre Gesichter nicht mehr erkennen kann.

Sie gehen den Raum ab, von Tisch zu Tisch. Auf ihren Rücken kann ich »Polis« lesen. Sie leuchten auf die Tischplatten, auf den Boden, auf die Hosen und Pullis der Lokalbesucher. Suchen die nach Koks? Nach einem Verbrecher? Die Band spielt weiter, als ob nichts wäre, doch niemand tanzt, niemand klatscht. Am Tisch nebenan sitzen die Kellner, die einen Augenblick zuvor noch hektisch umhereilten, und tun so, als würden sie sich entspannt unterhalten. Die Polizisten kommen nun zu mir. Sie leuchten mir ins Gesicht, auf den Pulli, meine Hose, wortlos. Dann reden sie kurz mit dem Chef – und gehen.

»Don't worry«, sagt ein Mann, greift sich einen Stuhl und setzt sich zu mir. Er zündet sich eine Marlboro an und zieht so heftig daran, dass die Glut vorne hell aufleuchtet. Er spricht gutes Englisch. Ich will von ihm wissen, was eben passiert ist. »Die kamen, weil sie nach Zigaretten suchen«, sagt er. »Zigaretten?«, frage ich erstaunt. »Ja, unser Regierungschef mag das Rauchen nicht.«

Der Mann heißt Yasin, und dass er erst vor drei Jahren die Dreißig überschritten hat, mag ich kaum glauben, denn er hat nur noch wenige Haare auf dem Kopf und ein verlebtes Gesicht. Er trägt eine dicke, weiße Uhr am Handgelenk, Jeans und ein helles Hemd, dessen Ärmel er hochgekrempelt hat. Er ist mit dem Chef des Ladens befreundet. »Das hier ist abends mein Wohnzimmer«, erzählt er. Meistens stehe er hinter der Kasse, doch springe er gelegentlich auch als Kellner ein, wenn sich ein Ausländer in das Café verirre. Denn die Angestellten können kein Wort Englisch.

»Siehst du das Schild da an der Wand?«, fragt er mich. Er zeigt auf ein Plakat, auf dem eine durchgestrichene Zigarette zu sehen ist. In geschlossenen, öffentlichen Räumen darf in der Türkei nicht mehr geraucht werden. Außerdem ist Zigarettenwerbung verboten, und im Fernsehen läuft ein großer, unscharfer Ball durch das Bild, wenn jemand in einem alten Film raucht. Das gilt seit Sommer 2009. Doch die jungen Leute, die in das Café kommen, halten nicht viel davon. Es ist ja auch das einzige Verbotene, was sie sich in der Öffentlichkeit noch trauen. Gemeinsames Tanzen von Jungen und Mädchen: verpönt. Küssen: moralisch verwerflich. Alkohol: schwer zu kriegen. Kiffen: Ticket in den Knast.

»Unten beim Eingang haben wir jemanden, der Schmiere steht«, sagt Yasin. »Der drückt auf eine Klingel, wenn die Polizei anrauscht. Dann haben wir noch fünfzehn Sekunden Zeit, um alle Spuren zu beseitigen.« Bis jetzt habe man es immer rechtzeitig geschafft, alle Kippen zu entfernen, die Asche wegzublasen und die Aschenbecher zu verstecken. »Aber man riecht doch, dass hier ständig geraucht wird«, halte ich dagegen. »Das ist egal«, sagt Yasin, »die Polizisten müssen schon eine Zigarette finden, um das zu beweisen.« Er zündet sich seelenruhig wieder eine Marlboro an.

Überhaupt, sagt Yasin, sei das keine richtige Razzia gewesen. »Da hat vermutlich ein Gast bei der Polizei angerufen, der Zigaretten hasst. In anderen Cafés haben schon Leute mit dem Handy Fotos gemacht, die sie später den Beamten zuspielten.« Im Laden aber gebe sich der Anrufer nie zu erkennen, und die Polizisten würden auch gar nicht erst nach ihm fragen. »Der würde hier nicht mehr lebend rauskommen, das kann ich dir versichern«, sagt Yasin und drückt die Zigarette aus.

Und was würde ihm jetzt drohen, wenn die Polizei ihn mit einer Kippe erwischen würde?, will ich wissen. »Neunundsiebzig Lira«, erklärt mir Yasin, so stehe es auch auf dem Plakat an der Wand. Richtigen Ärger aber bekommt der Inhaber. Yasin zählt mir die Eskalationsstufen auf: Beim ersten Mal muss er zehntausend Lira Strafe bezahlen. Wird er später noch einmal erwischt, verdoppelt sich die Strafe und der Laden bleibt drei Tage lang geschlossen. »Beim dritten Mal musst du ganz zumachen.«

Yasin ist in Konya aufgewachsen und hat in Ankara Betriebswirtschaftslehre studiert. Er hat eine eigene Firma, und noch ehe er mir erklärt hat, was er eigentlich genau macht, sagt er mir, was er verdient: tausend Euro im Monat. »Mehr ist nicht drin«, sagt er. Yasin lässt Metallteile für schwere Baumaschinen in Konya herstellen und exportiert sie nach Europa. Auf seinem iPhone sucht er nach einem Video, das er auch seinen Kunden zeigt. Ich sehe einen Stahlofen, aus dem ein Arbeiter in einem Schutzanzug eine glühende Masse herauszieht und sie einem anderen Mann übergibt, der anschließend mit einem schweren Hammer auf das Teil schlägt. Dann ist im Video die Palette an Produkten zu sehen, die Yasin verkauft: riesengroße Schraubteile und Muttern in der Größe einer Tiefkühlpizza.

Die Türkei ist zwar noch ein Standort, an dem günstig produziert werden kann. Die Konkurrenz aus China und Brasilien aber setzt Yasin unter Druck. »Die Deutschen haben ihre Maschinen nach Brasilien verkauft und dann die Produktion dorthin ausgelagert«, erklärt er. Die Brasilianer würden nun die beste Ware produzieren. »Dagegen bin ich machtlos.« Außerdem müsse er viele seiner Rohstoffe importieren, vor allem Stahl, und bei der schwachen Lira bleibe eben nicht viel Gewinn übrig.

Yasin erzählt mir, dass er mit einer Schweizerin verheiratet sei. »Aber ich will nicht in die Schweiz!«, legt er gleich nach.

»Weißt du, die Türkei hat die höchste Lebensqualität der Welt.«
Ich schaue ihn fragend an. »Unter der Woche ist in der Schweiz
doch nichts los«, sagt er. »Und der Nachtklub hier, siehst du ja
selbst, ist an einem Mittwoch voll.« Für einen Millionär gebe es
kein besseres Land als die Türkei: »Wenn du es bezahlen kannst,
bekommst du in der Türkei alles!« Und dann solle ich doch auch
mal in der Schweiz versuchen, am Wochenende ein paar Lebensmittel zu kaufen. »In der Türkei arbeitet jeder durch, die meisten
Läden haben täglich auf«, sagt er. Deshalb wolle auch seine Frau in
der Türkei bleiben. »Und ich mache eben, was meine Frau sagt.«
Er lacht.

»Nimm ein paar Nüsse«, fordert mich Yasin auf, »die sind
gut.« Ich frage ihn, wie ich die Haselnüsse aus der Schale bekommen soll. »Na, so!«, sagt er, nimmt eine Nuss und knackt sie mit
den Zähnen. Auf der Tanzfläche hüpfen acht junge Männer herum und geben sich dabei die Hände. Daneben machen zwei junge Frauen dasselbe; sie sind die einzigen Frauen im Laden. Yasin
will von mir wissen, wie ich die Türkei sehe. Das ist eine Frage, die
ich oft gestellt bekomme. Es ist schwierig, darauf eine einfache
Antwort zu geben. »Das Land hat Potenzial«, antworte ich diplo-
matisch. Yasin greift das Stichwort auf und sieht die Türkei schon
bei den größten Industriestaaten der Welt: »In zehn Jahren sind
wir bei den G8«, sagt er im Brustton der Überzeugung. Doch gebe
es einen Satz, den man in der Türkei oft höre und der das Land
lähme: »Geh arbeiten, das ist besser als studieren.« Das sagen die
Leute in den Dörfern. Diejenigen, die es an die Uni schaffen, würden dort oft nichts lernen. Er zeigt auf eine Kellnerin. »Die studiert Englisch und trotzdem bin ich derjenige, der mit den Ausländern reden muss«, sagt Yasin und fügt angeberisch hinzu: »Die
Kellnerin versteht kein Wort und ich habe mir das alles selber
beigebracht.« Deshalb hat er großen Respekt vor Ausländern, die
in der Türkei herumreisen. »Ich würde das nie tun und hätte große Angst. Ich muss doch mit den Leuten reden können, um Essen

zu bekommen und einen Platz zum Schlafen. Wie machst du das
denn?«

In der Türkei gibt es laut dem Amt für religiöse Angelegenheiten 82 693 Moscheen. Die meisten davon stehen in İstanbul: 3113
an der Zahl. Auf Platz zwei, mit nur 67 Gebetshäusern weniger,
folgt knapp geschlagen Konya. Das ist insofern bemerkenswert,
da in Konya gut eine Million Menschen leben und in İstanbul
fünfzehn Mal mehr. Sieht man sich in der Stadt um, wird einem
schnell klar, dass die Statistik kein Zufall ist. Auf der Straße grüßen sich die Männer mit dem islamischen Gruß *Al-Salamu aleikum*
und nicht mit *merhaba*. Sie sagen lieber das arabische Wort *sana*
und nicht das türkische Wort *yıl*, die beide Jahr bedeuten. Die
meisten Frauen tragen ein Kopftuch und eine Mischung aus Mantel und Kleid. Im Stadtzentrum reihen sich Modelabels für die
konservative Frau aneinander: Tekbir, Setrms und Viar. Eine Info-
tafel hilft bei der Suche nach der richtigen Abteilung: Ein Bild von
einer unverschleierten Frau weist ins Erdgeschoss, eines von einer
mit Kopftuch eine Etage tiefer. Am Flughafen gibt es auf den Her-
rentoiletten keine Klomuschel, sondern ein Loch im Boden, neben dem ein Eimer Wasser steht, *alaturka* oder *normal,* wie man
hier dazu sagt.

Tagsüber fällt der Alaaddin Bulvar, an dem die Polizisten
nachts das Café durchsuchten, nur durch den Geruch von gegrilltem Rind- und Hähnchenfleisch auf. Die bekannteste Straße der
Stadt führt um einen begrünten Hügel herum, der von den Seldschuken im 13. Jahrhundert aufgeschüttet wurde. Heute gibt es
am Alaadin mehrere Teestuben, eine alte Moschee und ein Verwaltungsgebäude. Frühmorgens haben dort ein paar Frauen mit
Kopftuch die letzten Blätter eingesammelt, die von den Bäumen,
die jetzt im Dezember fast nackt sind, heruntergepurzelt sind.

So ganz unschuldig und brav scheint die Stadt aber doch nicht
zu sein: Als die ersten Satellitenschüsseln in Konya montiert wurden, 1998, kam in einer Umfrage heraus, dass nahezu alle Haushal-

te Satı, RTL und Pro7 wollten, weil diese Sender »pornografische Programme« senden würden. In einem Restaurant erzählte mir ein Kellner, dass es gegenüber dem Fußballstadion einen gut sortierten Kiosk gebe, in dem ich ganz sicher fündig werde. Er meinte damit Bier, Wein und Schnaps. Außerdem gebe es im Migros-Lebensmittelmarkt eine Alkoholabteilung. »Da gehen so viele Leute hin, die wird richtig leergeräumt«, sagte der Kellner. Migros habe deshalb extra einen Sicherheitsmann eingestellt, damit dort auch nichts passiere. Und so richtig getrübt wird das Bild der frommen Stadt, wenn man sich die Polizeistatistik der Türkei für 2011 anschaut: Mit sechshundertneun Fällen belegt die Provinz Konya beim Kindesmissbrauch den fünften Platz auf der traurigen Rangliste.

Ich sehe zwei Dutzend Frauen, die wie in einer Schülergruppe in Zweierreihe marschieren. Sie tragen Kopftuch und unter ihren dicken Mänteln auch noch Rock und Jeans. Ich hatte schon einige solcher Gruppen gesehen, und meistens waren es Frauen. Sie wollen zum Grab eines Nationalheiligen, der in Konya begraben liegt und der dem türkischen Islam buchstäblich den richtigen Dreh gab: Mevlana, ein Derwisch und Prediger des mystischen Islam. Fast zwei Millionen Pilger besuchen sein Mausoleum jedes Jahr. Nach dem Topkapı-Palast in İstanbul ist die Grabstätte die meistbesuchte Sehenswürdigkeit des Landes. Ich kannte den Namen bislang nur von türkischen Kulturvereinen, Reisebüros und Moscheen in Deutschland.

Mevlana ist ursprünglich ein arabisches Wort, das so viel bedeutet wie: unser Meister. Mit richtigem Namen hieß er Dschalal Al-Din Al-Rumi und wurde im September 1207 in Balch im Norden des heutigen Afghanistan geboren. Als Mevlana zwölf war, fiel Dschingis Khan mit seiner mongolischen Horde ein. Mevlanas Vater, der ein angesehener Theologe war, machte das große Angst. Er wusste, dass einige mongolische Kaufleute in der Gegend brutal ermordet worden waren und diese Männer nun gerächt werden sollten. Die Familie packte alles zusammen, was sie tragen konnte, und brach auf eine viereinhalbtausend Kilometer lange Flucht über Berge und Wüste auf: ins saudi-arabische Mekka. Von dort zogen sie weiter nach Anatolien, das damals Rum hieß, so nannten es die Herrscher von Byzanz in Anlehnung an Rom. Daraus leitet sich auch Mevlanas Rufname ab: Al-Rumi.

Die Familie ließ sich in Konya nieder, der damaligen Hauptstadt der Seldschuken. Ihr Namensgeber Seldschuk war ein oghusischer Stammesführer, der um 970 mit seinen Gefolgsleuten zum Islam übertrat. Die turkstämmigen Oghusen waren ursprünglich Nomaden, die zu jener Zeit in der Region um den Aralsee und in der Kasachensteppe umherwanderten. Später zogen die Seldschuken weiter und rückten im 11. Jahrhundert zunächst nach Süden vor, eroberten den Iran und standen vor Bagdad. Dann kam das Jahr 1071, das für die heutigen Türken so etwas wie ihr Geburtstag ist: In der Schlacht bei Manzikert, dem heutigen Malazgirt im Osten der Türkei, besiegten die Seldschuken ihren Erzfeind, die Byzantiner, und setzten sich in Anatolien fest – damit wurde die Türkei türkisch. Die Seldschuken eroberten rasch ein Großreich, zu dem auch Syrien und Palästina gehörten. Mit ihrem Sieg gegen die christlichen Byzantiner fühlte sich Europa immer mehr vom Islam bedroht. Die Seldschuken gaben damit den Anstoß für die Kreuzzüge, behaupten manche Historiker.

Mein Hotel liegt gegenüber dem markanten Mausoleum, einem Turm mit einer grünen Kuppel, wo Mevlana begraben liegt. Es ist das Wahrzeichen der Stadt. Daneben erstreckt sich ein Vorplatz, der die Größe eines halben Fußballfeldes hat und zur Selimiye-Moschee gehört. Auf einem Schild beim Eingang des Gebetshauses hängt eine Liste mit Benimmregeln, die in mehreren Sprachen, sogar auf Deutsch, verfasst und unerwartet detailliert ist: »Man darf sich nicht auf den Boden legen, um die Decke anzuschauen.«

Ich ziehe die Schuhe aus, betrete die Moschee und suche nach einem Geistlichen, der mir etwas mehr über die Lehre Mevlanas und den Tanz der Derwische, wie die tanzenden Geistlichen genannt werden, erzählen kann. Ich frage alte Männer, die gerade vom Beten kommen und mich an Abdülhamit verweisen, den Vorbeter der Moschee, der sich sichtlich darüber freut, dass ich Arabisch spreche.

»Mevlana hatte eine tiefe Liebe zu Allah«, sagt Abdülhamit. Mevlana tanzte. Er drehte sich, immer und immer wieder, rotierte, bis zur Ekstase, zur Trance. *Sema* heißt das rhythmische Drehen. »Tausendundeins Tage musste früher ein Schüler bis zum ersten Tanz trainieren«, erklärt mir Abdülhamit. »Man fährt dabei zum Himmel empor und kehrt anschließend wieder zur Erde zurück.« Eines Tages, so erzählt es eine Legende, schlenderte Mevlana über den Markt und blieb bei einem Goldschmied stehen. Er hörte dem Hammerschlag des Schmieds zu und begann dabei, sich im Takt zu drehen – so lange, bis der Goldschmied das Blattgold, an dem er arbeitete, zerschmetterte.

Der Derwisch dreht sich gegen den Uhrzeigersinn. Ich kenne das auch aus der katholischen Kirche. Während einer Messe läuft der Pfarrer um den Altar meistens gegen den Uhrzeigersinn. Ein Mönch erzählte mir einmal, dass diese Bewegung eine Symbolik habe – gegen den Lauf des Lebens, gegen den Tod. Abdülhamit erklärte es mir damit, dass sich doch »alles Wichtige im Leben« drehe: die Protonen im Atom, das Blut im Kreislauf und die Erde, um ihre Achse und um die Sonne.

Vor dem Tanz müssen die Tänzer einige Stunden lang fasten. Die Derwische tragen anfangs die *hırka,* einen Mantel, der ein Grab symbolisieren soll. Der hohe Hut, *sikke* genannt, steht für den Grabstein. Darunter tragen die Tänzer ein weißes Gewand; es soll das Leichentuch darstellen. Die Zeremonie beginnt mit einem Gebet für Mevlana und den Propheten Mohammed. Man hört Trommeln im Hintergrund, die für das Wort *kun!* stehen.

Das Wort stammt aus dem Arabischen und bedeutet übersetzt: Sei! Allah, so stehe es in der Sure »Ya-Sin« (36:82), sprach dieses Wort, während er das Universum erschuf, erklärt mir Abdülhamit. Es folgt ein Flötenspiel auf der Ney, einem Instrument aus gelbfarbenem Schilfrohr. Die Töne symbolisieren den »Atem Gottes«.

Zum Höhepunkt der Zeremonie legen die Tänzer ihre Mäntel ab und reisen zur *hakikat* – zur Wahrheit –, zu Gott. Sie verschränken dabei ihre Arme über der Brust und bezeugen, dass es nur einen Gott gibt und dass sie bereit sind für die *fenafillah* – in Gedanken zu sterben, um bei Allah zu sein, wie es Sure 89, »Die Morgendämmerung«, verheißt: »O du Seele, die du Ruhe gefunden hast, kehre zu deinem Herrn zufrieden und mit Wohlgefallen zurück. Tritt ein unter Meine Diener, und tritt ein in Meinen Paradiesgarten.«

Beim Tanz neigen die Derwische ihren Kopf nach rechts; das soll angeblich gegen Schwindel helfen. Der linke Fuß bleibt auf dem Boden, während mit dem rechten die Drehung vollzogen wird. Die rechte Hand haben die Tänzer zum Himmel hin geöffnet, um den Segen einzufangen, den sie dann mit der linken Hand, die zur Erde hin gehalten wird, weiterleiten. Die Derwische rezitieren die Sure »Al-Baqarah«, »Die Kuh«: »Allah gehört der Osten und der Westen; wohin ihr euch auch immer wendet, dort ist Allahs Angesicht. Allah ist allumfassend und allwissend.« Am Ende der Zeremonie wird noch einmal gebetet. Danach verschwinden die Derwische schweigend in ihre Zimmer zum *tefekkür* – zum Nachdenken.

Kemal Atatürk hatte den Tanz 1925 verbieten lassen wie auch sämtliche Sufi-Orden, weil er sie für rückständig hielt. Sechzehn Jahre nach seinem Tod, 1954, wurde das Verbot wieder gestrichen. Mevlana wird in Bildern gerne als dicker, gemütlicher Mann dargestellt, der meistens sitzt, einen langen Bart hat und in einen Mantel gewickelt ist. Dabei hat Mevlana genau darauf geachtet,

was er isst, ergaben die neuesten Forschungen des Instituts für
Mevlana-Forschung an der Selçuk-Universität in Konya. Laut damaligen Zeugen hatte er einen kurzen Bart, Schlitzaugen und war
sogar extrem dünn.

Mevlana ist aber nicht nur für drehende Derwische bekannt.
Vielmehr hat er seiner Nachwelt ein poetisches, philosophisches
Vermächtnis hinterlassen: das »Masnavi«. Sechs Bände, auf Per-
sisch geschrieben, die Antworten auf komplizierte Fragen geben
sollen und für viele eine Anleitung zum Glücklichsein sind.

Mevlana waren sogar die Ungläubigen recht: »Komm, komm,
wer auch immer du sein magst. Ob Ungläubiger, Parse oder Göt-
zenanbeter, komm! Unsere Pforte ist keine Pforte der Hoff-
nungslosigkeit. Auch wenn du dein Gelöbnis schon hundertmal
gebrochen hast. So komme auch dann!«

Das älteste Manuskript stammt aus dem Jahr 1278 und enthält
insgesamt 25 618 Verse. Mevlana sah in der Liebe die Urkraft des
Universums. Das Universum ist für ihn das harmonische Ganze,
in dem jeder mit jedem verbunden ist: durch die Liebe. Und die
gehört einzig und allein Gott. Also muss der Mensch lernen, Gott
zu lieben, denn nur so kann er Teil dieser Harmonie sein, glaubt
Mevlana.

Er starb an einem Sonntag im Dezember 1273. Kurz vor seinem Todestag resümierte er über sein Leben: »Ich war roh, wurde
dann reif, und bin jetzt schließlich in Liebe Gottes aufgelöst.« Seinen Tod bezeichnete er als Hochzeitstag, als *şeb-i arus*, denn nun
komme er mit Gott zusammen.

Ich gehe ins Museum, das neben der Moschee liegt, und möchte Mevlanas Grab besuchen. Um in den Grabraum zu gelangen, in
dem auch seine Freunde und Verwandten beigesetzt sind, muss
ich mir vor dem Eingang blaue Schutzhauben aus Plastik über die
Schuhe ziehen. Auf dem Sarg, der mit Koranversen aus Brokat
verziert ist, liegt der Turban, der aussieht wie ein dicker Hefe-
zopf. Frauen und Männer jeden Alters stehen ergriffen vor der

Absperrung. Sie weinen. Sie beten. Sie lesen aus dem Koran, die Sure »Ya-Sin«, die in vielen Geschäften der Stadt an der Wand hängt und die fast jeder Straßenverkäufer im Angebot hat. Das überrascht mich, denn in Ägypten erklärte man mir, dass man diese Sure vor allem anlässlich von Beerdigungen rezitiert. In Konya höre ich hingegen, dass sie »das Herz des Korans« sei. Als ich den Mitarbeiter an der Rezeption meines Hotels nach der Sure fragte, geriet er förmlich ins Schwärmen und wollte sie mir unbedingt ausdrucken: »English? German? No problem!«

Keine zwanzig Meter von Mevlanas Grab steht ein grünfarbenes Podest, auf dem ein Behälter aus Glas angebracht wurde. Darin liegt ein verschlossenes Kästchen. An der Unterseite des Behälters sind vier kleine Löcher. Zwei alte Männer schnüffeln daran. »Sakal-ı şerif« steht auf dem Schild. Ein Sicherheitsbeamter, der penibelst darauf achtet, dass niemand davon Fotos macht, erklärt mir, dass in dem Behälter ein Barthaar des Propheten Mohammed liege.

Die osmanischen Herrscher, die sich damals als Hüter der heiligen Stätten von Mekka und Medina sahen, ließen noch einige andere Dinge horten, die Überreste des Propheten sein sollen. Heute liegen die meisten davon im Topkapı-Palast in İstanbul. Verwahrt werden unter anderem: Mohammeds Standarte, jene Fahne also, die er bei seinen Feldzügen benutzt hat, sein Pfeil und Bogen, ein gegossener Fußabdruck und auch ein Zahn. Der soll einer von vier Stück sein, die Mohammed während der Schlacht von Uhud verloren hat, als er mit einer Streitaxt getroffen wurde.

Ich spaziere vom Museum ins Stadtzentrum, irre durch Gassen und Gässchen. *Kuruyemis* heißen die türkischen Läden, die Nüsse und Trockenfrüchte verkaufen. Ich rieche frisch geröstete Erdnüsse, die aus einer Maschine vor einem Laden springen. »Zwei Lira für eine kleine Tüte«, ruft mir der Verkäufer zu. Durch Konya bimmelt eine Straßenbahn, die mir bekannt vorkommt. Kein Wunder, sieht sie doch aus wie ältere deutsche Trams. Wie ich später erfahre, wurden die Wagen vor mehr als zwanzig Jahren der Stadt Köln abgekauft.

Je länger ich durch die Straßen schlendere, desto mehr fällt mir eine weitere Besonderheit auf: Ich habe noch in keiner türkischen Großstadt so viele Fahrräder gesehen. Vor jeder Behörde, dem Bahnhof und dem Sammelplatz der Minibusse stehen Dutzende Fahrräder, die meisten davon sind angerostet, und nicht wenige haben eine Acht. Gestern radelte mir ein Mann entgegen, der eine schwarze Sturmhaube zum Schutz gegen die Kälte trug und deshalb aussah wie ein Bankräuber. Es gibt sogar öffentliche Verleihstationen, an denen man für wenig Geld Fahrräder mieten kann, vorausgesetzt, man hat sich vorher im Internet registriert und besitzt eine Kreditkarte.

Das Verstörende an Konya sind die krassen Gegensätze. Denn auch wenn ich viele Fahrradfahrer gesehen habe – es waren nur Männer. Bei jungen Frauen gilt das Strampeln als verwerflich, weil die Jungfräulichkeit verloren gehen könnte, meinen die Männer hier. Außerdem passe die Bewegung nicht zum Wesen einer Frau, erklärte man mir. Mit einem knöchellangen Rock wäre es auch ohnehin fast unmöglich, in die Pedale zu treten. Mitfahren jedoch ist erlaubt, wenn auch nur seitlich sitzend auf dem Gepäckträger, was dem Fahrer einiges an Balance abverlangt.

Auf dem Hauptplatz, hinter dem begrünten Hügel, um den die Straßenbahn führt, ist ein riesengroßes Rohr ausgestellt. Ich schaue hinein und sehe einen alten Renault 16, der dort abgestellt wurde, wohl um zu zeigen, wie groß das Rohr ist. Diese Pipeline transportiert aber kein Gas, schließe ich aus einem Transparent, sondern Wasser: »Nunmehr wird aus unseren Brunnen Quellwasser fließen«, steht dort geschrieben. Schon beim Anflug auf Konya war mir aufgefallen, dass die Landschaft aussieht wie eine steinige Wüste. Im südlichen Taurus-Gebirge fällt seit Jahren immer weniger Schnee, die Grundwasserreserven sind beinahe erschöpft. Eine Studie aus dem Jahr 2008 hatte ergeben, dass nur noch zweihundertfünfzig Milliliter Regen jährlich vom Himmel fallen. In München ist es fast vier Mal so viel. Per internationaler Definition ist Konya eine Wüste.

In dieser kargen Umgebung leben viele Bauern, die Zuckerrüben, Kartoffeln und Mais anbauen. Früher nannte man die Region sogar das Weizensilo der Türkei. 2,7 Millionen Tonnen Weizen wurden 2010 geerntet, gute zwei Millionen davon gingen in die Broterzeugung, mit dem Rest wurden Nudeln produziert. Noch heute stammen zwölf Prozent aller türkischen Landwirtschaftsprodukte aus der Hochebene rund um Konya und den Nachbarregionen Karaman, Niğde und Aksaray. Schon vor fünf Jahren warnten Wissenschaftler, dass die Landwirte ihre Felder besser bewirtschaften müssten, um langfristig überleben zu können. Denn das meiste Wasser in der Türkei, errechneten die Experten, landet nicht in der Badewanne, sondern auf den Feldern.

Ich laufe weiter über den großen Kültür-Park zur Moschee, deren vier Minarette achtundsiebzig Meter hoch sind und aussehen wie russische Sojus-Raketen. Der Mufti von Konya hat hier seinen Sitz und bestimmt, was Muslime dürfen und was nicht. Im Untergeschoss dieses Gebetsapparats sehe ich ein paar Stapel Bücher neben einem Eingang liegen. Sie gehören zu einem Laden, in dem es Ratgeber, Koranausgaben und religiöse Schriften für Kinder gibt. Ich stöbere in den Regalen und entdecke ein Buch, auf dessen Cover ein Foto von Johann Wolfgang von Goethe abgedruckt ist. Wenn es stimmt, was neben dem Titel steht, dann wurden von dem Buch schon fünfundzwanzigtausend Exemplare verkauft. Auf der ersten Seite lese ich einen Satz, der wie die Lebensweisheit eines frommherzigen Muslim klingt: »Alles, was die Menschheit besitzt, schuldet sie dem Propheten Mohammed.«

Ich blättere weiter und finde Zitate des Dichters, die beweisen sollen, dass der geübte Weintrinker in Wahrheit ein Muslim war. Zum Beispiel jenes, als seine Schwiegertochter schwer erkrankte und der siebzigjährige Goethe gesagt haben soll: »Weiter kann ich nichts sagen, als dass ich auch hier mich im Islam zu halten suche.« Aus dieser Zeit stammt auch das Zitat, dass er sich mit dem Gedanken trage, »ehrfurchtsvoll jene heilige Nacht zu feiern, wo der Koran vollständig dem Propheten von obenher gebracht ward«. Goethe hat viel gesagt und geschrieben. Reißt man die Zitate aus dem Zusammenhang und reiht nur diese aneinander, könnte man tatsächlich den Eindruck gewinnen, Goethe sei ein Konvertit gewesen.

Ein Verkäufer im Buchladen, der beobachtet, wie ich in dem Buch blättere, spricht mich an und fragt, ob ich etwas Bestimmtes suche. Er heißt Ufuk. Der Name stammt aus dem Arabischen und bedeutet Horizont. Im Laden gebe es, so schätzt er, etwa eintausend Bücher zum Islam. Ich frage ihn, warum ausgerechnet Konya zu einem religiösen Zentrum wurde. »Das war schon immer so«, sagt er. »Die Seldschuken brachten uns den Islam, und Konya war ihre Hauptstadt. Und dann kam Mevlana.«

Der Islam, wie er in der Türkei gelehrt wird, ist anders als jener im verbohrten Saudi-Arabien oder jener im fanatischen Ägypten, den ich in Alexandria kennengelernt hatte. In der Türkei ist die Lehre milder, liberaler und mystischer. Sympathischer, könnte man auch sagen.

Ich solle doch mal ins Museum für Kunstschätze aus Stein und Holz gehen. Dort könne ich sehen, dass der türkische Islam schon früher liberal gewesen sei, rät mir Ufuk. Das Museum ist auf dem Alaaddin-Boulevard, nur ein paar Häuser weiter von dem Türkü Cafe, wo ich die Polizeirazzia miterlebt hatte. Das heutige Museum war früher eine Medrese, eine Hochschule für Koranstudien. Die Seldschuken hatten sie im Jahr 1254 errichtet und 1901 wurde sie, Gott weiß warum, von einem starken Blitz getroffen, der das Minarett zerlegte. Über dem Eingang lese ich die Sure »Al-Fatiha« auf Arabisch, »Die Eröffnende«, die so heißt, weil sie die erste Sure des Korans ist.

Die Seldschuken schufen ihren eigenen Stil. Sie übernahmen Ideen aus Persien, verwendeten bunte Kacheln und meißelten Koranverse in Stein, Marmor und Holz. Im Museum, das nicht viel größer ist als eine Wohnung für eine türkische Großfamilie, sind einige Fundstücke aus dieser Zeit ausgestellt. Warum aber hat mich der Mann aus dem Buchladen hierhergeschickt?

Ich schaue mir die Ausstellungsstücke genauer an. Ich sehe Engel mit Gesichtern, Löwen, einen Elefanten und einen Drachen. Islamische Fundamentalisten hätten diese Statuen nicht nur verboten, sondern wohl auch gleich an Ort und Stelle zerschlagen. Im Koran steht zwar nichts von einem Bilderverbot, doch soll Mohammed höchstpersönlich gesagt haben: »Jemand, der ein Bild malt, den wird Gott so lange bestrafen, bis er das, was er dargestellt hat, zu beleben vermag. Und dazu wird er nie in der Lage sein.« Ein Bild oder eine Skulptur könnte die Menschen zur Verehrung des Dargestellten verführen, befürchten bis heute sehr strenge Muslime. Im Islam aber ist ausschließlich Allah anbetungswürdig. Deshalb findet man an Wänden von Moscheen nur geometrische Motive.

Die deutsche Kunsthistorikerin Katharina Otto-Dorn machte in den Sechzigerjahren am Beyşehir-See, gut neunzig Kilometer westlich von Konya, einen interessanten Fund. Sie entdeckte Überreste der Sommerresidenz des seldschukischen Sultans Alaa Al-Din Kaikubad, dessen Emblem ein zweiköpfiger Adler war. Besonders auffallend sind die Fliesen und Kacheln. Blau und grün sind sie, leuchtend und glitzernd, Farben des Wassers und der Fruchtbarkeit und nicht die der Wüste Arabiens. Visionen, wie das Paradies aussehen könnte, davon ließen sich die seldschukischen Künstler treiben. Als Vorbild galt damals die Große Umayyaden-Moschee in Damaskus, die im 8. Jahrhundert errichtet wurde. Die ausgegrabenen Kacheln zeigen aber noch mehr: Gesichter von Menschen und Tieren, von Hunden, Hasen, Ziegen und Wölfen und Figuren aus einer Märchenwelt: Griffon, Drachen, Sphingen und Sirenen. Ich verstehe nun, warum mich der Mann aus dem Buchladen hierherschickte. In vielen islamischen Ländern wären diese Kacheln heute nur noch Scherben. Die Türken aber hatten den Koran und die Lehre des Propheten damals anders verstanden – und tun es meistens auch heute noch.

Ich mache mich auf zur Abreise und nehme den Zug. Der neue Bahnhof von Konya ist funktional, aber nicht mehr. Es gibt darin eine Polizeistation und eine Wartehalle, in der außer ein paar Stühlen nichts zu finden ist, was einem das Warten erleichtern könnte. Von Konya nach Ankara fährt seit dem Sommer 2011 ein Hochgeschwindigkeitszug, der die dreihundert Kilometer lange Strecke in weniger als neunzig Minuten schafft. Früher war das eine Tagesreise. Der Zug erinnert mich an den französischen TGV und steht auf Bahnsteig eins. Wer einsteigen möchte, muss durch eine Sicherheitskontrolle wie am Flughafen.

Auf Bahnsteig zwei fährt der Torus-Express. Torus ist das türkische Wort für den Taurus, den eintausendfünfhundert Kilometer langen Gebirgszug im Süden der Türkei. Ich hatte Lust auf diese Bahnstrecke bekommen, als ich mir »Skyfall« angeschaut hatte, den James-Bond-Film mit Daniel Craig. Die Einstiegsszene spielt in İstanbul und zeigt eine Verfolgungsjagd über die Dächer des überdachten Großen Basars. Bond findet sich bald auf dem Dach eines Zuges wieder. Diese Szene spielt aber nicht in İstanbul, wie der Film nahelegt, sondern Hunderte Kilometer entfernt auf der Strecke von Konya nach Adana, der berühmten Bagdadbahn. Das deutsche Unternehmen Philipp Holtzmann begann 1888 mit den Arbeiten auf dieser Strecke, dreißig Jahre später war sie fertig. Einige Abschnitte werden bis heute befahren.

Vorne pustet eine Diesellok ordentlich Dreck in die Luft, sie zieht fünf weiße Waggons, in deren Fensterscheiben Halbmond und Stern schimmern, die türkische Flagge. Zugfahren ist in der Türkei billig; ich zahle 20,50 Lira, keine zehn Euro für eine sechseinhalbstündige Fahrt. Wir passieren Yenice, einen schmucklosen

Ort, in dem sich im Januar 1943 Winston Churchill mit İsmet İnönü traf, dem damaligen Präsidenten der Türkei. Churchill versuchte vergeblich, die Türken davon zu überzeugen, mit den Alliierten zusammen gegen die Nazis zu kämpfen. Die Türkei aber wollte sich aus allem heraushalten.

Ich fahre durch mehr als ein Dutzend Tunnel und über das Giaurdere-Viadukt bei Hacıkırı, einhundertzweiundsiebzig Meter lang und dreiundneunzig Meter hoch. Ein Meisterexemplar von Brücke, die das Tal zwischen Pozantı und Yenice überquert. Hier hat sich James Bond hinuntergestürzt.

Die Brücke, so sagt mir mein Sitznachbar, würden die Einheimischen kurz Varda nennen. Dazu gebe es eine Legende: Während der Arbeiten seien viele deutsche Arbeiter verstorben. Eines Tages sei ein Ingenieur auf dem Gerüst der Brücke ausgerutscht und schreiend in die Tiefe gestürzt. Ein türkischer Arbeiter unten im Tal habe das mitbekommen und daraufhin seinem Kollegen zugerufen: »*Vardı ha!*«

Das heißt grob übersetzt: Er ist angekommen.

Kapitel

5

Çatalhöyük, 1009 Meter

Ein älterer Mann mit runder Leibesmitte und Wollmütze steht am Busbahnhof und winkt dem Busfahrer zu, der gerade losfahren will. Der Mann steigt ein, grüßt und bedankt sich leise, geht die drei Stufen hoch und steht nun vor den neunundneunzig Namen Allahs und den drei roten Plastikrosen, die der Fahrer vor die Windschutzscheibe gehängt hat. Der Mann schaut streng in den Gang. Die Reisenden wissen, dass es ein Problem gibt: Der Mann kann sich nicht setzen. Es sind nur noch zwei Plätze frei, und beide neben Frauen.

Für das funktionierende Zusammenleben der Menschen in Zentralanatolien ist es von großer Bedeutung, ob jemand nur zwei X- oder auch ein Y-Chromosom hat. Es sind die althergebrachten Regeln, die hier besonders geschätzt werden. In die-

ser Gegend bin ich nun unterwegs und möchte nach Çatalhöyük, einem Ort im Süden der Stadt Konya.

Die Frauen im Bus werfen sich blitzschnell Blicke zu, nicken
und setzen sich schweigend nebeneinander. Der Mann hat jetzt
eine frei gewordene Zweierreihe für sich. Überhaupt sieht der
Isuzu-Bus mit seinen dreizehn Sitzreihen nun sehr aufgeräumt
aus: Kein Mann sitzt neben einer Frau.

Mir war schon häufiger in Bussen aufgefallen, dass die Ge-
schlechtertrennung in dieser Gegend sehr ernst genommen wird.
Dass die Sitze in diesem Bus auch noch schmaler sind als in einem
Billigflieger, macht es selbst für mich mit meinen Durchschnitts-
maßen nicht gerade einfach, neben einem Mann zu sitzen. Die
frühe Nachmittagssonne knallt durch die Windschutzscheibe.
Ich bin der Einzige im Bus auf der Sonnenseite, der den gelben
Vorhang nicht zugezogen hat. Ich will schließlich etwas sehen.

Auf dem Parkplatz der Eski Garaj, etwas außerhalb der Stadt
Konya, wo viele Minibusse der Marken VW und Ford nebenein-
anderstehen, verkauft ein Mann auf einem Holzkarren alte, ge-
brauchte Sakkos für fünf Lira. Ein Junge läuft mit einem Tablett
herum und verkauft Tee an die Wartenden. Vier Männer haben
dreizehn weiße Mehlsäcke auf das Dach eines Minibusses ge-
wuchtet. Zwei Männer, die auf dem Dach eines anderen Busses
stehen, ziehen gerade eine komplette Tür samt Rahmen hoch.
Ich wundere mich, dass das Blech des Autodachs noch nicht
durchgebrochen ist. Ich sehe aber auch Männer, die einfach nur
herumsitzen und mit ihren schwarzen, billigen Lederjacken aussehen wie Geheimdienstleute.

Der Busfahrer startet den Motor, ich bringe ihm das Geld für
das Ticket nach vorne, 7,50 Türkische Lira, was günstig ist für
eine fünfzig Kilometer lange Strecke. Wir fahren vorbei an einer
Straßenbahnhaltestelle, an deren Glasfront im Wartebereich
zwei große Plakate hängen. Es sind Anzeigen der Supermarktkette BİM. Die eine Werbung preist eine elektronische Nähmaschi-

ne, Marke Homemax, siebzig Watt, für einhundertneunsechzig
Lira an, die andere einen Tablet-PC, Modell Exper Easy-Pad, für
zehn Lira weniger. Tradition prallt auf Moderne. Die beiden Geräte beschreiben eigentlich ganz gut, wie die Türkei derzeit funktioniert.

Çatalhöyük, wo ich hin möchte, kennt kaum ein Türke.
Selbst die meisten Leute, die in dieser Region wohnen, waren
noch nicht dort, weshalb die Wartenden am Busbahnhof neugierig waren, woher ich denn überhaupt davon weiß. Ein deutscher Gast im Hotel hatte mir davon erzählt, denn auch mir sagte Çatalhöyük nichts. Dabei soll die ausgegrabene Siedlung aus
der Jungsteinzeit, der Epoche, als der Mensch Ackerbau und
Viehzucht erfand, einzigartig sein. Manche Experten halten die
Großsiedlung, die im 7. Jahrtausend vor Christus entstanden ist,
gar für die älteste Stadt der Welt. Seit 2012 zählt der Ausgra-
bungsort zum UNESCO-Welterbe.

Doch die Buddelei ist nicht nur für Archäologen interessant.
Feministinnen gehen davon aus, dass in diesem Ort einst die Frau-
en das Sagen hatten. Ein antikes Matriarchat also. Die Figuren,
die vor mehr als sechzig Jahren in dem staubigen Dreck gefunden
wurden, haben etwas von vollbusigen Powermüttern. Die bekannteste Tonskulptur ist eine nackte, wohlgenährte Frau. Man
nennt sie auch »Göttin auf dem Leoparden-Thron«, eine Art Venus von Çatalhöyük, in der manche gar eine Art Urmutter sehen,
eine Magna Mater. Die meisten Fachleute halten das aber für
übertrieben.

Die Wissenschaftler fanden jedenfalls auch keinen Hinweis
darauf, dass ein Geschlecht bevorzugt wurde, weder beim Essen
noch in der Kunst oder beim Beerdigungsritual. Vielleicht waren
die Jungsteinzeitmenschen uns tatsächlich in einer Sache voraus
und führten die umfassende Gleichberechtigung ein.

Einsamkeit ist ein Gefühl, das ich in Anatolien oft erfahre. Es
ist kein lauter Flecken Erde, große Städte sind hier selten, und

zwischen zwei Ortschaften finde ich eine Einöde ohne Busch und Baum. In den Dörfern haben die Menschen ein anderes Zeitgefühl als wir und leben im Hier und Jetzt; die Zukunft, das ist der nächste Tag, und alles andere ist sowieso Schicksal. Die häufigsten Insignien der Moderne, die ich von den Bussen aus während meiner Reise registriere, sind riesige Werbeflächen aus Plexiglas und Satellitenschüsseln.

Auf der gut asphaltierten Straße, auf der ich gerade unterwegs bin, sehe ich nur alle paar Minuten ein Auto. Die Menschen hier brauchen das Geld für das Existenzielle. Es ist eine steppenartige Landschaft, mit verdorrtem Gras, in dem immer mal wieder biologisch nicht abbaubarer Zivilisationsmüll liegt, Flaschen und Tüten aus Plastik, Dosen aus Aluminium. Am Straßenrand sehe ich künstlich angepflanzte Bäumchen, deren Stämme mit Folie umwickelt wurden, vermutlich, um sie vor dem Angeknabbertwerden zu schützen. Manche Häuser sind aus Lehmziegeln gebaut und werden von einfachen Dächern aus Stroh und Lehm vor Sonne und Regen geschützt. Ab und zu blitzt das Blechdach eines Neubaus auf, höchstwahrscheinlich aufgestellt von Rückkehrern aus Europa, mit rot gebrannten, unverputzten Ziegeln, Fensterglas und Sonnenkollektoren. Die spitzen Dächer lassen darauf schließen, dass hier auch ordentlich Schnee fallen kann.

Durch das Dorf Abditolu führt eine Bewässerungsrinne aus Beton. Die Gegend sieht durstig aus, jetzt, im Spätherbst, ist es staubig. Das Bächlein, das sich durch den Ort schlängelt, ist komplett ausgetrocknet; der Lehmboden des Bachbetts hat das Muster von gegerbtem Leder und handbreite Risse. In den warmen Tagen sitzen hier Bäuerinnen vor ihren Häusern und schlagen mit einem Stock die Sonnenblumenkerne aus den Blüten. Im Türkischen heißt diese Blume *ayçiçeği*, was wörtlich übersetzt Mondblume bedeutet. Im Bus ruft eine alte Frau nach vorne, dass sie aussteigen möchte. Der Chauffeur hilft ihr dabei, trägt ihre Handtasche und begleitet sie zum Kofferraum. Er holt zwei Pakete her-

aus, die in Zeitungspapier eingewickelt und mit einer Kordel ver-
schnürt sind. Vermutlich ist es frisches Fleisch.

Auf der Strecke gibt es keine regulären, offiziellen Haltestel-
len. Die Reisenden sagen, wo sie aussteigen möchten. Deshalb
riet man mir im Tourismusbüro in Konya, ich solle einfach den
Bus nach Karkın nehmen und dem Fahrer sagen, dass ich in Çatalhöyük aussteigen wolle, obwohl ihm das sowieso schon klar war,
als er mich sah. Es gibt schließlich nur einen Grund, warum ein
Ausländer in diese Gegend fährt. Als der Busfahrer etwas außerhalb des Dorfes hält, dreht er sich zu mir und sagt:»In drei Stunden, genau wieder hier.«

In Çatalhöyük selbst leben keine Menschen, es gibt hier nichts
außer dieser Ausgrabungsstätte. Zweihundert Meter sind es bis
zum Eingang, eine Schotterstraße. Ich sehe eine braune Tafel, ein
weißes Einfahrtstor, eine für türkische Maßstäbe recht kleine
Fahne und ein Häuschen mit Toiletten für die Besucher. »Wel-
come!«, ruft mir ein Mann zu. Er sitzt mit zwei Kollegen vor einem
großen Feuer, in dem Kohlen glühen. Sie bereiten das verspätete
Mittagessen vor und haben drei Hähnchen auf einen Metallstab
gespießt, die sie gut durchbraten lassen. Auf dem Tisch steht eine
alte Pepsi-Plastikflasche, in die frische Milch abgefüllt wurde, auf
einem Teller liegen aufgeschnittene Tomaten und drei Orangen.
In einer weißen Plastiktüte sehe ich das, was bei einem türkischen
Essen nie fehlen darf: Unmengen an geschnittenem Weißbrot.

»Komm her und setz dich zu uns«, sagt der Mann. Er heißt Ahmet und passt auf, dass auf dem Gelände nichts passiert. Ich sage
ihm, dass ich mit dem Bus gekommen sei, nicht viel Zeit hätte
und zuerst die Ausgrabungen sehen möchte. »Dann sehen wir uns
sowieso noch«, sagt Ahmet. Der Rundgang durch die Ausgrabungsstätte dauere nicht lange. Außerdem sei ich der einzige Besucher und hätte den Ort für mich allein.

Ahmet rät mir, zuerst in das Gebäude gegenüber zu gehen, in
dem alles Wissenswerte über die Geschichte dieses Ortes erläu-

tert werde. Neben dem Eingang des Häuschens ist eine Tafel angebracht, auf der die wichtigsten Sponsoren der Ausgrabungen
verzeichnet sind: Visa International, Shell, IBM, die türkische
Bank Yapı Kredi und der Flugzeughersteller Boeing, der dieses
Haus spendiert hat. Der Ausstellungsraum ist mit kaltem Licht
ausgeleuchtet, zu sehen gibt es nicht viel: Informationstafeln auf
Türkisch und Englisch, ein Gästebuch und ein paar mickrige
Fundstücke, denn der Großteil dessen, was aus der Erde geholt
wurde, ist im Museum für Anatolische Zivilisationen in Ankara
ausgestellt.

Auf diesen Ort gestoßen waren drei britische Archäologen,
die an einem windigen Novembertag des Jahres 1958 an einem
großen Erdhügel gruben. »Es ist neolithisch oben!«, rief einer entzückt. »Es ist neolithisch unten!«, ein anderer euphorisch. Das
griechische Wort steht für die Jungsteinzeit, jene Jahrtausende
dauernde Epoche, in der die Menschen allmählich lernten, Haus-
und Nutztiere zu halten, Pflanzen zu kultivieren, Töpfe zu bren-
nen und dörfliche Siedlungen mit Häusern aus Holz und Lehm zu
bauen. Der Mensch als reiner Jäger und Sammler war Geschichte.
Historiker nennen diesen Entwicklungsschritt die neolithische
Revolution.

Neben dem Informationszentrum steht der Nachbau eines
Lehmhauses. In dem Gebäude sollen die Besucher erfahren, wie
die Leute vor neuntausend Jahren lebten. Die Behausungen waren
bis zu drei Meter hoch und mit ihren fünfundzwanzig Quadrat-
metern nicht gerade geräumig. Es gibt eine Feuerstelle, Steinbän-
ke und eine Leiter, die aufs Dach führt. Die Häuser wurden damals sehr eng aneinandergebaut, deshalb gab es keine Fenster,
keine Türen und vor allem: keine Wege und Straßen. Die Menschen von damals lebten und bewegten sich auf den Dächern, wie
das selten, aber doch auch heute noch in Anatolien üblich ist.

In seinem Buch »Arm und Reich. Die Schicksale menschlicher
Gesellschaften« beschreibt Jared Diamond, ein studierter Evolu-

tionsbiologe und Pulitzer-Preisträger aus Boston in den Vereinigten Staaten, wie manche Völker es zur Weltherrschaft brachten. Als Beispiel nennt er den Fruchtbaren Halbmond, der aufgrund seiner geografischen Form so genannt wird und heute Teile der Länder Israel, Palästina, Jordanien, Iran, Irak, Syrien, Libanon und der Türkei umfasst. Von den fünf wichtigsten Nutztierarten – Ziege, Schaf, Schwein, Rind und Pferd – wurden vier dort erstmals domestiziert. Das begann vor etwa zehntausend Jahren, als die ersten Siedler in Çatalhöyük sesshaft wurden. Acht sogenannte Anbausorten von Nahrungspflanzen, auch Gründerpflanzen genannt, weil sie gewissermaßen die weltweite Landwirtschaft begründeten, wurden in dieser Region kultiviert: drei Getreidearten (Emmerweizen, Einkornweizen und Gerste), vier Hülsenfrüchte (Linse, Erbse, Linsenwicke und Kichererbse) und eine Faserpflanze (Flachs). Der ausgewogene Ernährungsmix hatte großen Einfluss auf die körperliche Entwicklung der damaligen Menschen und ihre Lebenserwartung. Sie wurden sesshaft, vermehrten sich schnell, es entstanden größere Gemeinwesen – Städte.

Ostafrika hingegen, das Ursprungsgebiet des Menschen, hatte fortan das Nachsehen. Trotz einer großen Tierwelt lebte dort keine einzige Haustierart, denn Elefanten, Nilpferde und Zebras eignen sich nicht für Wiese, Stall und Heim. Auch wuchs dort ursprünglich keine Nutzpflanze, die den Menschen satt machen und ihn mit den wichtigsten Nährstoffen versorgen konnte. Die Überlegenheit mancher Völker, schließt der Biologe, habe also nichts mit Rassentheorien zu tun, sondern hauptsächlich mit der Natur, die der Mensch vorfand.

Ich laufe zu einem Hügel hoch, neben mir verdorrtes, staubiges Gras, das dringend ein paar Regentropfen gebrauchen könnte. Ein scharfer, eigenartiger Brandgeruch liegt in der Luft. Oben steht ein eiförmiges Gebäude, das aussieht wie ein riesiges Gewächshaus. Ich betrete die Anlage und sehe ein paar ausgegrabene Mauern. Ich versuche mir vorzustellen, wie das Zusammenleben damals funktionierte: Es gab wohl keinen Marktplatz und keine religiösen Stätten. Es gab auch keinen Friedhof. Stattdessen wurden die Leichen in Tücher gehüllt und im eigenen Haus begraben. Zweieinhalb- bis achttausend Menschen sollen hier gelebt haben, auf einer Fläche, auf der ziemlich genau das US-Verteidigungsministerium, das Pentagon, Platz fände.

Soll das also wirklich eine Stadt gewesen sein? Auch noch die älteste? Darüber streiten sich Experten bis heute, zumal auch Jericho im Westjordanland und Damaskus diesen Titel für sich beanspruchen. Die Ackerbauern und Viehzüchter von Çatalhöyük bauten Weizen, Gerste und Erbsen an und züchteten Rinder, Schafe und Ziegen. Sie flochten Körbe und schliffen primitive Spiegel aus Obsidian, dem dunklen, kieselsäurereichen Gesteinsglas, das sie bei den Vulkanen fanden. Und sie reisten vermutlich auch, wie die gefundenen Kaurimuscheln aus dem Roten Meer nahelegen.

Ich besuche die zweite, große Ausgrabungsstätte, die nur ein paar Dutzend Meter von der ersten entfernt liegt. Dort fanden die Archäologen ein Haus, das in Flammen aufgegangen war, wie sie an den Wänden feststellen konnten. Die Fachleute gehen davon aus, dass das Haus möglicherweise sogar absichtlich angezündet wurde, um über der Ruine ein neues zu bauen. Dazu wurden die Mauern absichtlich nach innen gekippt, das war damals so üblich. Jede neue Generation baute einfach über dem alten ein neues Haus. Deshalb blieb der Grundriss der Siedlung nahezu gleich. Die Archäologen mussten also erst einmal Schicht für Schicht abtragen und vor allem richtig tief graben. Damit begaben sie sich auf eine sehr lange Zeitreise, denn die Siedlung hatte insgesamt eintausendvierhundert Jahre lang Bestand.

Heute haben die Forscher ein recht gutes Bild von der damaligen Zeit. Demnach verehrten die Menschen früher wohl keine Gottheiten, sondern definierten ihr Dasein über die Beziehung zu Tieren. Der britische Archäologe und Entdecker der Siedlung,

James Mellaart, vermutet aber auch eine Art Fruchtbarkeitskult, in dem weibliche Gebärfähigkeit und männliche Potenz hochgehalten wurden. Die Wände in den Häusern waren geschmückt mit Malereien und Reliefs, mit geometrischen Mustern und jeder Menge Tiere, vor allem Stieren, aber auch riesigen Geiern, die über enthaupteten Menschen schweben.

Die Archäologen sind sich nicht sicher, wie die Bilder zu interpretieren sind. Einige gehen davon aus, dass die Verstorbenen den Vögeln zum Fraß vorgeworfen wurden. Andere sehen darin einen Schädelkult, den es auch in anderen jungsteinzeitlichen Siedlungen gab. Mehr als fünfhundert Skelette haben die Forscher bislang gefunden, und dabei ist ihnen eine Gemeinsamkeit aufgefallen: Viele Schädel waren mit Lehm übermodelliert, sodass sie ihr menschliches Antlitz zurückerhielten. Die weiblichen Schädel waren häufig mit rotem Ocker oder Zinnober bemalt, die Skelette mit blauer und grüner Farbe, die aus dem Mineral Azurit gewonnen wurde. Einige Tote hielten sogar einen zusätzlichen Schädel im Arm.

Und noch etwas fiel den Wissenschaftlern auf: Gut zwei Drittel der gefundenen Skelette gehören zu Kindern und in Schilfkörben bestatteten Babys. In den Gräbern fanden sie Hals- und Armbänder, die aus Knochen und Häusern von Zahnschnecken gefertigt waren. Die Todesursache ist nicht eindeutig geklärt. Vermutlich waren die Kleinen an Infektionskrankheiten gestorben oder verhungert, jedenfalls wurden sie nicht Opfer von Kriegen oder Verbrechen, denn an keinem Skelett fanden die Forscher Hinweise auf einen gewaltsamen Tod. Çatalhöyük muss ein äußerst friedliches Dorf gewesen sein.

Ich habe noch gut eine halbe Stunde Zeit, bis mich der Bus wieder abholt. Es gibt hier nichts mehr, was ich anschauen könnte. Ahmet wartet beim Eingang auf seine Ablöse und holt mir ein Glas Tee. Ich frage ihn nach dem Brandgeruch, der beim Herumlaufen in meine Nase zog und der ziemlich unangenehm war.

»Das waren die Bauern«, sagt er. Ich hätte doch bestimmt schon einige dieser schwarzen Felder gesehen. Die seien alle angezündet worden. Die Bauern würden das vor allem bei Weizenfeldern machen, die mit einem Mähdrescher gemäht worden seien. »Die Halme stehen noch ein paar Zentimeter hoch, und es liegt noch einiges herum, was beim Ernten übrig blieb. Die Bauern glauben, die Wiesen werden durch die Asche fruchtbarer«, sagt er. Doch würden die meisten auch vergessen, »wie viele Tiere dadurch im Boden sterben.«

Ich muss los, der Busfahrer wird nicht auf mich warten, ich verabschiede mich von Ahmet und laufe zur Straße. Ein Lkw mit schwerer Ladung braust vorbei und hüllt mich in Staub. Danach kommt lange nichts mehr. Ich halte mein Gesicht in die angenehm warme Nachmittagssonne und genieße die Ruhe. Mit einer halben Stunde Verspätung holt mich der Busfahrer ab. Ich erkenne ihn gleich wieder und auch seinen Bus, den mit den neunundneunzig Gottesnamen und den Plastikblumen.

»Und, war es gut?«, fragt mich der Fahrer.

Ich nicke und bleibe kurz neben ihm stehen, bis sich im Bus die Leute so umgesetzt haben, dass ich einen Platz bekomme, der den Regeln hier entspricht.

Kapitel

6

Kayseri, 1071 Meter

»**U**nd wo ist nun der Berg?«, frage ich den mürrischen Taxifahrer, der mich ins Zentrum fährt. »Da vorne«, antwortet er knapp und zeigt ins graue Nirgendwo. Der Berg mag sich heute also nicht zeigen, und der Taxifahrer mag wohl nicht darüber reden. Ich bin aber in die Stadt gekommen, um ihn zu sehen: Erciyes, 3917 Meter hoch, ein steiler, zerklüfteter Riese, eine Majestät. Er wird auch Silberberg genannt, weil sein Gipfel dauerhaft eingeschneit ist und in der Sonne gleißt. Wenn man ihn denn sehen könnte. Mir fällt ein türkisches Sprichwort ein: »Der Hase war dem Berg böse, der Berg merkte es nicht.«

Schon vom Flugzeug aus konnte ich nicht viel erkennen. Eine graue Rauchglocke war über die Stadt gestülpt und machte sie regelrecht unsichtbar. Nur ab und zu blitzten Hochhäuser durch, die nicht besonders schön sind, aber ihren Zweck erfüllen, nämlich den, auf ihren mehr als fünfzehn Etagen jeweils vier Großfamilien Platz zu bieten. Die ziemlich genau eine Million Menschen, die in Kayseri wohnen, pressen sich mehr oder weniger in diese Siedlungsblöcke. Kayseri sieht so aus, wie türkische Städte heutzutage aussehen, in denen es Jobs gibt.

Zuerst dachte ich an diesiges Wetter. Doch seit ich aus dem Flugzeug gestiegen bin, habe ich einen leichten Brandgeruch in der Nase. Es ist Mitte November, die Menschen frieren bei unter zehn Grad und heizen mit Kohle und Holz, um ihre Wohnungen zu wärmen. Zentralheizungen sind selten. Jedes Jahr sterben in der Türkei zwei, drei Dutzend Menschen in ihren Wohnungen an Kohlenmonoxidvergiftungen, weil die Öfen mitten im Raum stehen und schlecht ziehen. Leider passiert das nicht nur, wenn es bitterkalt ist. Victor Ananias, der sich in der Türkei vehement für den Anbau von Bioobst und Biogemüse einsetzte und als Ökopionier galt, starb im März 2011 mit gerade einmal vierzig Jahren – weil er im Gartenhaus neben dem Grill einschlief und erstickte. Auch wenn es in der Stadt stinkt, bin ich froh, dass geheizt wird. In Kayseri kann es lausig kalt werden. Im Januar 2002 wurden in der Stadt minus fünfundzwanzig Grad gemessen.

Direkt vom Flughafen führt ein großer mehrspuriger Boulevard ins Zentrum. Am Straßenrand wachsen hohe Bäume, die der Stadt etwas Farbe verpassen. »Ein Deutscher hat die Stadt im Zweiten Weltkrieg entworfen«, erzählt mir der Taxifahrer, der nun ein bisschen besser gelaunt ist. Er erinnert sich noch an den Namen des Ingenieurs: Professor Ösner. Vielleicht ist es genau das, was diese Stadt anders macht – dass der Verkehr fließt und die Straßen einer gewissen Logik folgen, mit der wir im Westen aufgewachsen sind.

Der Fahrer erzählt mir vom Viertel Alpaslan, in dem die Hochhäuser schon fertiggestellt waren, noch bevor es Bushaltestellen oder Zufahrtsstraßen gab. Er zeigt mir ein Stück der alten Stadtmauer, die aus dem 13. Jahrhundert stammt. Sie wurde in letzter Minute vor den Investoren gerettet, die in Kayseri derzeit alles, was im Weg steht und kein Geld bringt, plattmachen. Wir fahren am Hilton-Hotel vorbei, einem in die Jahre gekommenen Betonklotz, der sich architektonisch aber einigermaßen in diese Stadt einschmiegt. Auf dem Cumhuriyet Maidan, dem bekanntesten Platz der Stadt, steht eine riesige Statue von Atatürk, die ihn siegessicher auf einem Pferd zeigt.

Heute ist der 10. November; an diesem Tag, im Jahr 1938, starb Atatürk an einer Leberzirrhose. Jedes Jahr an seinem Todestag, um 9.05 Uhr, soll das Land kurz innehalten, manche Menschen halten sogar ihr Auto an. Das machen hier aber nur wenige. Vor Atatürks Denkmal wurden drei Kränze niedergelegt: von den Kemalisten, den Nationalisten und von der Gemeinde – nicht aber von der AKP, der Partei Erdoğans, denn Atatürk war der Anisschnaps näher als der Koran.

Dem Berg Erciyes, diesem längst erloschenen Vulkan, begegne ich hier ständig, auch wenn ich ihn nicht sehen kann. Es gibt zwei Fußballklubs: Der eine trägt den Berg im Wappen, der andere im Namen. Auch Hotels und Restaurants sind nach dem Erciyes benannt und sechsundzwanzig Blumen, die angeblich nur auf seinen Hängen wachsen. Ohne seine innere Glut gäbe es kein Kappadokien, diese einzigartige Märchenwelt mit Felskegeln aus Tuff, keine dreißig Kilometer von hier entfernt, denn so weit soll sich die brodelnde Lava aus dem Krater in die Landschaft ergossen haben.

Nun macht sich der Mensch an dem Berg zu schaffen und plant etwas Monströses: das größte Skigebiet der Türkei. Der Mann, der die Idee dazu hatte, heißt Mehmet Eğlenceoğlu, oder wie er sich selbst nennt, der Türke vom Arlberg. So nennt er sich selbst, denn er ist in Lech im österreichischen Vorarlberg aufgewachsen, wo die Reichen und Schönen dieser Welt Ski laufen. Er hat dort im Traditionsbetrieb Strolz als Schuster gearbeitet und Skischuhe handgefertigt. Ich stamme aus dem Klostertal, zwanzig Minuten von Lech entfernt. Mehmets Familie hat sich ein Haus im Nachbardorf gebaut. Sein Vater Selim hatte meiner Mutter immer mal wieder die kaputten Schuhabsätze geflickt.

Ich treffe Mehmet zum Abendessen in einem Restaurant. Es gibt *mantı,* eine Art türkische Mini-Ravioli, die aussehen wie kleine Nudeltäschchen und gefüllt sind mit Linsen oder Hackfleisch. *Mantı* sind eine Spezialität Kayseris. Die Zubereitung ist filigrane Millimeterarbeit. Mehmet erzählt mir, dass eine Frau erst dann zum Heiraten bereit sei, wenn sie vierzig selbst gemachte *mantı* auf einen Löffel bekomme. Er trägt eine dunkle Sonnenbrille im Haar und sieht damit aus wie ein Skilehrer in den Alpen, zumal er auch eine Fleecejacke anhat, auf der »Austrian Ski Team« steht. Sein Nachname Eğlenceoğlu bedeutet: Sohn des Unterhaltsamen. Mehmet ist Mitte vierzig, sieht aber älter aus, was vielleicht daran liegt, dass er in seinem Leben viel Höhensonne abbekommen hat. Er ist mit Elçin verheiratet und hat zwei Töchter, Gizem und Özlem. Sein Bruder arbeitet als Koch in Lech, seine Schwester ist Rechtsanwältin.

»Österreich, das ist mein Vaterland«, sagt Mehmet. »Und die Türkei ist mein Mutterland. Mein *anavatan.*« Er erklärt mir, dass man im Türkischen das Land, dem man sich zugehörig fühlt und in dem man verwurzelt ist, nach der Mutter benennt und nicht, wie im Deutschen, nach dem Vater. »Im Herzen fühle ich mich aber als Kayserianer«, sagt Mehmet und lächelt. »Und was heißt das?«, frage ich. »Nun, Kayserianer sind großzügig, aber auch sehr gute Kaufleute.« Er nennt mir ein Beispiel: »Die Leute spenden einerseits viel Geld für die Universität und verhandeln andererseits hart, wenn sie ein Kilo Käse kaufen.« Eine türkische Redensart fasse das gut zusammen: *Alirken kazan,* was so viel heißt wie: Wer kauft, der gewinnt. »Egal, was du verlangst, die Kayserianer zahlen dir immer nur die Hälfte.«

Mehmet sagt häufig »gsi«, »mei« und »net«. Er spricht in einer Mischung aus Vorarlberger Dialekt und Hochdeutsch. Sein Vater

Selim, ein Schuhmacher aus Kayseri, machte sich Anfang der
Sechzigerjahre nach Österreich auf. »Mein Vater dachte, gut, da
gehst du hin, arbeitest ein paar Saisons, holst ein paar neue Maschinen und baust dann zu Hause was auf«, erzählt Mehmet. Selim
aber blieb und holte seine Familie nach.

Mehmet war zwei Jahre alt, als er nach Lech am Arlberg kam.
»Wir wären fast Bergleute geworden«, sagt er. Mehmet meint damit Einheimische. In Lech gab es keine türkischen Nachbarn, und
die Ausländer waren dort oben die Deutschen, Holländer und
Franzosen, die Urlaub machten. Mehmet ging in Lech zur Volks-
schule, und statt ordentlich Türkisch lernte er, was Bischa (heftiger
Schneesturm), Leu (Lawine) und Haterer (unangenehmer, starker
Wind) bedeuten. »Eigentlich war nur noch unser Name türkisch«,
sagt er.

Im Sportgeschäft Strolz, bei dem jeder kauft, der eine dicke
Brieftasche hat, machte er eine Lehre. Als Teenager ließ er sich
die Haare lang wachsen und einen Ohrring stechen, fuhr Snowboard und sprang waghalsig über Schneewechten. Mit der Türkei
verband er früher nur langweilige Urlaube. Drei bis vier Wochen
fuhr die Familie im Sommer zu den Großeltern nach Anatolien,
wo nichts war, was Mehmet wirklich reizte. »Die Familie ent-
scheidet, die Kinder machen mit, so läuft das halt.«

Damals, Ende der Achtzigerjahre, reisten jeden Winter an die
vierhundert reiche Istanbuler Familien an den Arlberg. »Wir haben Gäste aus der Türkei!«, sagte der Vater dann immer zu ihm
und lud sie in die Ambrosius-Stube ein, wo österreichische Haus-
mannskost serviert wurde. An einen Abend erinnert sich Mehmet
noch besonders gut: Der Präsident des Fußballklubs Fenerbahçe
war dabei und Mitglieder des Doğan-Clans. Der Clan führt einen
Medien- und Gemischtwarenkonzern, der mehr als zwei Milliarden US-Dollar im Jahr umsetzt. Und auch eine Journalistin saß
am Tisch, die für die Zeitung »Günaydın« schrieb. Mehmet denkt
kurz nach: »Ich glaube, sie hieß Frau Füsun.« Diese Journalistin je-

denfalls sagte dann in die Runde: »Mehmet, solche Sportler wie dich, die haben wir nicht!«

Frau Füsun schrieb einen Brief an die türkische Skiföderation. Kurze Zeit später, im Winter 1988, erhielt Mehmet Post. Es war eine Einladung zum Skicamp nach Bursa, einhundertzwanzig Kilometer südlich von İstanbul, wo das Trainingslager für die Olympischen Spiele in Calgary stattfand.

Sein Vater war überglücklich. »Ich kenne die Türkei doch gar nicht«, sagte Mehmet trotzig. Er hatte keine Lust dazu und dachte an seine Suzuki 750, mit der er im Frühjahr die Alpenpässe unsicher machen wollte. Am nächsten Tag verlangte sein Chef nach ihm, Martin Strolz, ein gelernter Orthopädieschuhtechniker, der 1954 Vizeweltmeister in der alpinen Abfahrt wurde und später den Laden seines Vaters übernahm. »Er hat mich überzeugt wie ein Gelehrter«, erinnert sich Mehmet. Sein Chef erteilte ihm aber auch einen Auftrag: »Wenn du da unten bist, mach Marktforschung. Welche Schuhe, welche Skier, welche Anzüge, was die haben, was die brauchen. Kannst du das alles notieren?«

Sein Chef schenkte ihm drei neue Paar Ski, für Slalom, Riesentorlauf und Super-G. Mehmet nahm auch sein Snowboard mit. Er fuhr mit dem Zug nach İstanbul und von dort weiter nach Bursa. Es war eine viertägige Reise. Fliegen war damals teuer.

Trainiert wurde auf dem Uludağ, dem damals besten Skigebiet der Türkei, auf einem Hang, der höchstens fünfhundert Meter lang war. Mehmet war verunsichert und fragte: »Wird das wirklich hier gemacht?« Er fühlte sich wie ein Außerirdischer, mit seinen langen, lockigen Haaren, dem Alpin-Rucksack fürs Hochgebirge und den schweren, robusten Trekking-Schuhen. Der türkische Skiverband hatte extra einen deutschen Trainer geholt, aber keinen Dolmetscher. Mehmet sprang als Übersetzer ein. Die türkischen Sportler aber taten so, als würden sie sein Türkisch nicht verstehen. Sie beschimpften ihn: »Du bist ein totaler Ausländer!« Später habe er im Hotel geweint. »Du spürst die negative

Energie«, sagt Mehmet, »die kann dich zerstören.« Am nächsten Tag trat ein Mann aus dem türkischen Team hervor und sagte überheblich, dass er Englisch spreche und dass er jetzt für alle übersetze, was der Trainer sage. »Der Typ konnte kein Wort Englisch, aber das interessierte niemanden«, sagt Mehmet. »So war das System.«

Ihm wurde schnell klar, dass es den Leuten nicht um den Sport ging. »Von dem deutschen Trainer wollten sie nur die neuen Skier, die er von den Sponsoren mitbrachte«, behauptet Mehmet. Vor allem aber störte ihn, dass bereits vorher ausgemacht war, wer zu den Olympischen Spielen darf und wer nicht. Mehmet telefonierte mit seinem Chef in Lech und blies die Sache ab: »Das ist mir zu primitiv hier.« Bei den Olympischen Spielen in Calgary fuhr dem türkischen Team dann sogar Hubertus Prinz zu Hohenlohe davon, ein Hobbyrennläufer, Sänger und Fotograf, der für Mexiko an den Start ging.

Mehmet aber fuhr nicht gleich zurück nach Österreich, sondern weiter nach Kayseri, in die Stadt seines Vaters, die er nur von den Sommerurlauben kannte. Er sah den tief verschneiten Berg und dachte sich: »Mensch, das ist wie zu Hause am Arlberg!« In Kayseri gab es damals nur einen alten Lift mit roten Sesseln, ein österreichisches Fabrikat aus dem Jahr 1963.

»Wann hat der Lift auf?«, fragte er ungeduldig im Dorf.

»Nur am Sonntag«, bekam er als Antwort.

Mehmet schüttelte den Kopf: »Heute ist Montag. Warum nicht heute?«

»Weil die Gäste nur am Sonntag kommen.«

Mehmet wurde schnell klar, dass die Menschen zweitausenddreihundert Kilometer südöstlich vom Arlberg anders denken. In Kayseri traf er sich mit einem Trainer des örtlichen Skivereins, der ihn einlud, mit seinen Leuten zu üben. »Du kannst dir nicht vorstellen, wie das ablief«, sagt mir Mehmet. Heute muss er darüber lachen. Er erzählt mir den Tagesablauf: Morgens Tee trinken und reden bis um halb elf. Zwanzig Minuten am Lift anstehen. Dreißig Minuten auf dem Lift sitzen. Drei Minuten Abfahrt auf der Piste. Wieder Tee trinken. Mittagessen. Wieder Tee trinken. Dann wurde es dunkel.

Schnell sprach sich herum, dass da ein Junge war mit langen Haaren und komischer Skitechnik. Der habe ein Brett dabei, »das sieht aus wie das Ding, mit dem der Bäcker das Brot in den Ofen schiebt.« Mehmet war mit seinem Snowboard nach Kayseri gereist. Ein paar Jugendliche im Dorf beschlossen daraufhin, es dem Fremden ordentlich zu zeigen: »Zuerst fahren wir mit ihm ein Rennen und besiegen ihn. Dann verprügeln wir ihn.«

Mehmet nahm die Einladung zum Duell an. Sie stiegen auf den Gipfel des Erciyes – und fuhren los. Mehmet war schon unten im Tal, als die anderen gerade mal die Hälfte der Strecke geschafft hatten. »Dann waren sie überzeugt: Okay, er ist ein guter Skifahrer«, erinnert er sich. Mehmet wurde belagert und ausgefragt. Er erzählte von seiner Heimat in Vorarlberg, die hier niemand kannte. Dass es dort bis zu elf Meter Schnee gibt, so viel wie nirgendwo in Europa. Dass das Wedeln dort erfunden wurde und dass aus keiner Region der Welt mehr Olympiasieger und Weltmeister im Skilauf kommen. Als er dann auch noch glaubhaft erzählte, wie er bereits zwei Mal unter eine Lawine gekommen sei, war er endgültig akzeptiert. Einige Väter wollten, dass er ihren Söhnen moderne Skier aus Österreich bringe und boten im Gegenzug Teppiche an. Siebzig Prozent der Leute im Dorf lebten damals vom Knüpfen.

»Und weißt du, was mich am meisten traf?«, fragt mich Mehmet. »Die sagten mir, du musst jetzt Türke werden. Die wollten mich zum Friseur schicken und mir beibringen, wie man sich hier benimmt. Das war schon eine harte Kritik.« Doch sie schlug an. Zurück am Arlberg ließ er sich seine langen Haare abschneiden und zupfte sich den Ohrring heraus. Als er ein paar Monate später wieder nach Kayseri kam, waren die Leute erstaunt und gaben ihm den Ritterschlag: »Jetzt bist du ein Türke!«

Mehmet wusste nun, dass er in Kayseri ein neues Leben beginnen wollte, mit seinen zweiundzwanzig Jahren. Er wollte ein Sportgeschäft eröffnen und hatte sich vom Militärdienst, der achtzehn Monate gedauert hätte, freigekauft – für damals umgerechnet fünfzehntausend D-Mark, zahlbar in Raten. Doch er merkte bald, dass er noch einen langen Weg vor sich hatte, um in seiner neuen Heimat anzukommen. »Das begann schon bei der Sprache«, sagt er. »Ich kannte die tiefere Bedeutung der Wörter nicht.«

Er gibt mir ein Beispiel: »Nasılsın?« Das sagt man in der Türkei, wenn man wissen möchte, wie es einem geht, so hatte er es als Kind gelernt. »In der Türkei betonst du diese Frage und schaust dein Gegenüber dabei an, je nachdem, was du willst«, erklärt mir Mehmet. »Willst du ihn nur höflich begrüßen? Willst du mit ihm Geschäfte machen? Oder fragst du ihn, weil du wirklich wissen willst, wie es ihm gesundheitlich geht? – Das war alles neu für mich.«

Am nächsten Tag treffe ich Mehmet in seinem Sportgeschäft in der Birkan-Gasse. Die Fassade sticht heraus aus der betonierten Nachbarschaft, denn sie ist aus Holz. Im Schaufenster kleben Werbeaufschriften von österreichischen Skimarken. Er zeigt mir den Laden und drückt mir einen Souvenirteller in die Hand, auf dem Mimar Sinan, der berühmteste Architekt des Osmanischen Reiches, auf Skiern zu sehen ist – Sinan wurde in Kayseri geboren. Mehmet nimmt einen eingerahmten, türkischen Zeitungsartikel von der Wand. Er übersetzt mir den Text: »Kunstschnee – Skifahren in vier Jahreszeiten«. Das Schwarz-Weiß-Foto unter dem Artikel zeigt eine Schneekanone. »Ich habe das Ding vom Arlberg geholt und mitten in der Stadt aufgestellt. Den Schnee habe ich in Richtung Rathaus gepfeffert!«, erinnert er sich und kriegt glänzende Augen: »Die wollten mir nicht glauben, dass es so etwas gibt.«

Wenn ich erfahren möchte, wie die Türkei derzeit funktioniere, solle ich nach Kayseri gehen, haben mir türkische Bekannte geraten. Die Stadt liegt ziemlich genau in der geografischen Mitte des Landes. Vielmehr aber ist Kayseri ein Ort, der zeigen möchte, dass Islam und Wohlstand gut harmonieren. Zusammen mit Konya zählt die Provinzstadt zu den Anatolischen Tigern, ein Begriff, angelehnt an das Wirtschaftswunder der Achtzigerjahre in Taiwan, Südkorea und Singapur, die man Tigerstaaten nannte. Im Jahr 2004 wurden in Kayseri an einem einzigen Tag einhundertneununddreißig Unternehmen gegründet. Die Stadt stellte danach einen Antrag, um ins »Guinness Buch der Rekorde« zu kommen. Innerhalb von zehn Jahren hat sich die Bevölkerung dort verdoppelt.

Auch wenn der Glanz inzwischen ein wenig matt geworden ist und die Jubelmeldungen weniger werden, stammen doch einige der einflussreichsten Unternehmer der Türkei aus dieser Stadt. Der Gründer von Orta Anadolu zum Beispiel, einem der weltweit größten Hersteller von Denim, der in seinen Fabriken jährlich über sechzig Millionen Meter Ware produziert und diese an Jeansfabrikanten wie Levi's, Wrangler oder Gap verkauft. Oder der Boydak-Clan, der mit seinen Möbelketten Istikbal und Bellona das Land einrichtet. Es gibt kaum eine Wohnung in der Türkei, in der keine Tische, Stühle oder Betten aus Kayseri stehen. Mehr als viertausend ortsansässige Unternehmen sollen damit ihr Geld verdienen. Am Osman Kavuncu, einem breiten Boulevard, reihen sich auf Hunderten von Metern die Ausstellungsräume aneinander. In einem Schaufenster lese ich, dass ich mir für 3999 Lira eine komplette Wohnung einrichten könnte, mit Küche, Wohn- und Schlafzimmer.

Die Stadt ist aber auch ein Prototyp jenes Landes, an dem Erdoğan und seine politischen Freunde arbeiten. Im Hotel Ayata, einem guten Drei-Sterne-Haus, gibt es in der Lobby ausgewählte Bücher über den Islam und für Gäste kostenlos Tee. In der Minibar der Zimmer findet sich kein Alkohol, dafür aber im Schrank ein Teppich zum Beten und ein Zettel, auf dem die Richtung nach

Mekka aufgemalt ist. Auch einer der einflussreichsten, türkischen Politiker stammt aus Kayseri. Abdullah Gül, der Präsident der Türkei, ist dort aufgewachsen und besucht seine Heimat, sooft es geht. In einem Interview wurde er einmal gefragt, welche Art von Modernisierung er für die Türkei für gut hielte. Er erinnerte sich an seine Jugend: »In Kayseri gehen die Menschen in die Moschee, sie führen ein frommes Leben, und wirtschaftlich sind sie sehr aktiv.«

Wir verlassen das Büro und fahren mit Mehmets Allradauto zum Skigebiet, das auf zweitausendzweihundert Metern Höhe beginnt. Der Himmel klart auf, die Sonne kommt und wärmt und sagt den Wolken, sie sollen sich verziehen. Weder sehe noch rieche ich den Rauch aus den Schornsteinen. Zwanzig Kilometer haben wir vor uns, wir fahren auf einer neuen, vierspurigen Straße. »Zwölf Minuten und sieben Sekunden, das ist mein persönlicher Rekord«, sagt Mehmet. Heute jedoch fährt er im Ich-zeig-Dir-was-Tempo. Viel aber gibt es hier nicht zu sehen. »Die Türkei ist regiert worden wie ein kommunistisches Land«, meint er. »Eine Zentralregierung hat jahrzehntelang für das ganze Land geplant. Das sieht man an den Gebäuden, die sehen alle gleich hässlich aus.«

»Da links, schau!«, ruft mir Mehmet zu und zeigt mit seiner Hand auf eine kleine Moschee: die Kursunlu Camii, das einzige Bauwerk, das Mimar Sinan in seiner Geburtsstadt entworfen haben soll. Um das Jahr 1490, in einem Ort bei Kayseri, war der Großmeister der Architektur auf die Welt gekommen – so die Vermutung, denn mit Urkunden nahm man es damals nicht so genau. Sinan spielte mit Kuppeln und Türmchen, schuf vierhundertsiebenundsiebzig Meisterwerke und gab dem Orient ein Gesicht. Aus İstanbul formte er eine Stadt wie aus »Tausendundeine Nacht«, die Touristen bis heute entzückt. Edirne, den Ort an der Grenze zu Bulgarien und Griechenland, verzauberte er mit der wohl schönsten und perfektesten Moschee, die je gebaut wurde.

Die Minarette der Selimiye Camii ragen dreiundachtzig Meter hoch in den Himmel und zählen zum UNESCO-Weltkulturerbe. »Wunder dich nicht, dass wir hier sonst nichts von dem haben«, sagt Mehmet. Die Osmanen hätten nicht viel für diese Gegend übriggehabt, und schon gar kein Geld. »Das floss in den Westen, um den Europäern zu zeigen, was sie draufhaben. Der Osten hat die nie interessiert.« Was an alten Gebäuden in Kayseri noch zu sehen ist, stammt von den Seldschuken, die vor den Osmanen regierten.

Die Luft wird klarer, je weiter wir aus der Stadt kommen. Ich sehe den Berg. Früher, bei den alten Griechen, hieß er Argeos. Der Göttervater Zeus soll dort gegen Typhon, den hundertköpfigen Drachen, um die Weltherrschaft gekämpft haben. Zeus benutzte den Vulkan als Waffe – und gewann. Die Römer berichteten später, dass man vom Gipfel sowohl das Schwarze Meer als auch das Mittelmeer sehen könnte. Vor etwas mehr als zwanzig Jahren, nach ein paar besonders warmen Wintern, förderte das Tauwetter einen im Eis verborgenen Tempel zutage, dessen Bild die Römer einst auf ihre Münzen pressen ließen.

»Jetzt siehst du unser Beverly Hills«, sagt Mehmet. Wir fahren an den Wochenendhäusern der Reichen vorbei, kleine Villen mit Gärten. »Ich habe den Investoren immer gesagt, dass es in der Türkei reiche Menschen gibt, die Geld fürs Skifahren haben.« Über das Land verteilt leben mehr als fünfzigtausend Menschen, die jeweils mehr als eine Million US-Dollar besitzen. Mehmet rechnet mir vor: »Nimm dann noch die zehn Prozent der Türken, die wohlhabend sind, und du hast fast die Einwohnerzahl von Österreich.«

Die Straße führt in die Dörfer Hacılar, Develi, Tekir und Hisarcık, die sich rund um den Berg angesiedelt haben. Auf einem Schild lese ich »Kayak«, was jedoch nichts mit dem Wassersport zu tun hat, sondern das türkische Wort für Ski ist. Österreichische Ingenieure haben das Skigebiet geplant. Mehr als die Hälfte der insgesamt zweiundzwanzig Lifte und Bahnen stehen bereits. Die Masten stecken in den Wiesen wie Fremdkörper. Die Pisten kann ich gut erkennen. Rote Fangnetze markieren die Abfahrten und heben die Narben hervor, die zeigen, mit welcher Maschinengewalt die Hänge bearbeitet wurden. Der Berg musste viel einstecken, damit Menschen Spaß haben können.

In den österreichischen Alpen wäre das Skigebiet wohl ein Fall für Umweltschützer. Dort müssen selbst kleinste Zufahrtswege für Baustellen zurückgebaut und begrünt werden – renaturiert, wie Behörden es formulieren. Bis ein neues Projekt bewilligt wird, vergehen oft Jahre. Das war nicht immer so. Im Tourismus war auch bei uns früher das schnelle Geld wichtiger als die Natur. »Die Türkei hat einen aufgestauten Nachholbedarf«, versucht Mehmet mir zu erklären. »Die Leute wollen jetzt mehr.« Mehmet benutzt einen Vergleich aus den Bergen, um die derzeitige Stimmung zu beschreiben: »Das ist wie eine Lawine. Wenn die rollt, dann rollt sie.« Was Jobs bringe, das werde genehmigt. Man könne zur Regierung von Tayyip Erdoğan stehen, wie man wolle, meint er, eines aber müsse man ihr zugestehen: »Ma hüslat net umanand.« Mehmet sagt das im Vorarlberger Dialekt. Er will damit ausdrücken, dass etwas schnell vorwärtsgeht.

Die Pisten sind jetzt, an diesem Novembertag, noch schneefrei und nur ganz oben, bei der höchstgelegenen Bergstation auf dreitausenddreihundertfünfzig Metern, etwas mit Schnee bedeckt; angezuckert, wie man am Arlberg sagt. Im Durchschnitt fallen hier drei Meter Schnee vom Himmel. Das ist nicht viel. Mehmet zeigt mit der Hand auf die Schneekanonen, die überall am Pistenrand stehen: zweihundert Stück. Drei Viertel der Pisten können damit beschneit werden. Das nötige Wasser dazu wird aus einem See gepumpt, an dem wir gerade vorbeifahren. Das Skigebiet kann sich also schneesicher nennen.

Vor mir sehe ich eine vor Kurzem fertiggestellte Moschee, deren Kupferdach in der Sonne glitzert. Bestimmt hätte darin ein kleines Dorf Platz, so groß ist sie. Neue Hotels aber sehe ich keine. »Die sind in Bau«, erklärt mir Mehmet. Bislang gibt es nur alte Hotelburgen, die dem Militär und einigen Ministerien gehören. Mehmet hat auch hier oben, neben der Talstation der wichtigsten Bahn, ein Sportgeschäft eröffnet. Im Haus gibt es Toiletten, einen Gebetsraum und ein Café. Siebenhundert Paar Ski hat er in die Regale gestellt, die er im Winter verleihen möchte. Er hat auch eine Heizung für die Skischuhe installiert, die automatisch ein antibakterielles Mittel in den Innenschuh sprüht. Arlberg Sport heißt der Laden. So nannte Mehmet auch sein erstes Geschäft in der Stadt, obwohl die meisten Leute damals, in den Neunzigerjahren, nicht viel mit dem Namen anfangen konnten.

Für sie war überhaupt das Konzept eines hochspezialisierten Sportgeschäfts neu. Wer eine Skiausrüstung brauchte, hielt am Straßenrand, wo ein paar Händler ihre Verkaufsstände aufgestellt hatten. »Die machten tatsächlich einen Basar!«, sagt Mehmet und wirkt dabei noch heute entsetzt. Die Verkäufer brauchten damals gut eine Stunde morgens, um die Sachen zu sortieren, weil abends immer alles auf einen Haufen geschmissen wurde. Die Schuhe hätten schon in den Skiern gesteckt. Die türkischen Bindungen waren festgeschraubt. Rentalbindungen, also jene verstellbare Technik, die sich mit wenigen Handgriffen an jeden Skischuh anpassen lässt, gab es nicht. Manchmal fiel auch noch Schnee in die Schuhe, der dann gefror. »Die Schuhe waren so hart, dass man die Schnallen nicht einmal zubekam. Am nächsten Tag waren die Leute meistens krank.«

Anfangs holte Mehmet die Ware noch mit dem Auto aus Österreich, doch bald war die Nachfrage so groß, dass er es mit einer großen Bestellung bei einem europäischen Großhändler versuchte. Es dauerte nur wenige Tage, dann meldete sich der türkische Zoll bei ihm. Im Zollverzeichnis gab es keinen Eintrag für Skischuhe. Der Zöllner wusste trotzdem genau, wie viel Gebühren er kassieren wollte: achtzig Prozent.

Mehmet fragte den Beamten: »Warum muss ich so viel bezahlen?«

»Es gibt auch in der Türkei Schuhfabriken«, bekam er als Antwort.

»Aber die stellen doch nur Schuhe aus Plastik und Leder her, aber keine Skischuhe«, belehrte ihn Mehmet. »Es gibt in der Türkei keine Skischuhe!«

»Aber es gibt Schuhfabriken in der Türkei!«, blaffte ihn der Beamte an. »Am besten ist, Sie gehen nach Ankara und fragen dort nach.«

Das machte Mehmet auch. »Ich habe in Ankara die Türkei kennengelernt«, sagt er. Es gebe in diesem Land zu viele Verbote, die nicht einmal die Beamten verstünden oder erklären könnten. »Das macht dich unglücklich.« In den Neunzigerjahren reifte in Mehmet die Idee, auf den Hausberg von Kayseri ein paar moderne Lifte und Seilbahnen zu stellen. Die Türkei war damals dem politischen Notstand nahe. Der Kurdenkonflikt, die Korruption und die Krise in der Wirtschaft brachten das Land dem Abgrund nahe. Da half es auch nicht, dass Mehmet dem Sohn der Ministerpräsidentin das Skifahren beibrachte. »In Kayseri hatten wir innerhalb von fünf Jahren sechs Gouverneure. Du redest drei Monate auf einen Beamten ein und denkst, jetzt hast du ihn geknackt. Und dann ist er plötzlich weg, nach Kars oder Erzurum strafversetzt, weil es wieder eine neue Regierung gibt.«

Auch in Österreich warb er für seine Idee. Die meisten Investoren hatten nur wenig Ahnung von der Türkei und verknüpften das Land nur mit zwei Dingen: İstanbul und billigem Strandurlaub. Unglaublich, sagt Mehmet, was er für Fragen gestellt bekommen habe: »Gibt es in der Türkei überhaupt Berge?« – »Ah ja, den Ararat, aber liegt da Schnee?« – »Was, fünftausend Meter ist der hoch?« – »Und wie lange liegt da Schnee? Zwei Wochen?« Am Ende kam dann meistens noch die Nachfrage, ob Muslime denn überhaupt Ski fahren dürften. »Die Frauen stecken in einem dicken Anorak, tragen eine Mütze und Handschuhe. Kennst du einen besseren islamischen Sport?«, fragt er mich.

In Erzurum, Kars und Bursa gab es bereits Skigebiete. Die waren zwar nicht toll, aber reichten für die wenigen Türken aus, die überhaupt auf die Piste gingen. Warum also sollte Kayseri auch so etwas bauen? Mehmet flog mit wichtigen Leuten an den Arlberg. »Die waren schockiert«, sagt Mehmet. »Die Gastfreundschaft, die Sauberkeit, die Natur, das Essen, die Hotels.« Vor allem aber waren sie erstaunt, dass die Österreicher in ihren Dörfern geblieben sind und nicht wie die Türken zu Hunderttausenden in die großen Städte drängten. »Die haben gesehen, dass man mit Bergen Geld verdienen kann. Jetzt wollten sie das auch.«

Mehmet steckte so viel Zeit und Energie in das Projekt, dass ihm seine Frau Elçin eines Tages eine SMS schickte, die ihn während einer Sitzung erreichte: »Ich glaube, wir sollten uns scheiden lassen.« Mehmet antwortete ihr per SMS: »Okay, das bereden wir in drei Monaten – in der Nebensaison!«

Er musste vorher noch ein wichtiges Problem lösen. In der Türkei gehört alles, was auf über zweitausend Metern Höhe liegt, dem Staat, und damit auch der komplette Berg. Mehmet hatte schon damals die Nase voll von den Leuten in Ankara. Er wollte, dass die Stadt den Berg kauft. Der Bürgermeister fand die Idee gut. Kaufpreis: zwei Millionen Lira. Dafür bekamen sie eine Fläche, die fast zwei Mal so groß ist wie das Fürstentum Monaco.

Obwohl die ersten Lifte bereits in Betrieb sind, sehen viele Bürger das Projekt bis heute skeptisch. Das meiste Geld für die Liftanlagen kommt von der Stadt. Dreihundertfünfzig Millionen Euro sind für Kayseri eine enorm hohe Summe, und dann ausgerechnet für ein Skigebiet? Überhaupt falle in dieser Region nicht viel Schnee vom Himmel, heißt es. Und bald komme sowieso der Klimawandel. Mehmet aber fand ein Foto aus dem Februar 1947, das alle Skeptiker überzeugen sollte. Darauf zu sehen sind ein paar Männer in T-Shirts, die mit ihren Skiern in einer Reihe stehen.

Manche posierten sogar mit nacktem Oberkörper. »Das war für mich der Beweis, dass es immer mal wieder warme Jahre mit wenig Schnee gab«, sagt Mehmet. Die Fotos zeigten aber auch noch etwas anderes: Zwischen den Männern standen unverschleierte Frauen in Hosen auf Skiern.

Mehmet hat seinen Geschäftspartnern inzwischen neue Begriffe beigebracht: kuppelbare Sesselbahn, Schneelanze und Firn, den Frühjahrsschnee, der durch das wiederholte Auftauen und Gefrieren körnig geworden ist. Einige konnte er direkt ins Türkische übersetzen. Der Schneepflug heißt bei ihm: *kar sapanı.* Mehmet malt auf eine Serviette eine Steinschleuder, eine *sapan,* wie man dazu auf Türkisch sagt. »Sieht doch so ähnlich aus, oder?«

Man brauche eben Zeit, bis sich die Türken wieder an den Schnee gewöhnt hätten. Ein Mittel dazu seien Skikurse für Kinder. Während die Kleinen ihre ersten Schwünge lernen, sitzen die Mütter auf der Panoramaterrasse und sehen ihnen dabei zu – so stellt sich Mehmet die Zukunft vor. Er weiß noch genau, was ihm sein Lehrmeister damals in Lech mitgab: »Die Frauen entscheiden über das Wochenende. Die Männer kommen dann mit, um zu zahlen.«

Mehmet träumt davon, dass auf dem Silberberg einmal die Weltmeisterschaften stattfinden oder eine Olympiade. Er ärgert sich über den türkischen Skiverband, der ihn bislang nur wenig unterstützt. Die Leute im Skiverband seien wie »alte Tiroler«.

»Die kennst du doch, oder?«, fragt mich Mehmet.

Er sagt nur ein Wort: »Stur.«

Kapitel

7

Göreme, 1090 Meter

Jemand da draußen dreht den Lautsprecher auf und klopft mit dem Finger auf das Mikrofon. Poch. Poch.

»Allaaaaaaahu ...«

18.13 Uhr, das fünfte und letzte Gebet. Der Muezzin aber ruft seine Leute nicht zu sich – er plärrt.

In Deutschland würde dieser Gebetsruf vermutlich unter Ruhestörung laufen. Mein Bekannter Oğuz hatte mir dazu einmal erklärt, dass der Gebetsruf ein »gesellschaftlich nicht zu vermeidendes, zur türkischen Kultur gehörendes Geräusch« ist. »Ähnlich wie ein Donnerschlag«, meinte er. In der Türkei gelte deshalb leider: im Zweifel für den Muezzin.

Wenigstens bleibt der Lautsprecher in Göreme in der Nacht ausgestellt, denn dann sollen auch die Muslime schlafen. Zumindest so lange, bis man in der Morgendämmerung einen »weißen

von einem schwarzen Faden unterscheiden kann«, so hat es der
Prophet anno dazumal festgelegt. Dann wird der Muezzin wieder
plärren und mir lautstark auf Arabisch mitteilen, dass »beten bes-
ser ist als schlafen«. Die Morgendämmerung ist leider auch im
Spätherbst noch sehr früh: 5.06 Uhr. Ich sehe wohl einer kurzen
Nacht entgegen.

Ich habe mir am Flughafen in Kayseri ein Auto gemietet und
bin nach Kappadokien gefahren. Seitdem muss ich ständig an
die Schlümpfe denken, denn die Gegend sieht ein bisschen so
aus wie Schlumpfhausen. Es waren keine siebzig Kilometer, die
mich zunächst durch eine ziemlich eintönige, abgeholzte, von
Ziegen und Schafen kahlgefressene Landschaft führten. In der
Kleinstadt Avanos sah ich Bäumchen, die vor Kurzem ange-
pflanzt wurden – erstaunlicherweise genau da, wo sie am nutzlo-
sesten sind: auf einem gut ein Meter breiten Mittelstreifen, der
die beiden Richtungsfahrbahnen räumlich trennt. In spätestens
fünf Jahren werden die Wurzeln übermütig werden und den Asphalt sprengen. Ich vermute also, dass die Bäume ein kurzes Leben haben werden.

Es soll mal ein schönes Land gewesen sein, das bis heute vom
Kızılırmak, vom Roten Fluss, durchströmt wird, der so benannt
ist, weil in seinem Wasser eisenhaltiger Ton mitschwimmt.
Schon die Hethiter sollen sich hier in der Mitte des 2. Jahrtausends vor Christus angesiedelt haben. Die Bibel erwähnt die
»Bewohner von Kappadozien« in der Apostelgeschichte an der
Stelle, wo über das Pfingstwunder berichtet wird. Die Perser,
die 700 vor Christus in die Gegend kamen, lobten ihre besondere Schönheit. Sie nannten das Land Katpatuka, was man mit
Land der schönen Pferde übersetzen könnte. Später wurde daraus der Name Kappadokien.

Skurrile Gegenden wie diese regten früher die Fantasie an und
sind heute Stoff für Legenden. Erschaffen wurde die eigentümli-
che Landschaft durch eine Laune der Natur. Die Vulkane Erciyes

bei Kayseri und Hasan Dağı im Südwesten spuckten ihre Lava Dutzende Kilometer weit bis in die Gegend um Göreme. Das war vor gut dreißig Millionen Jahren. Die alten Griechen waren überzeugt davon, dass der Ausbruch an einem heftigen Streit zwischen Zeus und Typhon lag. Jedenfalls wurden durch die Eruptionen tonnenweise Lava, Asche und Staub aus der Erde gehustet, sodass die Felder meterhoch damit zugedeckt wurden. Aus diesem Gemisch entstand in den Jahrmillionen danach weicher, poröser Tuff. Einige wenige Stellen aber waren mit dunklem, hartem Basaltgestein überzogen – und wirkten damit wie eine Amalgamplombe auf einem Zahn.

Diese wenigen Stellen blieben verschont, während die Natur aus der Landschaft ein Kunstwerk formte. Flüsse fraßen den Tuff der Länge nach aus. Der Regen trug das Material vertikal ab. Der Wind modellierte das Gestein und schliff es kegelrund. Übrig blieben turmähnliche Skulpturen, bis zu fünfzig Meter hoch, die oben, wo der härtere Basalt liegt, aussehen, also hätte ihnen jemand eine Mütze übergestülpt. Manche wollen in den Skulpturen einen Spargel erkennen, einige sogar erigierte Penisse – was die Touristiker in Göreme auf die Idee brachte, einen Abschnitt zum Aşk Vadisi, zu ernennen, zum Liebestal.

Die Türken haben für diese verwunschene Landschaftsform, die seit 1985 zum Weltkulturerbe gehört, einen eigenen Begriff: Feenkamine *(peri bacaları)*. Der Name entstammt einer Legende, die vom Zelve-Tal erzählt. Vor langer Zeit sollen dort in den ausgehöhlten Felsen Feen gewohnt haben. Doch dann kam es zu Problemen mit den dort ebenfalls lebenden Menschen, vielleicht, weil die Feen ähnlich wie die Sirenen in der griechischen Mythologie männliche Dorfbewohner verlockten. So beschlossen die Bürger, die Felsen zu zerstören und die Feen zu töten. Die märchenhaften Wesen aber kamen ihnen zuvor. Sie verwandelten sich in Tauben, verließen ihre Häuser und flogen fort. So vergingen die Jahre, und der Streit wurde vergessen. Irgendwann kehrten die Feen wieder zurück, als Tauben, ließen sich nieder, und so entstand das Tal der Tauben. Heute kann man in den Feenkaminen überall kleine Löcher in den Wänden sehen, in denen die Vögel früher hausten. Historiker haben herausgefunden, dass die Dorfbewohner die Taubeneier zum Malen benutzten und den Kot als Dünger. Die Tauben selbst dressierten sie so, dass sie Botschaften überbringen konnten, von Tal zu Tal.

Viele Hotels in Göreme sind in Felsen gehauen, manche auch im Stil der berühmten Kegel nachgebaut worden, denn heute darf kein Schrämbohrer mehr an das Weltkulturerbe ran. Es ist ein Dorf, das Touristen mögen. Die Leute sprechen Englisch und sind nicht übermäßig aufdringlich. Viele Gäste, die hier Urlaub machen, sind Rentner. Die Verkäufer an den Marktständen bieten deshalb leicht verstellbare Teleskopstöcke an, in denen vorne eine batteriebetriebene Lampe eingebaut ist, damit auch niemand in den dunklen Höhlen stolpert. Junge Leute kaufen gerne den pulverisierten und mit Geschmacksverstärkern versetzten, ›original türkischen‹ Apfeltee. Der Direktor meines Hotels erzählte mir, dass viele Japaner nach Kappadokien kämen, vor allem im Dezember, und die Deutschen natürlich, im Juni. Nur im November und Januar sei nicht viel los.

Ich bin also zur richtigen Zeit in Kappadokien, im November, frisch ist es draußen, aber nicht kalt. Ich laufe entlang der Straße zum Freilichtmuseum von Göreme und esse, passend zur Landschaft, Haribo-Schlümpfe, die hier *Şirinler* heißen und im örtlichen Supermarkt verkauft werden. Auf der Verpackung steht, dass das Fruchtgummi in der Türkei hergestellt wurde und »keine Schweinegelatine oder irgendeine auf Schwein basierte Zutat« enthält. Auf dem Parkplatz vor dem Museum stehen sieben große Busse. Es ist noch so viel Platz, dass sie mir fast verloren vorkommen. In der Hochsaison sollen mehr als tausend Besucher auf einmal in das kleine Tal strömen. Im Museumscafé, in dem auch Souvenirs angeboten werden, gibt es genau eine Toilette für Männer und daneben eine für Frauen. Regelmäßig kommt es hier zu Streitereien unter den Wartenden, weil oft ganze Busladungen nach einer langen Fahrt auf diese zwei Klos stürmen.

Das Freilichtmuseum, das direkt neben dem Café beginnt, ist eine Art ausgestorbenes altes Dorf mit vielen Kapellen, die in die Felstürmchen geschlagen wurden. Gebaut und bemalt wurden sie von christlichen Mönchen, die sich zwischen dem 4. und dem 12. Jahrhundert dort angesiedelt hatten. Die Gegend gehörte damals zum Oströmischen Reich, also zu Byzanz.

Ich muss vor keiner Sehenswürdigkeit in der Schlange stehen. Ich stehe vor dem Eingang der Elmalı Kilise, der Apfelkirche, und lese auf einem Schild, dass die maximale Besuchszeit drei Minuten beträgt und maximal zwanzig Leute zeitgleich in den kleinen Raum hineindürfen – gefühlt sind schon zehn Leute zu viel. Die Wände in den Kirchen sind speckig und schwarz, weil vermutlich jeder, der hier reingeht, mit den Fingern daran herumtastet.

Es ist stickig. Es müffelt. Es stinkt.

Ich rieche eine Mischung aus Schweiß, Füßen und dem Aroma, das in der Luft liegt, wenn hundert Studenten in einem Raum eine schwierige Klausur geschrieben haben. Im Sommer müssen diese Kirchen die Hölle sein.

Mir fällt auf, dass die Augen der Heiligen auf den Fresken ausgekratzt sind. Manchen fehlt sogar das komplette Gesicht. In Göreme höre ich dazu die verschiedensten Theorien. Doch auch Kunsthistoriker, die ich später dazu befrage, tun sich schwer mit einer konkreten Antwort, denn die Sache ist kompliziert. Wer waren also die Täter?

Verdächtiger Nummer eins: die islamischen Eroberer. Die waren ziemlich sicher das eine oder andere Mal daran beteiligt. Pauschal zu sagen, die waren es, ginge aber zu weit. Die Araber hatten sich bis in diese Region durchgekämpft, und auch später, als die Seldschuken die Gegend eroberten, gab es sicher intolerante Leute. Ein komplett zerkratztes Gesicht sei jedenfalls ein Hinweis, dass fanatische Muslime im Namen ihrer Religion handeln wollten, erklärten mir Kunsthistoriker. Im Islam gilt das sogenannte Bilderverbot, das Darstellungen von Menschen oder Tieren untersagt.

Verdächtiger Nummer zwei: die Christen. Auch die könnten tatsächlich die Heiligenbilder, absurderweise ihre eigenen, zerstört haben. Das hat mit dem Bilderstreit zu tun, der im 8. Jahrhundert losbrach. Kaiser Leon III., der damals über das Byzantinische Reich herrschte, wollte einen Gott ohne Angesicht. Er hielt sich an die Schriften des Alten Testaments, die das jüdische Bilderverbot übernommen hatten.

Der Kaiser war damals unter Druck: Das westliche Römische Reich war längst gefallen und von den Germanen, den Goten und den Vandalen übernommen worden. Die Araber knechteten seine Truppen in Kleinasien und versuchten, Europa via Spanien einzunehmen. Und dann das Armageddon, als im Jahr 726 der Vulkan auf der Insel Santorin in der Ägäis ausbrach. Es war der größte Ausbruch in Europa seit mehr als zweitausend Jahren. Das alles deutete der Kaiser so, dass Gott sauer auf ihn gewesen sein muss, weil er die Bilderverehrung zuließ. Der Kaiser schickte daraufhin wütende Männer los, die in seinem Reich alles kurz und klein schlagen sollten, was nach einem Heiligenbild aussah. Auch in Kappadokien gab es damals Wandmalereien, die Heilige darstellten. Diese Epoche, Theologen nennen sie auch Ikonoklasmus, dauerte einhundertzwanzig Jahre – bis im Jahr 843 die damalige Kaisergattin die Heiligenverehrung im Christentum per Dekret erlaubte.

Verdächtiger Nummer drei: die Einheimischen. Es gibt die Erzählung, dass die Bewohner der Dörfer die Kunstwerke zerstört hätten – aus Aberglauben. Sie sollen die Farbe von den Wänden gemeißelt, die Splitter eingesammelt und daraus magische Getränke gebraut haben. Das sollte Wunder wirken und Krankheiten heilen. Meistens aber wurden dafür nur die Augen ausgekratzt, davon gehen Kunsthistoriker heute aus.

In Kappadokien gibt es aber nicht nur Kirchen und Kapellen, die man besichtigen kann. Überall in der Gegend liegt irgendwo ein Weltkulturerbe versteckt. Will man es aufspüren, braucht man dazu drei Dinge: ein Fahrzeug, denn man legt ordentlich Kilometer zurück; Geld, denn man muss überall ziemlich viel Eintritt bezahlen; und Geduld, denn die meisten Sehenswürdigkeiten sind kaum ausgeschildert. Ich buche deshalb eine organisierte Tour für einhundertzwanzig Lira, die damit fast doppelt so teuer ist wie mein Hotelzimmer. Dafür fährt man zweihundertzehn Kilometer in einem Minibus durch die Gegend, sitzt bequem und hat gratis WLAN, das über eine Mobilfunkkarte in den Router gespeist wird, der an der Decke klebt. Man bekommt ein dürftiges Mittagessen in einem Massenabfertigungsrestaurant und hört einer jungen Reiseleiterin zu, die Englisch spricht, Döne heißt und zur Begrüßung sagt, man könne sie auch Sofia nennen. Touristen tun sich damit wohl leichter.

Döne hat einen Ausweis angeheftet, der sie als offizielle, staatliche Führerin ausweist. Im Bus haben fünfzehn Leute Platz. Vorne sitzt eine Gruppe älterer Frauen aus Argentinien, die kaum Englisch sprechen und sich ärgern, weil ihnen nicht gesagt wurde, dass die Reiseleiterin kein Spanisch kann. Auf die restlichen Plätze haben sich eine Deutsche, ein Franzose, Leute aus China und Japan verteilt und ein älterer Biologe aus Neuseeland, der hier ein paar Tage Urlaub macht, bevor er nach Akyaka am Mittelmeer weiterreist, wo er bei einer internationalen Tagung über die Konservierung von Pilzflechten sprechen wird.

Döne ist Mitte zwanzig, trägt Jeans, Handschuhe und ein Stirnband. Sie hat englische Literatur studiert. Dass sie in jeder freien Minute draußen an einer Zigarette zieht, legt nahe, dass sie mit der Partei von Erdoğan nicht viel anfangen kann. Später wird sie ihn »den Diktator« nennen, weil sie sich ärgert, dass er verbieten möchte, dass unverheiratete Männer und Frauen in WGs zusammenleben. Döne hat asiatische Gesichtszüge. Sie stammt von den Seldschuken ab. »Ich bin also eine echte Türkin«, sagt sie stolz und macht die Mitreisenden neugierig.

Auf der Fahrt erfahren wir, dass es Griechen waren, die diese Gegend jahrhundertelang bewohnten. Als Folge des blutigen Krieges zwischen Türken und Griechen, den die Türken im Herbst 1922 gewinnen konnten, wurde ein ›Bevölkerungsaustausch‹ vereinbart. Die Griechen mussten gehen. »Kappadokien«, sagt Döne, »ist seit fast einhundert Jahren wieder türkisch.«

Das Magische an Kappadokien ist für mich nicht das, was man sieht. Es ist das Verborgene, was unter der Erde liegt. Archäologen gehen davon aus, dass es in der Gegend mehr als fünfzig unterirdische Städte gab, die vermutlich bis zu zwanzig Stockwerke tief in das Tuffgestein hineingemeißelt waren. Wie viele es genau waren, weiß man nicht. Um die vierzig hat man bislang gefunden. Überhaupt weiß man nicht viel über diese Unterwelt. Sogar darüber, wann sie entstanden ist, gibt es nur Vermutungen. Wahrscheinlich begannen die ersten Siedler im 8. Jahrhundert vor Christus mit dem Aushub. Die Spuren der letzten Bewohner verlieren sich achtzehntausend Jahre später im 10. Jahrhundert unserer Zeit. In Derinkuyu ist ein Teil dieser verborgenen Welt ausgegraben worden. Das Dorf, dessen Name übersetzt Tiefe Quelle bedeutet, liegt neunundzwanzig Kilometer südlich der Stadt Nevşehir. Eine große Moschee steht direkt neben dem Eingang zum Weltkulturerbe. Große wie kleine Busse halten auf einem Parkplatz und fahren nach der Besichtigung sofort weiter. Außer Lärm und Abgasen lassen die Touristen nichts im Dorf zurück, was man auch daran erkennen kann, dass die Häuser in Derinkuyu ziemlich heruntergekommen sind.

Ein Verkäufer auf der Straße erzählte mir vorhin, dass die Tourunternehmer zu einer »riesengroßen Mafia« gehören würden. Beim Eingang zur unterirdischen Stadt habe es früher einen netten, kleinen Laden gegeben, der handgeknüpfte Teppiche verkaufte. »Der Bürgermeister hat das Ding abreißen lassen«, sagte der Mann. »Ein großer Touranbieter hat einen Deal mit einem großen Händler gemacht, und da hätte der kleine Laden gestört.« Der Mann wollte mich warnen: Er sei sich sicher, dass auch ich in irgendeiner Fabrik landen werde, die so gut wie alles verkaufe, was Touristen mögen könnten. Bis jetzt hatte ich Glück. Nur zu Beginn hielten wir an ein paar Marktständen, an denen einige unmotivierte Händler saßen. Sie versuchten erst gar nicht, uns etwas anzudrehen. Ihnen war kalt. Sie tranken lieber Tee und schauten den Japanern zu, wie sie Fotos von Döne machten.

Warum die Menschen damals unter Tage lebten, ist nicht vollständig geklärt. Schutz vor Angreifern war sicher ein Motiv. Aber muss man deswegen regelrecht abtauchen? Wir stehen vor einem achtzig Meter tiefen Schacht, der neben dem Eingang in die Tiefe führt. Dieser diente zur Belüftung und zum Abtransport der Toten, erklärt Döne. Wachposten, die auf Hügeln standen, hätten das Sonnenlicht gespiegelt, das dann ins dunkle Innere weitergeleitet wurde – als Warnung, dass Feinde im Anmarsch seien. Wir steigen in das Dorf ein. Es ist ein schmaler Eingang, der in die Tiefe führt, doch die Luft riecht erstaunlich gut, sehr viel besser als in den alten Kirchen, die ich gestern besichtigt habe. Das liegt am ausgeklügelten Belüftungssystem, das vermutlich aus mehreren Hundert Schächten bestand. Außer einer anderen Touristengruppe ist niemand da. »Im Sommer wartet man oft eine Stunde, um wieder rauszukommen«, erzählt Döne. »Es gibt hier Gänge, die sind so schmal, dass gerade mal eine Person gebückt durchkommt.«

Fünftausend Menschen sollen sich in diesem riesengroßen Höhlenwerk niedergelassen haben. Es könnten auch doppelt so

viele gewesen sein, so genau weiß das niemand. Nur acht Prozent der Stadt würden wir sehen, der Rest sei von Archäologen
noch nicht erschlossen worden. Wer überhaupt auf die Idee gekommen ist, ein riesiges Hochhaus unter die Erde zu verlegen,
ist bis heute ungeklärt. Die Hethiter könnten es gewesen sein,
dieses antike Volk, das um 1300 vor Christus über die Gegend
herrschte. Sie könnten die ersten unterirdischen Kammern als
Lager benutzt haben. Später erwähnte Xenophon, der antike
griechische Historiker, die unterirdischen Städte in seinem
Werk »Anabasis«. Döne erzählt, dass die Menschen sogar noch
1839, als die ägyptische Armee unter Ibrahim Paşa ins Land eingefallen sei, sich im Untergrund versteckt hätten. Das Gestein
jedenfalls habe sich gut herausschlagen lassen. Tuff hat eine besondere Eigenschaft: Er wird hart, wenn er mit Luft in Berüh-
rung kommt.

Wir stehen nun in der Küche. Das weiß ich, weil es auf einem
Schild steht. Man braucht schon ein wenig Fantasie, denn es gibt
in der gesamten unterirdischen Höhle keine Gegenstände aus der
damaligen Zeit, keine Leitern, keine Gefäße, keine Malereien.
Der unheimliche Ort ist ein bisschen so wie eine Theaterkulisse,
bei der man sich so einiges dazudenken muss, was ihn aber für
mich noch spannender macht. Döne erzählt uns, dass die Bewohner meistens nachts gekocht hätten, denn tagsüber sei die Gefahr
zu groß gewesen, dass Feinde den Rauch bemerkten. Damit die
Menschen in den stockdunklen Gängen etwas sehen konnten,
füllten sie Leinöl in Behälter und zündeten es an – der Qualm von
glimmendem Holz hätte sie erstickt.

»Und wie haben sie im Winter geheizt?«, frage ich. Döne führt
uns zu einem Becken. »Die Leute haben getrunken, um sich zu
wärmen«, sagt sie und meint das ernst. Sie zeigt uns ein Weinbe-
cken und eine Öffnung, durch die der Traubensaft hineinfloss.
Wir laufen weiter und sehen die schweren Rollsteine, mit denen
die Gänge verbarrikadiert werden konnten, wenn Gefahr drohte.

Bevor wir den neun Kilometer langen Tunnel sehen, der zum Nachbardorf führte, kommen wir an einem Loch im Boden vorbei, einer Falle. »Die Leute wurden aber nicht sofort getötet«, erklärt Döne. »Es gab auch einen Folterkeller.«

Zumindest waren einige Stellen in der Anlage dafür vorgesehen, die Leute zum Reden oder Schweigen zu bringen. In fünfzig Metern Tiefe zeigt sie uns eine Säule, die mitten im Gang steht, eine Art Marterpfahl, genau an der Stelle, wo es rechts zu einer großen Kirche geht. An ihn wurden Gefangene gekettet und dann gefoltert.

Interessant auch, wie man in der unterirdischen Siedlung mit ›Lärmbelästigung‹ und notwendiger Kommunikation umging. Grundvoraussetzung dafür: eine besonders ausgefeilte Akustik – und einige Regeln. Beispielsweise mussten sich Kinder, damit man sie nicht hörte, im untersten Stockwerk aufhalten. Andererseits muss es mancherorts ziemlich laut zugegangen sein, denn damals wurde einfach gebrüllt, um zu kommunizieren. Doch gab es auch eigene Schächte, durch die man direkt mit dem anderen Stockwerk reden konnte.

»Und wo sind die Toiletten?«, fragt eine Japanerin. »Das bleibt wohl für immer ein Geheimnis«, sagt Döne.

Die Archäologen haben es bis heute nicht geschafft, sie zu finden.

Kurz vor dem Ende der Tour, bevor wir zum Abschluss durch eine Fabrik geführt werden, die Touristennepp herstellt, stehe ich auf einem Hügel. Es ist das Selime-Kloster, über das Historiker nur sehr wenig wissen. Der Weg nach oben ist steil, und bei Regen wäre es hier außerordentlich rutschig. Der Ausblick entschädigt einen für die Anstrengung. Er kommt einem auch sehr vertraut vor: schwarze Felskegel mit kleinen Gucklöchern, die aussehen wie die Kulisse von »Star Wars, Episode 1«. Döne lacht. »Das *ist* die Kulisse! Die wollten hier eigentlich drehen, aber die türkischen Behörden erteilten nach langem Hin und Her keine

Genehmigung«, sagt sie. Die Filmfirma baute die Landschaft nach und drehte die Szenen dann in Tunesien.

Der neuseeländische Biologe versteht nicht, warum die Türken das gemacht haben sollen.

»Ich weiß das auch nicht«, sagt Döne. Vermutlich wissen das die türkischen Behörden nicht einmal selbst.

Kapitel

8

Boğazkale, 1005 Meter

Ein paar Zuckerrüben liegen vor mir auf der Straße. Ich weiß nicht, ob ich ausweichen soll, denn dann würde ich wohl in dasselbe, pfützengroße, knöcheltiefe, fiese Schlagloch fahren wie der Laster vor mir, der dadurch gefährlich ins Wanken geriet. Der Mann fährt immerhin mit dem Schutz Gottes: »Allah korusun«, so steht es auf seinem Laster geschrieben. Auf meinem Auto aber kleben nur ein paar tote Mücken.

Ein paar Kilometer zuvor war der Mann schon viel zu schnell in eine viel zu enge Kurve gefahren. Auch da geschah, was jetzt wieder geschieht: Ein Dutzend Rüben kullerten auf die Straße. Das war von vornherein klar, denn die tonnenschwere Ware auf der offenen Ladefläche war nur notdürftig befestigt, mit ein paar Seilen und großen Tüchern. Ich hatte Angst, dass ich unter einer

Lawine aus Zuckerrüben begraben würde. Wenigstens weiß ich jetzt, dass man sie gefahrlos überfahren kann.

Ich bin auf einer Landstraße in Zentralanatolien unterwegs, nordwärts. Die Tachonadel in meinem kleinen, gemieteten Ford zeigt auf die Sechzig. Seit einer Viertelstunde bin ich hier mit dem Laster allein. Ich könnte jetzt einfach auf das Gas drücken. Den nervigen Lkw-Fahrer anhupen. Falls das nicht hilft: ihn blenden. Und das Überholverbot hier? Ignorieren!

Das alles hatte mir ein Bekannter aus İstanbul geraten. Er hatte mir recht schlüssig ausgeführt, dass es östlich von Denizli so gut wie keine Polizeikontrollen mehr gebe, und versicherte: »Ab da kannst du rasen!«

Die Türkei sieht auf einer Landkarte aus wie ein unförmiges Rechteck. Für mich hat sie die Form eines dicken Ami-Schlittens, der nach Osten fährt, mit Heckspoiler und bulligem Kühlergrill. Würde man dieses Auto zerlegen und an die Wähler verteilen, hieße das: Lediglich Spoiler, Kofferraum und ein paar Einzelteile gingen an die Wähler der CHP, der Kemalisten, die davon überzeugt sind, dass Religion nichts in der Politik zu suchen hat. Denizli wäre demnach das Hinterrad und gehörte, wie fast der ganze große Rest, den Wählern der AKP, die wiederum finden, dass eine ordentliche Dosis Islam dem Land gut täte. Vorderrad und Kühlergrill wären in der Hand der Kurden. Ich bin momentan gut sechshundert Kilometer östlich von Denizli unterwegs. Im Herzen Zentralanatoliens, da also, wo in dem Ami-Schlitten der Gangknüppel läge. Ich bin im Lebensquell der AKP.

Wie das nun mit den Radarkontrollen zusammenhängt, erklärte mir mein Bekannter so: »Wo die Kemalisten regieren, dort gibt es Polizeikontrollen. Erdoğan will die Kemalisten damit ärgern und sagen: Wählt uns, dann habt auch ihr Ruhe.« Ganz streng nähmen die Beamten die Alkoholkontrollen in der westlichen Provinz Muğla, wo es viele Discos und Bars gibt. »Dort kannst du darauf wetten, dass du nachts von Polizisten angehalten

wirst«, warnte er mich. In der Türkei gilt die 0,5-Promille-Grenze.
Wer einen über den Durst getrunken hat, muss siebenhundert
Lira Strafe zahlen und für sechs Monate den Führerschein abgeben. Die Beamten sammeln die Lappen ein wie Herbstlaub. In
den vergangenen elf Jahren wurde rund eineinhalb Millionen Türken der Schein entzogen, lese ich in der Polizeistatistik.

Auf der Strecke bin ich jedenfalls noch keinem Polizeiauto begegnet, und geblitzt wurde ich auch nicht, obwohl ich ständig
»Achtung Radar«-Schilder am Straßenrand sehe. Meine Fahrspur
ist gerade so breit, dass mein kleiner Ford Fiesta darauf Platz hat.
Der Laster mit den Zuckerrüben, der vor mir hin und her schau-
kelt und mich nervt, ist aber zu breit dafür. Er fährt über dem
Mittelstreifen, sodass ich nicht weiß, wie ich ihn überholen soll,
ohne mit den Reifen in den Dreck zu geraten. Ein älterer Mann
mit einer grauen Strickmütze auf dem Kopf, der einen rostigen,
schwarzen Renault 19 fuhr, hatte es vorhin irgendwie geschafft.

Ich wollte es ihm nachmachen, schaltete einen Gang zurück,
drehte den 68-PS-Turbodiesel hoch, setzte zum Überholen an –
und sah plötzlich vor mir ein Pferd auf der Fahrbahn, das direkt
auf mich zu galoppierte! Ein anderes Mal hätte ich fast zwei Schafe mit dem Kühlergrill hingerichtet. Ein drittes Mal wollte ich es
nicht versuchen. Ich halte mich also an das, was das Auswärtige
Amt in seinen Reisehinweisen dem deutschen Autofahrer rät:
»Man sollte sich defensiv verhalten und sich nicht auf Auseinan-
dersetzungen einlassen, da bei vermeintlichen oder tatsächlichen
Verkehrsverstößen aggressive Reaktionen anderer Autofahrer
drohen können.«

Ich musste den alten Renault 19 also ziehen lassen, dabei hätte mein Wagen einige Pferdestärken mehr. Das geht mir häufig
so, denn auf türkischen Straßen in der Provinz sind auffällig viele
alte Autos unterwegs, die man in Deutschland längst verschrottet
hätte. Hier aber steige der Wert manchmal mit dem Alter, erklärte mir ein Bekannter. Denn die Steuer bemisst sich in der Türkei

nach dem Hubraum und dem Alter des Wagens. Es gilt: je weniger Hubraum und je älter, desto billiger. Für das Topmodell eines neuen BMW X5 werden jährlich unglaubliche 19 541 Lira Steuern fällig, für einen siebzehn Jahre alten Renault 19 mit 58 PS hingegen gerade einmal 102 Lira. Für die Umwelt ist das fatal, aber das ist Tayyip Erdoğan egal. Ihm bringt es viele Wählerstimmen. »AKP-Leute fahren alte Autos«, sagte mir der Bekannte.

Es gibt in diesem Teil Anatoliens keine Bergketten, an denen mein Blick endet. Keine dichten Wälder und kein Meer, das gleißt und glitzert. Die Straße ist der Kompass, der einen führt. Hier bleibt man nicht hängen – hier fährt man durch. Wäre das Licht jetzt so wie an einem verregneten Herbsttag in Berlin, wäre das hier ein Ort, um depressiv zu werden. Die Sonne über Anatolien aber scheint anders. Ihre Strahlen sind warm und weich und übermalen die kargen Felder dieser Steppe mit goldener Farbe. Es ist eine Landschaft, die einen vielleicht nicht glücklich macht, aber zum Nachdenken und Träumen anregt.

Heute sieht die geografische Mitte der Türkei so aus, als hätte jemand über einen abgewetzten Teppich gesaugt. Ein Hochland, wo fast alles über tausend Metern liegt und wo die Sommer trocken und heiß und die Winter ekelhaft kalt sind. Die Menschen hier haben alles geholt, was es in der freien Natur gibt und sich im Ofen zu Hause verheizen lässt. Nur was zäh ist, das wächst hier, und nur wer zäh ist, der bleibt.

Zentralanatolien war einmal der Nabel der Welt. Im antiken Gordion, westlich von Ankara, zerhieb Alexander der Große mit seinem Schwert den Gordischen Knoten. Einer Legende nach hatte ein König namens Gordius das Joch und die Deichsel eines Ochsenwagens mit einem Seil zusammengeknüpft. Das Joch war die Vorrichtung am Kopf des Ochsens, an der die Deichsel angebracht wurde, die lange Stange, die Tier und Wagen verband. Wer diesen Knoten öffnete, sollte über ganz Asien herrschen. Niemand schaffte es, bis Alexander der Große die banale Idee hatte, das Problem mit einem bewährten Mittel zu lösen – dem Schwert. Später wurde daraus eine Redewendung, die beschreibt, dass jemand eine knifflige Aufgabe verblüffend einfach löst.

In Zentralanatolien soll außerdem der sagenhafte König Midas gelebt haben, der keinen anderen Wunsch hatte, als reich zu werden. Vom griechischen Gott Dionysos erbat er sich deshalb, dass sich alles in Gold verwandeln möge, was er berühre. Doch der König verkannte dabei eines: dass dummerweise nun auch sein Essen, die Kleider und seine Kinder zu Edelmetall wurden. Er war dem Hungertod nahe. Midas rief erneut die Götter an, die ihm befahlen, in einen Fluss zu steigen und sich darin zu waschen. Das Wasser verwandelte sich daraufhin zu Gold. Einer Legende nach soll der griechische König Kroisus, den wir als Krösus kennen, daraus die weltweit ersten Goldmünzen geprägt haben. In der Psychologie beschreibt der Midaskomplex heute die pathologische Geldgier.

Über die anatolische Hochebene herrschten auch die Hethiter, die es namentlich sogar in die Bibel schafften. Sie tauchten zu jener Zeit in der Weltgeschichte auf, als Ramses II. in Ägypten regierte. Der Pharao vom Nil war übermütig geworden und schickte sein Heer nach Osten. Dort sollten seine Soldaten neue Gebiete erobern, doch trafen sie auf einen ebenso furchtlosen wie ebenbürtigen Gegner. Es kam zu blutigen Schlachten, die im Jahr 1259 vor Christus damit endeten, dass die beiden Herrscher den ersten internationalen Friedensvertrag der Welt schlossen. Ein Auszug des Vertrags ziert heute den Eingang des UNO-Gebäudes in New York. Die Hauptstadt der Hethiter hieß Hattuscha. Was davon noch übrig ist, möchte ich im Dorf Boğazkale besichtigen.

Die Spezialität der Region heißt *arabaşı,* eine kräftige, scharfe Hühnersuppe, die in kalten Winternächten mit Brot gegessen wird. Die Suppe passt zu den übel gelaunten Männern in Boğazkale, die im Teehaus Paşa sitzen, Wollmützen tragen und Rommé spielen. Ihre tiefen Falten auf der Stirn erzählen von einem kargen und harten Leben, das Leuten meiner Generation und Herkunft erspart geblieben ist. Drei von vier Personen in dieser Region haben bei den Parlamentswahlen die AKP von Erdoğan gewählt.

Ich höre den Lautsprecher der Moschee, obwohl keine Gebetszeit ist. In türkischen Dörfern wird über den Lautsprecher bekannt gegeben, was für die Bürger wichtig ist, wer ins Dorf kommt und wer für immer gegangen ist. »Ein Einheimischer ist in Ankara gestorben. Am Abend soll für ihn gebetet werden«, erklärt mir Mustafa. Ihm gehört das Hotel Baykal, an dessen Rezeption ich jetzt stehe. Es heißt so, weil seine Familie einst vom Baikalsee hierhergezogen war. Ich bin sein letzter Gast des Jahres, wir haben Mitte November, denn über den Winter schließt er sein Hotel und geht für einige Zeit nach Antalya ans Mittelmeer, wo er noch andere Geschäfte macht. Im Winter kommen keine Gäste nach Boğazkale. Was es hier zu besichtigen gibt, liegt draußen und friert zu.

Mustafa ist Mitte vierzig, und sein Leben lässt sich so zusammenfassen: eine Frau, zwei Kinder, zwei Häuser. Sein Haar ist schütter; Pullover, Jacke und Hose, die er trägt, sind schwarz. Während wir uns unterhalten, wärmt er sich unter einem achtzig Zentimeter breiten Heizstrahler der Marke Steelmaster. Er bietet mir Tee an.

»Die meisten Touristen sind Japaner, die eine Türkei-Rundreise machen«, erzählt er. »Rucksackreisende kommen nur wenige, die Anreise ist zu kompliziert.« Früher habe er gutes Geld mit den Amerikanern verdient, aber seit dem Irak-Krieg trauten die sich nicht mehr ins Land. »Die lesen, dass die Türkei an den Irak grenzt, und haben Angst um ihr Leben.« Und dann seien da noch die Deutschen, um die zwanzig Archäologen, die hier übersommern und in einer Residenz übernachten, keine zweihundert Meter von seinem Hotel entfernt. Das Gebäude grenzt an das Museum der Stadt und ist von hohen Mauern geschützt.

»Die Ausgrabungen sind gut, da finden viele Leute aus dem Dorf eine Arbeit«, meint Mustafa. »Heute verschwindet ja auch nichts mehr, weil die türkischen Behörden alles überwachen.« Er erzählt mir die Geschichte der Sphinx von Hattuscha. Als der deutsche Archäologe Otto Puchstein vor mehr als einhundert Jahren die antiken Überreste der Hauptstadt der Hethiter ausgrub, stieß er auf zwei Sphinxfiguren. Er brachte die dreieinhalbtausend Jahre alten kalksteinernen Statuen nach Berlin, um sie dort zu restaurieren. Die besser erhaltene Sphinx erhielten die Türken später wieder zurück. Die andere aber blieb in Berlin.

Bereits 1938 forderte die türkische Regierung das antike Stück zurück – und wurde mehr als siebzig Jahre lang vertröstet. »Geholfen hat dann die Drohung, die deutschen Archäologen aus dem Land zu werfen«, vermutet Mustafa. Dann seien die Deutschen aber plötzlich mit dem Argument gekommen, dass man die Sphinx nicht transportieren könne. »Die wollten, dass wir sie auseinanderschneiden, und hätten dann bestimmt gesagt, wir hätten die Sphinx zerstört.«

Im Juli 2011 kam der archäologische Schatz dann doch zurück in die Türkei, mit einem Flugzeug von Turkish Airlines und »ohne Probleme«, wie Mustafa betont. Heute steht sie im Museum von Boğazkale. Der deutsche Kulturstaatsminister sprach damals offiziell von einer »freiwilligen Geste der deutsch-türkischen Freundschaft«.

Nach einer Nacht unter zwei Decken wache ich schon früh auf. In meinem Zimmer gibt es keine Heizung, aber wenigstens heißes Wasser. Ich laufe zur Ausgrabungsstätte. Auf dem Weg sehe ich in der Hattuşaş-Straße ein verfallenes Haus im osmanischen Stil, das früher bestimmt einmal hübsch gewesen ist. Das Holz ist von Kälte und Hitze ausgezehrt, das Dach morsch. Ich würde keinen Schritt in dieses Haus setzen. An der Tür aber hängt noch die Rechnung des Stromablesers. In dieser kaputten Bude, Hausnummer 14, scheint tatsächlich noch jemand zu wohnen.

Das archäologische Areal hat etwas von einem amerikanischen Nationalpark. Man tuckert mit dem Auto durch das Gelände und bleibt immer mal wieder stehen, sobald eine Hinweistafel zu sehen ist. Kühe mit dicken Eutern grasen zwischen den freigelegten Steinen und fressen das bisschen Grün, das hier wächst. Eine Gans watschelt mit ihren vier Küken über die Straße. In der Schule habe ich die Maße der Pyramiden von Gizeh auswendig lernen müssen und die Geburtsdaten der wichtigsten Pharaonen. Über die Hethiter aber weiß ich nur, dass sie im Film »Troja« erwähnt werden und dass mein Türkisch-Lehrbuch nach ihnen benannt ist: »Hitit«. Vielleicht liegt es auch daran, dass sie nichts gebaut und erfunden haben, was uns heute noch beeindruckt. Überhaupt haben sie der Nachwelt nur wenig hinterlassen, ein paar große graue Steine und Tausende Scherben. Damit können sich Historiker und Archäologen Jahrzehnte beschäftigen. Den meisten Touristen aber wird spätestens nach zwei Stunden langweilig.

Vor dreitausendsiebenhundert Jahren hatten die Hethiter ein Großreich erobert, das sich vom ägäischen Mittelmeer bis nach Mesopotamien erstreckte. Sie kontrollierten damit das mächtigste Imperium der späteren Bronzezeit. Die Hethiter glaubten an tausend Götter, wie sie in Schriften vermerkten. Sie hatten eine eigene Keilschrift und verstanden Akkadisch, die Sprache der Assyrer, die über fünftausend Jahre alt ist. Auf Akkadisch korrespondierten sie auch mit den Herrschern am Nil. Der hethitische König Hattušili III. hatte in einem Brief die Bitte an Ramses II. gerichtet, ihm einen Arzt zu senden, der die Kinderlosigkeit seiner Schwester zu heilen vermöge. Der Pharao, mit dem der König ja auch den berühmten Friedensvertrag geschlossen hatte, kam dem Ersuchen Hattušilis nach und entsandte einen Priester und talentierten Mediziner. Er drückte sein Bedauern und seine Hoffnung aus, dass der Arzt vielleicht eine Lösung für das missliche Problem fände. Allerdings war die Schwester des Hethiterkönigs

schon über fünfzig, manchen Quellen zufolge gar über sechzig
Jahre alt.

Die Hethiter lebten vom Ackerbau. Sie säten Weizen an und
füllten mit den Körnern ihre Vorratskammern für den Winter.
Unglaubliche hundertachtzig verschiedene Brotsorten sollen
die Hethiter gebacken haben. Sie ernährten sich auch von Milch
und züchteten Rinder und Schafe. Auf einer Statue beim Kö-
nigstor ist ein Mann zu erkennen, der mir einen Eindruck davon
vermittelt, wie die Menschen damals aussahen. Er trägt einen
Helm, der vermutlich aus Leder war, einen Schutz um Hals und
Wangen und eine Art Kilt um die Hüfte. Er ist barfuß. In seiner
rechten Hand hält er eine Streitaxt, in seinem Gürtel steckt ein
großes Schwert. Trevor Bryce, ein australischer Historiker, geht
davon aus, dass es sich dabei um den Gott Scharrumma handeln
könnte – in Kampfuniform.

Die Soldaten, die in den Krieg zogen, waren aber sicherlich
nicht barfuß unterwegs, denn ohne Schuhe hätten sie es nicht
weit durch das raue Anatolien geschafft. Spätestens im glutheißen
Sand der Syrischen Wüste wäre definitiv Schluss gewesen. Auch
trugen sie auf ihren Märschen, die mehrere Hundert Kilometer
lang waren, wahrscheinlich nur selten Waffen. Sie wollten möglichst wenig mit sich herumschleppen und wanderten meistens in
der Nacht, wenn die sengende Sonne am Himmel schlief und die
Feinde in den Dörfern ebenso. Die Waffen wurden später nach-
geliefert.

Ihre Schwerter schmiedeten sie aus Bronze, denn die Technik, Eisen zu schmelzen, kannten die Hethiter noch nicht, davon
gehen die Forscher heute aus. Bronze besteht zu neunzig Prozent
aus Kupfer; der Rest ist Zinn, und das gab es in Anatolien nicht.
Das sehr weiche, silberweiße Schwermetall holten sich die Hethiter aus Afghanistan, über eine Ost-West-Handelsroute, die durch
Mesopotamien und Syrien führte. Die Kontrolle über diese Gebiete wurde für das Königreich deshalb zur Überlebensfrage.

In den Grundmauern der Häuser, die noch stehen, sehe ich Löcher, in die ein Golfball passen würde. Die Hethiter hatten ein Werkzeug erfunden, mit dem sie in hartes Gestein bohren konnten.

Der rätselhafteste Fund in diesem Freilichtmuseum ist ein smaragdgrüner, hüfthoher Stein, der mitten auf einer Wiese liegt. Seit jeher bildete er den Stoff für Legenden. Aus Ägypten solle er stammen, hieß es, und später behaupteten ein paar Verrückte, dass ihn Außerirdische auf die Erde gebracht hätten. Eine Analyse ergab, dass der Stein aus Nephrit-Kristallen besteht, die auch in Anatolien vorkommen. Historiker gehen deshalb davon aus, dass der grüne Brocken ein Geschenk an die Stadt war und möglicherweise als Opferstein diente.

Im Sommer kriechen zahlreiche Busse die steilen Straßen des Ausgrabungsgeländes hoch und zerstören die Ruhe, die ich jetzt an diesem kühlen, klaren Novembertag genieße. Dutzende Kilometer weit sehe ich in die Ebene: Vor mir liegen kahle, graue Felder und Minarette. Ich sehe aber auch einen Wald. Ein deutscher Archäologe hatte hier Anfang der Achtzigerjahre eine große Wiese eingezäunt, um sie vor Ziegen zu schützen, und wollte testen, was passiert. Aus Eichenbüschen wuchsen über die Jahre Bäume, und die wenigen Kiefern, die er neu gepflanzt hatte, vermehrten sich schnell. Mittlerweile steht dort ein Wäldchen. Der Boden ist also nicht tot, sondern nur kahlgefressen. Er bräuchte lediglich Zeit und Schutz, damit darauf wieder all das wächst, was es hier vermutlich früher schon einmal gab.

Ich fahre zurück ins Dorf und halte an einem Kiosk, der keine hundert Meter von der Dorfmoschee entfernt ist. Vor dem Eingang sind Kisten mit Limonen aufgestellt, eine Schachtel mit Kartoffelchips, an der Wand hängt ein Netz mit bunten, kleinen Fußbällen. Drei Stufen führen in den Laden, in dem es alles gibt, was man für ein einfaches Leben braucht. Man kann einzelne Eier kaufen und genau eine Sorte weißen Käse, Zigaretten, Chips und

Sesamstangen der Marke Eti. Das Geschäft ist kaum größer als ein kleines Hotelzimmer.

»Magst du Tee?«, fragt mich der Mann, der hinter der Registrierkasse steht. Er freut sich sichtlich, dass ich seinen Laden betreten habe. Noch ehe ich antworten kann, pfeift er von draußen einen Jungen zu sich und gibt ihm den Auftrag, er solle doch von nebenan schnell zwei Gläser Tee holen. Dann schnappt er geschwind einen kleinen, weißen Plastikhocker von draußen, stellt ihn mir vor die Beine und fragt sogleich mein Leben ab: Name, Herkunft, Alter, Familienstand, Beruf, Zahl der Kinder. Anschließend erzählt er mir sein Leben in Kurzform: Bünyamin Durdemin, geboren am 6. Juli 1972, verheiratet, zwei Kinder.

»Mein Sohn arbeitet in İstanbul in einem Hochhaus«, erzählt er stolz. Er will damit wohl sagen: Der Sohn hat einen guten Job. Bünyamin zeigt mir Fotos von seiner Familie auf seinem alten Computer, der mit Windows 98 arbeitet. »Bist du auf Facebook?«, will er von mir wissen. Ich gebe ihm meine E-Mail-Adresse. Kaum hat er meine Daten eingegeben, schaut er sich meine Fotos aus Österreich an, auf denen hohe Berge, blühende Wiesen und braune Kühe zu sehen sind.

Der Junge bringt uns den Tee. Ich gebe ein Stück Zucker hinein, was mich an den abenteuerlichen Lkw-Fahrer erinnert, den ich nicht überholen konnte. Ich frage Bünyamin nach den Zuckerrüben. »Die sieht man jetzt überall«, sagt er. »Im November ist Erntezeit. Viele Menschen hier leben vom Zucker.« Weiter südlich, in der Gegend um Konya, gebe es sogar noch hauptberufliche Pflücker. Er steht auf und will mir zeigen, wie die Männer die Rüben pflücken. Bünyamin deutet an, dass die Männer sich einen Gürtel um die Hüfte wickeln. Dann würden sie eine große Gabel in die Rübe stechen, die durch eine Kette mit dem Gürtel verbunden sei. »So ziehen sie die Rüben heraus«, sagt er und fuchtelt mit seinen Händen herum. Die Frauen schneiden die Wurzeln anschließend mit einer Machete ab und befreien sie vom

Grünzeug. Eine Rübe kann bis zu fünf Kilogramm schwer sein. »Die Leute, die das machen, sind sehr arm. Sie wohnen zwei Monate im Zelt, ohne Wasser, ohne Strom«, sagt er. Doch nur noch wenige Bauern greifen noch heute auf diese Erntehelfer zurück. Heute macht das fast immer eine Maschine.

Zucker war jener Rohstoff, der den Menschen in den anatolischen Dörfern ein besseres Leben bringen sollte. Den Kemalisten war sehr schnell klar, dass sie etwas tun mussten, um die Leute in den Dörfern zu halten. In den Dreißigerjahren eröffnete die Regierung deshalb Dutzende staatliche Zuckerfabriken. »Wo eine Rübe wächst, geht es sozial aufwärts«, hieß es damals. Die dampfenden Schlote der großen türkischen Zuckerfabriken, so beschrieb es ein Politologe einmal, seien die »Minarette Atatürks«.

Die Idee der Fabriken funktionierte anfangs auch. Die Staatsbetriebe vergaben Kredite an die Bauern, die mit dem Geld Samen und Dünger kaufen konnten. Sie schickten Agraringenieure auf die Felder, die den Zustand der Erde untersuchen sollten, denn oft war sie ausgelaugt oder versalzen. Zuckerrüben sollten nur alle vier Jahre auf demselben Acker angebaut werden. Sie sind nicht selbstverträgliche Pflanzen, so der biologische Fachausdruck, was heißt, dass ein zu häufiger Anbau an derselben Stelle zu Schädlingen und Krankheiten führt. Die Ingenieure berieten die Bauern, was sie in den Ruhejahren stattdessen ansäen sollten, etwa Mais, Sonnenblumen oder Klee, der gutes Futter für Kälber ist.

»Die ersten Fabriken sind bei uns in Zentralanatolien gebaut worden«, erzählt mir Bünyamin. Im armen Ostanatolien liegt zu viel Schnee. Die Rüben können dort nicht genügend Saccharose produzieren, den Rohstoff für Zucker. Erst in den Achtzigerjahren versuchte es die Regierung auch dort mit Fabriken. Die Zuckerrübe ist eine verwöhnte Pflanze. Sie benötigt genügend Wärme, lange Anbauzeiten und möglichst viel Wasser, das es in Anatolien aber nicht gab. Der Staat ließ deshalb Bewässerungska-

näle verlegen, und er ließ Straßen bauen, damit die Rüben schnell
in die Fabrik kommen, denn sie faulen gern und schnell nach dem
ersten Frost. Dreihunderttausend Bauern verdienen heute ihr
Geld mit Zuckerrüben. Acht Prozent des weltweiten Zuckers
stammt aus Anatolien. Der weltweite Preisdruck und die vergleichsweise hohen Produktionskosten setzen die anatolischen
Fabriken unter Druck. Trotzdem werden heute noch drei Milliarden US-Dollar in der türkischen Zuckerindustrie umgesetzt. Es
finden dort mehr Leute Arbeit als in der Autoindustrie.

Ich mache mich auf die Heimreise nach Kadıköy. Abends lese
ich meine E-Mails und schaue nach, was es Neues auf Facebook
gibt.

Bünyamin hat ein neues Foto hochgeladen und es für seine
Profilseite ausgewählt. Das Bild zeigt eine hohe Bergkette im
Hintergrund, eine grüne Wiese und jede Menge brauner Kühe –
es ist mein Heimattal in Österreich.

Kapitel

9

Sivas, 1285 Meter

»Ja, ja, ich fahr ja schon«, murmele ich. Verfluchte Autofahrer, hupen mich ständig an und fahren mir fast an die Stoßstange, sobald ich etwas langsamer fahre. Wo soll ich bitteschön auch stehen bleiben. Jedes Stückchen Asphalt in Sivas ist zugeparkt. Die Fußgänger wieseln wie aufgeschreckte Ameisen über die Straße. Die Leute glauben wohl wirklich, dass sie es mit einem Auto aufnehmen könnten. Keine Sekunde kann ich mich auf die Schilder konzentrieren und fahre jetzt schon zum dritten Mal im Kreis, aber nirgendwo sehe ich das Madımak-Hotel. Am großen Kreisverkehr, wo die prächtigen, alten Moscheen stehen, halte ich kurz an und frage den Mann, der hier alles bewacht und der es schließlich wissen muss. Er legt die Zeitung beiseite, tritt aus seinem weißen Kabäuschen und fragt kurz nach: »Madımak-Hotel?« Er nickt und zeigt mit seiner

Hand genau dahin, wo ich herkomme: »Hundert Meter, dann links.«

Jeder Türke hat von diesem Hotel gehört, es steht auch in meinen Reiseführern, und sogar mein Navigationsgerät hat es mit der zugehörigen Adresse gespeichert. Es hat mich auch problemlos dorthin geführt: zu einem Elektroladen, der Waschmaschinen der türkischen Marke Arçelik verkauft. Ich öffne das Fenster und frage noch einmal einen Passanten. »Ah, Madımak-Hotel, ja, also einfach die nächste links rein«, sagt er. Es ist die Straße, die mir auch der Sicherheitsbeamte genannt hat, und auch mein Navi.

Es reicht. Ich halte an und schalte die Warnblinkanlage ein. Die Leute hinter mir hupen und schimpfen, mein Auto staut sicher bald die halbe Innenstadt zu, aber das ist mir jetzt egal. Ich renne in die Dönerbude Elif Kebap.

»Das Madımak?«, schaut mich der junge Verkäufer fragend an. »Das ist doch genau gegenüber!« – »Aber da ist doch kein Hotel!«, entgegne ich. Dort steht nur ein hohes Gebäude mit einer roten Fassade und verspiegelten Fenstern. Er versteht nicht, was ich meine. Ich frage ihn noch einmal: »Gibt es dort noch ein Hotel?« – »*Yok!*«, sagt er: nein.

Freitag, 30. Juni 1993, nachmittags gegen halb zwei, als es das Hotel noch gab: Nach dem großen Gemeinschaftsgebet strömen übel gelaunte Männer aus den Moscheen. Sie sind wütend und schreien »*Allahu akbar!*«, Gott ist groß. Sie laufen zuerst zum Rathaus, um dem Bürgermeister auszurichten, dass sie das Kulturfestival, das am Wochenende stattfindet, nicht in ihrer Stadt haben wollen. Diese alljährliche Gedenkfeier zu Ehren des Dichters Pir Sultan Abdal, der aus Sivas stammte und sich im 16. Jahrhundert gegen die osmanischen Herrscher stellte. Sie ziehen weiter zum Veranstaltungsort, pöbeln Besucher an und werden handgreiflich. Dann marschieren sie zum Hotel Madımak.

Dort sollen nicht nur einige der Künstler sein, sondern auch Aziz Nesin, ein bekannter Schriftsteller, der trotz seines hohen

Alters von fast achtzig Jahren noch feurige Reden hält. Am Tag zuvor hatte er sich als Atheist bezeichnet und trotzig erklärt, er glaube nicht an den Koran, das heilige Buch der Muslime. Was die Männer, die lärmend zum Hotel marschieren, aber noch wütender macht: Vor Kurzem hatte Nesin die türkische Übersetzung der »Satanischen Verse« herausgegeben und Teile davon in der linken Zeitung »Aydınlık« veröffentlicht. Islamische Prediger sehen in dem Roman von Salman Rushdie ihren Propheten beleidigt und rufen weltweit dazu auf, den indischen Autor zu töten.

Um fünf Uhr, nachdem der Mob bereits das Denkmal von Pir Sultan Abdal niedergerissen und zerschlagen hat, belagern fünfzehntausend aufgebrachte Menschen das Hotel. »Tod dem Teufel Aziz!«, brüllen sie jetzt. »Die Armee von Mohammed ist der Schrecken der Ungläubigen!«, johlen sie und »Verdammt sei der Laizismus!«, die Trennung von Kirche und Staat. Dann fliegen die ersten Steine durch die Fenster, Autos werden in Brand gesteckt – die Flammen greifen auf das Hotel über.

Die Gäste im Hotel wissen, dass sie in der Falle sitzen. Nach draußen flüchten können sie nicht. »Verbrennt, ihr Huren!«, johlen blutgierige Männer den Frauen zu, die versuchen, zu entkommen – und prügeln sie mit Holzlatten wieder zurück. Einer der Hotelgäste ruft Erdal İnönü an, den stellvertretenden Regierungschef, und fleht um Hilfe. Er werde die Armee informieren, verspricht der Politiker, doch am Ende kommt niemand. Gegen sieben Uhr schießen Flammen aus den Fenstern. Dicker, schwarzer Rauch steigt in den Himmel. Die Feuerwehr wird von der blindwütigen Meute nicht durchgelassen. Die viel zu wenigen Polizisten sind chancenlos. Siebeneinhalb lange Stunden harren die Hotelgäste aus und hoffen, dass jemand kommt und sie befreit. Am nächsten Tag berichtet der zuständige Minister, dass siebenunddreißig Menschen ums Leben kamen: dreiunddreißig Aleviten, zwei Hotelangestellte und zwei Angreifer. Die meisten Opfer starben an Rauchvergiftung.

Wenn Christen Muslime töten, ist die Sache in der islamischen Welt immer sehr einfach. Wenn aber Muslime andere Muslime töten, noch dazu im eigenen Land, wird es kompliziert. Neunundneunzig Prozent der Türken sind Muslime. Der Staat tut gerne so, als seien sie alle Sunniten, also Mitglieder der weltweit größten, aber auch sehr konservativen islamischen Fraktion. Die Aleviten jedoch wollen mit denen nichts zu tun haben.

Das kann ich gut verstehen, denn ihre Religion ist eine Art reformierte Lehre des Korans, lockerer und mystischer, eine Mischung aus Schamanismus, Christentum und einer islamischen Doktrin, die nicht aus Arabien stammt, sondern aus Persien. Zu Beginn des 14. Jahrhunderts waren Gelehrte aus Ardabil, einer Stadt im Nordwesten des Irans, nach Anatolien gezogen. Sie brachten ihre Form des Islams mit, das Schiitentum, dessen Kern darin besteht, dass der einzige und würdige Nachfolger des Propheten Mohammed sein Schwiegersohn Ali sei, denn nur ein Nachfahre könne dieses schwere Amt übernehmen. Die Sunniten sehen das anders und beharren auf Abu Bakr, Mohammeds Schwiegervater. Der Prophet selbst hatte dazu vor seinem Tod nichts gesagt. Diese Meinungsverschiedenheit führte schon damals dazu, dass sich Muslime gegenseitig umbrachten, und das passiert bis heute, wie derzeit in Syrien oder auch im Irak. Von Ali jedenfalls wurde später auch der Name der Aleviten abgeleitet.

Auf keinen Fall sollten die türkischen Aleviten aber mit den arabischen Alawiten verwechselt werden, auch als Nusairier bekannt, zu denen sich der syrische Diktator Baschar Al-Assad zählt. Denn das, was sich über die Jahrhunderte in Anatolien zu einem Glauben formte, ist eine spezielle Mischung. Darin finden sich Bräuche der Christen, die lange Zeit hier lebten, wie zum Beispiel das Anzünden von Kerzen, aber auch Rituale der ursprünglichen Türken, die früher irgendwo nordwestlich von China lebten und jahrhundertelang auf Zauberpriester hörten.

Die Aleviten sagen deshalb auch, dass sie den türkischen Islam repräsentieren.

Die vielen schamanischen Rituale, die heute noch zum Brauchtum in Anatolien zählen, passen jedenfalls nicht zum strengen, arabischen Islam. Für einen Bauern auf dem Land war es bis vor gut fünfzig Jahren noch durchaus üblich, auf Trommeln zu schlagen und ein Gewehr abzufeuern, wenn es eine Sonnenfinsternis gab. Schließlich hatte der Gott der Sonne sich gegen böse Mächte zu wehren. Das Jaulen eines Hundes soll ankündigen, dass bald jemand stirbt, und stoßen zwei Leute mit dem Kopf zusammen, sollten sie es noch einmal tun, sonst werden sie bald eine Glatze kriegen. Auf keinen Fall sollte man sich eine Hose oder eine Jacke flicken lassen und sie dabei noch anhaben, denn das, so lehrt es der Volksglaube, bringt Ungemach.

Bis heute ist ein Baby in den ersten vierzig Tagen angeblich in großer Gefahr, denn es ist dem Einfluss der Dschinns und Teufel ausgesetzt. Früher wurden sie deshalb sogar mit Salz eingerieben, was sie stark machen sollte, und ihre Leibchen und Hosen zog man ihnen verkehrt herum an, damit sie möglichst hässlich aussahen. Das alles sollte den bösen Blick abwehren, den Neid also. Auf keinen Fall sollte man deshalb einem Türken zum neuen Auto gratulieren oder zu einem Neugeborenen – es sei denn, man schickt das Wort *maşallah* hinterher, das aus dem Arabischen stammt und wörtlich bedeutet: was Allah will. Dem türkischen Volksglauben nach haben Menschen mit blauen Augen einen besonders bösen Blick. Deshalb hängen überall in Taxis und an Hauseingängen blaue Glasperlen, stilisierte Augen, die davor Schutz bieten sollen. Im Türkischen wird das *nazar boncuğu* genannt, ein Begriff, der sich aus den Wörtern für Blick *(nazar)* und Perle *(boncuk)* zusammensetzt. Die Amulette folgen dem Prinzip des sogenannten Sympathiezaubers, dem zufolge äußerlich ähnliche Dinge zueinander in einer Verbindung stehen. Ich habe sehr blaue Augen. Was also passiert, wenn ich in so eine blaue Perle schaue, hatte mir ein alter Mann einmal so erklärt: »Das Böse deiner Augen fährt in die blaue Glasperle wie der Blitz in einen Blitzableiter.«

Çağdaş, ein guter Bekannter aus İstanbul, arbeitet bei Vodafone als Techniker und ist Alevit. Er glaubt an Allah, mag guten schottischen Whisky und dürfte sogar Speck und Schinken essen, was er aber nicht tut, denn Çağdaş ist Vegetarier. Er betet, wann und wo er Lust dazu hat, und geht nicht in die Moschee, sondern ins *cemevi,* ein Gemeinschaftshaus der Aleviten, in dem Männer und Frauen gemeinsam beten. Dort wird auch schon mal gesungen oder auf der türkischen Gitarre gespielt. Religiöse Gelehrte heißen dort auch nicht Imam, sondern *dede,* was türkische Kinder auch zum Opa sagen. Çağdaş fastet nicht im Ramadan, sondern zwölf Tage im *muharram,* dem ersten Monat im islamischen Jahr. Nach Mekka pilgern muss er nicht. Und statt Hunderte Regeln auswendig zu lernen, reicht ihm der Satz: *Eline, beline, diline sahip ol,* was auf Deutsch so viel bedeutet wie: Beherrsche deine Hände, deine Lende und deine Zunge.

Çağdaş ist mit einer Japanerin verheiratet, die sich nie im Leben ein Kopftuch umbinden würde, was alevitische Frauen aber auch nicht müssen. »Die inneren Werte zählen bei uns, nicht die äußeren«, erklärte er mir neulich. »Der Koran ist für mich kein Gesetz, sondern eine Lebensphilosophie. Gott liebt die Menschen. Also lieben wir sie auch.« Als Alevit lehnt er die drastischen Strafen der Scharia ab. Trotzdem sieht sich Çağdaş als Muslim und kann nicht verstehen, dass jemand nicht an Gott glaubt. Çağdaş folgt dem, was vor fast achthundert Jahren ein alevitischer Lehrmeister schon predigte: »Betet nicht mit den Knien, sondern mit dem Herzen.«

Sivas liegt etwas östlich der geografischen Mitte der Türkei. In der Stadt leben um die dreihunderttausend Menschen, die meistens in die Innenstadt drängen, wo auch das Madımak stand, denn weiter draußen gibt es nichts, was einen reizt. Ich laufe die Gasse ab, wo das Hotel war, die Eski Belediye Sokak. In einem Teehaus sitzen Männer den Tag ab. Daneben sehe ich den Elektroladen, zu dem mich mein Navigationsgerät führte. Der Ayvalık Ekspress wirbt mit günstigen Dönermenüs für Schüler und Studenten, und vor der Filiale der ING-Diba-Bank stehen Menschen in einer langen Schlange an, vier Tage vor dem Monatsletzten. Viel mehr hat in dieser einhundert Meter langen Gasse nicht Platz. Ich stehe vor der Hausnummer 2, dem roten Gebäude mit dem verspiegelten Glas: »Wissenschafts- und Kulturzentrum der Provinz Sivas«, lese ich auf einem Schild.

Der Eigentümer hatte das Hotel nach dem Brand renovieren lassen und konnte es schnell wiedereröffnen, dreißig Zimmer, fünfundvierzig Betten, empfohlen sogar vom Reiseführer »Lonely Planet«, wegen der »komfortablen Zimmer in Burgunderrot bis hin zu den Stühlen und den gefliesten Bädern«. Der Neffe des Hoteleigentümers sagte vor ein paar Jahren, dass er jedes Jahr, am Gedenktag des Massakers, zusperren müsse. Dabei brauche er das Geld. Er habe viele Angestellte; zwölf Familien hätten durch das Hotel ihr wirtschaftliches Auskommen. Dass im Erdgeschoss ausgerechnet eine Dönerbude gebratenes und geschmortes Fleisch verkauft, störte die Aleviten aber noch mehr. Der Besitzer des Restaurants, ein Sunnit, verstand die Aufregung nicht. Die Stadt brauche keine neuen Konflikte, sagte er mal einer Zeitung.

Alevitische Verbände forderten mit Nachdruck ein Museum, was aber wiederum die Regierung nicht wollte. Vierzehn Jahre später rang sich der Staat dann durch und kaufte das Areal für viereinhalb Millionen Lira, ließ das Hotel abreißen und stellte das funktionale rote Gebäude hin, das ich nun betrete. Im Obergeschoss können Kinder physikalische Experimente durchführen. Im Erdgeschoss erwartet den Besucher ein leerer Raum, an dessen Ende eine Gedenktafel aufgestellt ist, dekoriert mit weißen

Plastikblumen und einer grobschlächtigen, goldfarbenen Büste
von Kemal Atatürk. Ich lese die Namen der Toten, alphabetisch
geordnet nach den Vornamen, und ein paar berühmte Worte der
Versöhnung von türkischen und alevitischen Gelehrten. Der Ge-
denktext spricht von einem »tragischen Ereignis«. Dazu passt,
dass die zwei toten Angreifer zu den Opfern gezählt werden. Das
Wort Aleviten lese ich hier nicht.

Die offizielle Türkei hat es lieber, dass Sivas mit anderen Dingen verbunden wird. Mit den Moscheen, die von den Seldschuken
im 12. Jahrhundert errichtet wurden. Mit den *Sivas Köfte,* den türkischen Frikadellen, die demnächst als Marke beim nationalen
Patentamt registriert werden sollen. Oder mit dem Besuch Kemal
Atatürks im September 1919, als bei einem Kongress die Strategi-
en für den Türkischen Befreiungskrieg beschlossen wurden, der
letztlich zur Gründung der modernen Republik führte. Und wenn
schon *madımak,* dann soll bitte damit das Kraut gemeint sein, der
Knöterich, der mit Ampfer, Malve, Brennnessel, Hauswurz,
Bocksbart und Efeu zu den sieben berühmten Kräutern der Region gehört. Wer vor einem Donnerschlag eine Mahlzeit isst, in der
diese Kräuter stecken, soll ein Jahr lang nicht krank werden, lehrt
eine Volksweisheit.

Bis heute hat der türkische Staat keine Ahnung, wie viele Aleviten in der Türkei leben. Sie sind nicht registriert, und offiziell
gibt es ja nur Muslime. Je nachdem, wen man befragt, hört man
eine Zahl zwischen sechs und zwanzig Millionen. Türken wie Kurden können Aleviten sein. Die meisten davon leben in İstanbul
und in der Mitte Anatoliens, im Dreieck der Städte Sivas, Kayseri
und Divriği. Im Osten ist die Provinz Tunceli fest in ihrer Hand.
Rechtlich sind die Aleviten in der Türkei nicht als Religionsgemeinschaft anerkannt, in Österreich hingegen schon. In Deutschland, wo bis zu siebenhunderttausend Aleviten leben sollen, dürfen sie immerhin ihren Glauben an Schulen lehren. In der Türkei
dürfen sie auch das nicht.

Als Ende Mai 2013 in İstanbul dagegen demonstriert wurde, dass aus dem Gezi-Park eine osmanische Kaserne wird, waren auch viele Aleviten auf der Straße. Ohnehin hatten sich die zunächst lokalen Proteste zu einer landesweiten Generalabrechnung mit Tayyip Erdoğan entwickelt. Auf den waren die Aleviten ganz besonders sauer, weil er kurz zuvor stolz den Namen der neuen und dritten Bosporusbrücke verkündet hatte: Yavuz Selim. Das war jener osmanische Sultan, der im 16. Jahrhundert das Kalifat von Kairo ins heutige İstanbul holte und damit Oberhaupt der Muslime war. Besonders brutal ging er gegen die Safawiden vor, Schiiten, die aus dem Iran nach Anatolien gezogen waren und darangingen, die dort lebenden Nomaden zu bekehren, aus denen später die Aleviten hervorgingen. In Tschaldiran (türkisch Çaldıran), das knapp hinter der Grenze im heutigen Iran liegt, richteten die osmanischen Soldaten im Sommer 1514 ein Blutbad an. Mehr als fünfzigtausend Anhänger der Safawiden starben, schätzen Historiker. Für meinen Bekannten Çağdaş ist dieser Sultan deshalb »der Schlächter der Aleviten«.

Auf der Dachterrasse des Sultan-Hotels, ein Drei-Sterne-Neubau am anderen Ende der Straße, in der auch das Madımak stand, lasse ich den Tag ausklingen. Die Männer hier ignorieren das Rauchverbot, die Frauen, die ihre Haare lang und offen tragen, prosten sich mit *rakı* und Wein zu. Eine Gruppe junger Musiker spielt türkische Volksmusik. Ich bin der einzige Ausländer und komme schnell mit einem Mann ins Gespräch, der sich als Kemal vorstellt. Er war Mitte zwanzig, als das Massaker in dieser Straße passierte. »Die Leute wollten danach nicht mehr darüber reden«, erinnert er sich. »Heute weiß kaum noch jemand, was da genau passierte.«

Der Staat habe bei der Aufarbeitung komplett versagt. Der Hauptverdächtige sei nie bestraft worden und mittlerweile gestorben, sagt er. »Wissen Sie, wo er gewohnt hat? Keine sechshundert Meter vom Madımak entfernt! In einer Wohnung, die sei-

nem Sohn gehörte. Und niemandem soll das aufgefallen sein.«
Journalisten fanden später heraus, dass der Mann am 22. Mai 1997
seinen Militärdienst angetreten, am 27. Juli 1999 offiziell geheiratet und ihm ein Beamter im Jahr 2000 einen Führerschein ausgestellt hatte. »Dabei stand er international auf der Fahndungslis-
te!«, empört sich Kemal.

Im Frühjahr 2012 ließ ein Gericht in Ankara die Akten des Fal-
les schließen. Nach fünfzehn Jahren waren die Anklagen gegen
die noch flüchtigen Haupttäter verjährt. Inzwischen waren dreiunddreißig Männer zum Tod verurteilt worden; ihre Strafen wurden jedoch später in lebenslange Haft umgewandelt.

Noch immer sollen mehrere Täter, die beim Anschlag mitge-
holfen haben, auf der Flucht sein. Einige setzten sich damals nach
Deutschland ab, wo sie Asyl erhielten. Im September 2011 wurde
einer der Gesuchten an der deutsch-polnischen Grenze aufgegrif-
fen. Der Türke hatte in Deutschland einen gültigen Aufenthalts-
titel, saß drei Wochen in einem polnischen Gefängnis und kam
schlussendlich gegen eine Kaution frei. Insgesamt neun Männer,
die am Angriff auf das Hotel beteiligt waren und dafür verurteilt
wurden, leben nach wie vor in Deutschland. Das teilte die Bundesregierung offiziell in der Antwort auf eine Anfrage im November 2011 mit. Ingesamt gab es demnach acht Auslieferungsersu-
chen der Türkei, die aber alle abgelehnt wurden; in zwei Fällen,
weil ein Militärrichter an dem Verfahren beteiligt war und dies
»nach ständiger Rechtsprechung des Europäischen Gerichtshofs
für Menschenrechte dem Recht auf ein faires Verfahren« widerspreche.

Doch selbst nach den langen Gerichtsverfahren ist noch immer nicht klar, warum es zu dem Angriff auf das Hotel kam. Waren es tatsächlich verstörte Fundamentalisten, die in blinder Wut
ihre Religion verteidigen wollten? Kemal glaubt das schon, vermutet aber auch, dass der Tiefe Staat seine Finger im Spiel hatte.
»Angeblich hatte der türkische Geheimdienst damals nur drei

Leute in Sivas«, erzählt er und beginnt zu lachen. »Die hatten damals selbst in jedem kleinen Dorf mehr als ein Dutzend.« Er hat eine Theorie, die ich schon häufig hörte: Das Militär habe den Staat übernehmen wollen und absichtlich Unruhe gestiftet. Der Generalstabschef sei nach dem Massaker sofort nach Sivas gefahren. »Das war eigenartig, das hat der Mann sonst nie gemacht«, sagt Kemal. Die »Hürdoğan«, eine Lokalzeitung in Sivas, hatte einen Tag vor dem Massaker die Einwohner von Sivas gewarnt: Sie sollten wachsam sein und sich nicht provozieren lassen. »Dunkle Mächte haben Sivas als Zentrum für Anschläge gegen den Staat und die Regierung ausgewählt«, stand dort in einem Kommentar geschrieben.

Sivas passte jedenfalls in die Serie von Hinrichtungen, Anschlägen und Bomben, die sich im Jahr 1993 wie eine Blutspur durch das gesamte Land zog. Im Januar wurde damals der bekannte linke Journalist Uğur Mumcu durch eine Autobombe getötet. Der ehemalige Präsident Turgut Özal, über den die meisten Türken bis heute viel Gutes erzählen, starb im April. Schnell machte es die Runde, er sei vergiftet worden, was aber nie jemand beweisen konnte. Ein ranghoher Gendarmerie-Kommandant kam bei einem mysteriösen Flugzeugabsturz ums Leben. Ein Parteichef wurde ermordet und auf der Autobahn Elazığ–Bingöl wurden dreiunddreißig unbewaffnete Soldaten und fünf Zivilisten hingerichtet, angeblich von PKK-Terroristen. Nur drei Tage nach der Menschenhatz in Sivas wurden in Başbağlar, einem Dorf im tiefsten Ostanatolien, dreiunddreißig Menschen erschossen. Sie waren Sunniten. Die Behörden fanden später angeblich eine Notiz: »Das war die Vergeltung für das Sivas-Massaker.« Aufgeklärt wurde die Tat nie.

Nach dem Anschlag auf die Aleviten aber hielt sich das Mitleid in Grenzen. Die Aleviten seien Muslime, die vom richtigen Weg abgekommen sind, höre ich in der Türkei von frommen Sunniten. »Wir Muslime duschen uns nach dem Sex, damit wir beten können. Bei den Aleviten sind Männer und Frauen beim Beten zusammen«, wollte mir ein alter Mann mit einer Gebetskappe neulich erklären. Außerdem sollten die Aleviten das Foto von Kemal Atatürk aus ihren Gebetshäusern nehmen. »Das hat dort nichts zu suchen.« Und sie sollten gefälligst in einer richtigen Moschee beten, wie es sich für Muslime gehöre. Das am meisten verbreitete Vorurteil aber sind die Sexorgien. Bei ihren großen Treffen würden sie Kerzen anzünden und später auf Kommando des *dede* auspusten. Im Dunkeln würden die Aleviten dann übereinander herfallen und es sogar mit Familienmitgliedern treiben, erzählen sich fanatische Sunniten.

»Dieses dumme Zeug hält sich noch immer und ist nichts anderes als eine Fantasie verklemmter Leute«, sagt Kemal. Im Osmanischen Reich hätten sich die Aleviten heimlich treffen müssen, weil sie verfolgt wurden. »Bei Gefahr gab der Aufpasser das Signal, sofort alle Lichter auszumachen«, erklärt er. Das Vorurteil schaffte es, ob gewollt oder nicht, sogar in einen deutschen »Tatort«. In der Folge »Wem Ehre gebührt« aus dem Jahr 2007 wird ein junges Mädchen tot aufgefunden, sie ist Alevitin. Die Kommissarin geht dem Verdacht eines Inzests nach. Nachdem die Folge ausgestrahlt wurde, demonstrierten in Köln dreißigtausend Aleviten gegen die ARD. Heute ist diese Episode im ›Giftschrank‹ und darf nicht mehr wiederholt werden.

Tayyip Erdoğan nutzt die Vorurteile perfide aus. Den Chef der CHP, der größten Oppositionspartei, nannte er abfällig »Alevit«. Da half es auch nicht, dass Kemal Kılıçdaroğlu, der in einer alevitischen Familie in Tunceli aufwuchs, zu beweisen versuchte, dass er direkt mit dem Propheten Mohammed verwandt ist. Vor allem aber fühlen sich die Aleviten von der sunnitischen Religionswalze der Regierung überfahren. Alevitische Schüler müssen den sunnitischen Religionsunterricht besuchen, und mit den Steuergeldern der Aleviten baut der Staat in den Gemeinden sunnitische Moscheen. »Bei der Armee gibt es keine Aleviten in hohen Rängen und auch nicht bei den Behörden«, sagt Kemal. »Der Staat misstraut uns.« Umgekehrt misstrauen aber auch die Aleviten dem Staat. Zu oft sind sie in der Vergangenheit Opfer von blutigen Angriffen geworden, weil sie zu den Linken zählen und zu den Ungläubigen. Die Namen der Orte haben sich in das kollektive Gedächtnis gebrannt: Malatya (1977), Kahramanmaraş (1978), Çorum (1980), Sivas (1993) und Gaziosmanpaşa in İstanbul (1995).

Auf der Fahrt durch Zentralanatolien fiel mir auf, dass zwischen Misthaufen und gackernden Hühnern überall neue Moscheen stehen, oft keine dreihundert Meter von der nächsten entfernt. Ich erzähle Kemal davon. »Jedes türkische Dorf braucht zwei Dinge, um ein Dorf zu sein: eine Teestube und eine Moschee«, erklärt er mir. Das stehe so in einer Verordnung. Arbeitsplätze schafft eine neue Moschee auch, denn es gibt landesweit mittlerweile mehr Geistliche als Ärzte. Fast jeder zehnte Schüler geht heute auf eine Imam-Hatip-Schule, koedukative Schulen, die aber dennoch schwerpunktmäßig für die Ausbildung zum sunnitisch-islamischen Prediger gedacht sind. Neuerdings sind dort sogar mehr Mädchen als Jungen eingeschrieben, denn die Absolventen gelten als besonders bieder und brav und deshalb als heiratsfähig. Auf einer Wahlveranstaltung tönte Tayyip Erdoğan, dass die Predigerschulen nun »zu ihren goldenen Zeiten zurückkehren«.

Finanziert wird dieser religiöse Apparat vom staatlichen Amt für religiöse Angelegenheiten, dem *diyanet*. Ungefähr 5,4 Milliarden Lira beträgt sein Budget, mehr Geld, als jedes andere der insgesamt einundzwanzig Ministerien erhält. An ein Sparpaket denkt dabei momentan jedenfalls keiner der regierenden Politiker. Die Ausgaben steigen jährlich im zweistelligen Bereich. Die Regierung hatte erst vor ein paar Jahren beschlossen, dass der Staat sogar die Stromrechnungen für die Moscheen bezahlen soll. »In unseren alevitischen Gemeindehäusern aber müssen wir alles selber bezahlen«, seufzt Kemal. »Es gibt in der Türkei so etwas wie eine Staatsreligion. Und das beinhaltet leider das, woran Tayyip Erdoğan glaubt.«

Ich frage Kemal, ob es damals auch Überlebende gegeben habe. »Aziz Nesin«, antwortet er, der Schriftsteller also, den die Männer lynchen wollten, weil er zuvor ihre Religion beleidigt hätte. »Er konnte sich über eine Leiter retten, weil er von den Angreifern zunächst nicht erkannt wurde«, sagt Kemal. »Doch dann enttarnte ihn ein Feuerwehrmann und prügelte auf ihn ein. Ein Polizist konnte ihn schließlich retten.«

Aziz Nesin starb zwei Jahre später an einem Herzinfarkt. In seinem Testament hatte er niedergeschrieben, dass er kein islamisches Begräbnis wünsche.

Teil 4

MITTELMEER-REGION

Kapitel

10

Antakya (Antiochia am Orontes), 85 Meter

»Barnabas aber zog nach Tarsus, um Saulus aufzusuchen. Er fand ihn und nahm ihn nach Antiochia mit. Dort wirkten sie miteinander ein volles Jahr in der Gemeinde und unterrichteten eine große Zahl von Menschen. In Antiochia nannte man die Jünger zum ersten Mal Christen.«

NEUES TESTAMENT, APOSTELGESCHICHTE 11, 25–26

Da also bin ich nun, wo das Christentum seinen Namen erhielt und die erste Kirche der Welt stehen soll, eine ziemlich gottverlassene Gegend ist das heute. Neben einer hässlichen, drei Mann hohen Mauer, die zu einer alten Baumwollfabrik gehört, döst ein Hund in der Sonne. Im Gras liegen zerquetschte Bierdosen. Ich laufe die Straße hoch, die zum Stauris-Berg führt. In der Ferne erkenne ich ein Felsrelief, das ein hellenistischer Herrscher gut zweihundert Jahre vor Christus in einen Kalksteinfelsen meißeln ließ, um den Ort vor der Pest zu bewahren. Es zeigt wohl den Kopf von Charon, einer greisen, düsteren Gestalt in der griechischen Mythologie. Charon ist der Fährmann, der die Toten in die Unterwelt bringt. Zweihundert Meter daneben erkenne ich die Kirche.

Doch es geht nicht mehr weiter. Ein angerosteter, weißer Lieferwagen blockiert den Weg. Daneben hat jemand ein großes Schild in den Boden gehämmert, das eine Warnung in roten Buchstaben enthält: »Achtung! Es ist verboten, die Baustelle zu betreten.«

Ein Mann mit Mütze, Schnurrbart und einem Glas Tee in der Hand erhebt sich gemächlich von seinem Stuhl und blafft mir etwas zu, was sich so anhört wie »No! No!« Es ist das einzige englische Wort, das er kann, und so frage ich ihn in meinem gebrochenen Türkisch, was los sei. Ich verstehe die Situation so, dass Steine von der Decke der Kirche gefallen sind. »Da darf niemand mehr hoch«, sagt er. »Drehen Sie um!« Der Wachmann schaut mir nach, bis ich mich ein paar Meter wegbewegt habe. Dann setzt er sich wieder auf seinen Stuhl.

Einer der heiligsten Orte der Christen ist also eine Baustelle, die nicht betreten werden darf. Die Kirche ist in einer Höhle, die der Evangelist Lukas einst gefunden hatte und die später der Apostel Petrus weihte, so die Erzählung. Da die Christen im Römischen Reich verfolgt wurden, mussten sie sich an geheimen Orten treffen. In der dreizehn Meter langen, neuneinhalb Meter breiten und sieben Meter hohen Höhle gibt es deshalb einen Geheimgang, der an das andere Ende des Berges führt.

Ich laufe zurück und bleibe an einem kleinen Haus stehen, das gegenüber der riesigen, hässlichen Mauer steht. Die Rollläden sind hochgezogen. Auf den Treppenstufen liegen angestaubte Skulpturen und Mosaike, geflochtene Körbe und alte Uhren. »Handgemacht«, steht auf einem Schild in mehreren Sprachen. Ein Mann sitzt hinter einem Tresen und liest seelenruhig Zeitung. Ich laufe durch seinen Laden und schaue mir die geschnitzten Jesuskreuze an, Magnete für den Kühlschrank und die Teppiche an der Wand. Ich tue interessiert, doch der Mann bleibt sitzen. Also gehe ich zu ihm und frage, was denn da oben bei der Höhle los sei. Er legt die Zeitung beiseite.

»Im Sommer krochen hier täglich an die zwanzig Busse hoch«, erzählt er. Vor über einem Jahr sei die Petrushöhle über Nacht gesperrt worden, angeblich, weil ein Stück Decke herabgefallen sei. »Die wollen die Kirche wohl vergrößern. Aber das dauert alles viel zu lange«, sagt er. Die Geschäfte laufen schlecht und bringen gerade noch genug Geld ein, dass er Strom, Tee und ein einfaches Essen für seine Familie bezahlen kann.

Der Ladenbesitzer stellt sich als Mohammed vor. In arabischen Ländern heißt jeder Zweite so, nicht aber in der Türkei. Dazu habe ich zwei Theorien gehört: Im Arabischen gibt es für die kurzen Vokale keine eigenen Buchstaben. So kommt es, dass Türken die arabische Buchstabenfolge MHMD als Mehmet lesen. Außerdem sei der Name Mohammed allein dem Propheten vorbehalten, glauben viele Türken. »Meine Großeltern waren Syrer«, erklärt mir Mohammed. »Als Kind habe ich Arabisch gesprochen, aber leider auch vieles vergessen.« Trotzdem fühle er sich als »hundertprozentiger Türke«. »Sind doch alles Verrückte, diese Araber«, sagt er.

»Kommen Sie, ich will Ihnen etwas zeigen!« Er führt mir eine Schatzkiste vor und fordert mich auf, sie zu öffnen. Die Schatulle ist aus Holz geschnitzt und besteht aus mehreren Teilen. Irgendwo dazwischen soll ein Schlüssel versteckt sein. Ich schüttle die kleine Truhe, aber da tut sich nichts. »Sie sind nicht der Erste, der daran scheitert«, sagt er und lacht. Er schiebt ein Stück Holz zur Seite. Nun sehe ich ein anderes Stück Holz, das aussieht wie ein Zahnstocher. Er zieht daran, und wie von Zauberhand kommt an einer Ecke ein Schlüssel heraus.

»Jetzt können Sie die Truhe öffnen.« – »Aber wo ist das Schloss?«, frage ich etwas ratlos. Mohammed lacht. Er schiebt jetzt zwei Holzstückchen zur Seite, die das Schloss verbargen. »Früher haben die Leute solche Verstecke sogar in die Felsen geschlagen«, behauptet er.

Mohammed merkt, dass ich nichts kaufen möchte. Trotzdem unterhalten wir uns weiter, zumal auch weit und breit keine neue Kundschaft in Sicht ist. »Haben Sie unten die Baustelle gesehen?«, fragt er mich. Er meint den Kran und das Stahlgerüst, an dem ich vorhin auf dem Weg zur Höhle vorbeigelaufen war. Dort werde ein Hilton-Hotel gebaut. »Als die Bauarbeiter das Fundament aushoben, stießen sie auf ein achthundertfünfzig Quadratmeter großes Mosaik«, sagt er. Die Fläche, größer als drei Tennisplätze, soll nun mit Glas überzogen und Teil eines Museums werden, das in dem Zweihundert-Betten-Hotel entstehen soll. Gefüllt mit all den Dingen, die beim Graben gefunden wurden: ein dreitausend Quadratmeter großer Marmorboden, edles Glashandwerk und Skulpturen aus hellenistischer Zeit. »In Antakya liegt ein riesiger Reichtum unter der Erde«, sagt Mohammed. »Den muss man doch rausholen.«

Die Kurtuluş-Straße, die an der Hilton-Baustelle vorbeiführt, ist tatsächlich eine verborgene Schatzkammer. Früher, zu Zeiten der Römer, war dieser Weg der Cardo Maximus, eine mehr als zweieinhalb Kilometer lange und zehn Meter breite Kolonnadenstraße, gesäumt von dreitausendzweihundert Säulen. Die Hunderte Fackeln, die nachts angezündet wurden, deuten manche Historiker als die erste Straßenbeleuchtung der Welt. Das alles liegt heute mehr als zwölf Meter unter dem Asphalt begraben und ist vermutlich nicht viel mehr als ein Trümmerhaufen.

Die Einheimischen erzählen sich, dass hier alle zweihundert Jahre die Erde mit einer Kraft erzittert, die kein Gebäude übersteht. Im Jahr 115 nach Christus war das so, als Kaiser Trajan einen Feldzug gegen die Parther vorbereitete und in seinem Palast fast erschlagen wurde. Gut vierhundert Jahre später, 526, bei einem der tödlichsten Erdbeben der Geschichte, kamen dreihunderttausend Menschen ums Leben. Die Stadtmauer blieb damals erstaunlicherweise stehen – und krachte zwei Jahre später bei einem erneuten Beben zusammen. Viele sahen darin eine Strafe des Allmächtigen, weshalb sich der römische Kaiser Justinian mit seinem Herrn und Gebieter versöhnen wollte und Antiochia in Theopolis umbenannte, die Stadt Gottes. Gebracht hat es freilich wenig. Nach dem Wiederaufbau wurde die Stadt zunächst von den Persern zerstört, ehe ihr ein Erdbeben im Jahr 588 endgültig den Garaus machte. Die letzte große Katastrophe brach im April 1872 über sie herein. Auch damals zitterte der Boden so heftig, dass kaum ein Gebäude stehen blieb.

Mohammed glaubt, dass die Regierung absichtlich die Baustelle an der Petrushöhle hinauszögere. »Die wollen nicht, dass zu viele Touristen kommen«, vermutet er. »Wir sind zu weit weg von Ankara. Uns mochte man noch nie so richtig«, sagt er. »Außerdem hat die Regierung Angst, dass etwas passiert, wegen des Kriegs in Syrien.«

Antakya, einst Antiochia am Orontes, liegt in der südlichsten Provinz der Türkei, in Hatay, einem kleinen Landzipfel, eingezwängt zwischen dem Mittelmeer und Syrien. Am 11. Mai 2013 gingen in der Grenzstadt Reyhanlı, vierundvierzig Kilometer östlich von Antakya, zwei Autobomben hoch; zweiundfünfzig Menschen starben, einhundertvierzig wurden verletzt. Es war der größte Terrorangriff in der Geschichte der Türkei. »Aber keine Sorge, Antakya ist sicher«, will Mohammed mich beruhigen. Der Geheimdienst überwache jedes Gässchen.

Eigentlich müsste ja der christliche Gott ein besonderes Auge auf die Stadt haben, denn schließlich waren einige seiner besten Leute hier. Der Apostel Paulus, der in Tarsus am türkischen Mittelmeer geboren wurde, traf sich in Antiochia mit den Jüngern Barnabas und Petrus, startete von hier aus seine Missionsreisen und trug das Christentum in die Welt. Es war auch in jenem Antiochia, damals die drittgrößte Stadt nach Rom und Alexandria, in der Lukas, der Evangelist, Petrus die sagenhafte Höhle vermachte, die heute als die erste Kirche der Christen gilt. Lukas wurde obendrein hier geboren, und Matthäus soll in dieser Stadt sogar sein Evangelium verfasst haben. In Antiochia fand auch das berühmte Streitgespräch statt, in dem es darum ging, ob die Heiden, die Ungläubigen also, sich zuerst beschneiden lassen müssen,

um Christen zu werden, so wie es im Alten Testament bei Moses
steht. Am Ende einigten sich die Jünger beim Apostelkonzil in Jerusalem darauf, dass dies nicht notwendig ist. Sie grenzten sich
damit vom Judentum ab und erleichterten die Aufnahme in ihre
neu gegründete spirituelle Gemeinschaft, aus der später die größte Religion der Welt werden sollte.

Überhaupt ist halb Anatolien ein biblisches Land. Nur Palästina wird noch häufiger mit den christlichen Schriften in Verbindung gebracht. Abraham wohnte in Harran, im Süden der heutigen Türkei, ehe er in seinem fünfundsiebzigsten Lebensjahr auf
Geheiß Gottes aufbrach, um das Gelobte Land Kanaan zu suchen. Noahs Arche soll in Ostanatolien auf dem Berg Ararat gestrandet sein. Ja, und sogar der heilige Nikolaus stammt aus der
Türkei, geboren im früheren Myra und heutigen Demre in der
Provinz Antalya.

Aus der schillernden Metropole Antiochia ist die ziemlich heruntergekommene Provinzstadt Antakya geworden, in der heute
weit weniger Menschen wohnen als damals, als es noch eine halbe
Million waren. Eine Bergkette schützt die Stadt wie eine Mauer.
Die Häuser ziehen sich an den Hügeln hoch, bis die Hänge zu
steil werden. Mir fällt auf, dass in Antakya weniger Frauen ein
Kopftuch umgebunden haben als in den meisten anderen türkischen Städten. Im Sommer tragen sie kurze Röcke, und Männer
trinken abends Bier.

»Antakya ist eine sehr liberale Stadt«, sagt Leila, die in meinem
Hotel arbeitet. »Die Christen sind sehr stark hier.« – »Die Christ-
en?«, frage ich verwundert. Neunundneunzig Prozent der Tür-
ken sind schließlich Muslime. »Ja, ja!«, sagt sie stolz und erzählt
mir, dass sie der griechisch-orthodoxen Kirche angehöre. Leila ist
Mitte vierzig und hat dreiundzwanzig Jahre in einer Kneipe in
Böblingen gearbeitet. Sie kam zurück in die Türkei, weil ihre
Mutter, die in Antakya lebt, nicht mehr genügend Kraft hat, die
Mühen des Alters zu meistern.

Leila ist die erste türkische Christin, die ich treffe. Es gibt christliche Ägypter und christliche Araber. Aber eine christliche Türkin?

Als nach dem Ersten Weltkrieg das Osmanische Reich zusammenbrach, witterten die Griechen eine gute Chance, einen lang gehegten Traum der Nationalisten umzusetzen: die Megali Idea (Große Idee), die Vereinigung Griechenlands mit all jenen Gebieten, die einst zur griechischen Welt gehörten. Das schloss auch İstanbul und große Teile Anatoliens mit ein. Die Griechen griffen an. Drei Jahre dauerte der blutige Krieg, bis die türkischen Truppen, angeführt von Mustafa Kemal Atatürk, am 9. September 1922 die Stadt İzmir an der Westküste eroberten. Die Griechen waren geschlagen.

Atatürk gründete die türkische Republik, in der es nunmehr für die Griechen keinen Platz mehr geben sollte. Der Vertrag von Lausanne aus dem Jahr 1923 sah deshalb einen »Bevölkerungsaustausch« vor. Nach dem Zusammenbruch der Vielvölkerstaaten war das neue Ideal der Nationalstaat mit einer homogenen Bevölkerung. Das war aber alles andere als leicht zu realisieren. Wer Grieche war und wer Türke, das entschied damals nicht die Sprache, sondern die Religion. So verlangten es die Türken, die damit an die entsprechende osmanische Tradition anknüpfen wollten. Die Bevölkerung setzte sich damals aus den unterschiedlichsten Kulturen und Völkern zusammen: Griechen, Araber, Perser und Turkvölker. Türke war also derjenige, der an den Islam glaubte. Und Grieche jeder, der sich Christ nannte. In der Türkei mussten deshalb bis zu eineinhalb Millionen Christen ihre Sachen packen und nach Griechenland auswandern. Umgekehrt wurden gut dreihundertfünfzigtausend Muslime, die in Griechenland lebten, in die Türkei abgeschoben.

Natürlich lag man damit nicht immer richtig, und so mussten Menschen den Ort verlassen, in dem sie sich kulturell verwurzelt fühlten, ihre Heimat. Sechzigtausend Angehörige der türkischsprachigen, griechisch-orthodoxen Karamanlı wurden aus Anatolien hinausgeworfen. Ähnlich erging es umgekehrt den Muslimen auf der Insel Kreta, die Griechisch sprachen und in die Türkei auswandern mussten.

Doch waren längst nicht alle, die dem Koran folgten, auch willkommen. Die sogenannten Dönme haben es bis heute nicht leicht in der Türkei. Sie waren ursprünglich Juden aus Thessaloniki, deren Religionsgemeinschaft von einem Kabbalisten gegründet wurde, der sich im 17. Jahrhundert als Messias sah. Um der Bestrafung durch den Sultan zu entgehen, nahm er damals den Islam an. Seine Anhänger folgten ihm nach und gaben sich, zumindest nach außen hin, als Muslime. Manchen gelten die Dönme deshalb als heimliche Juden, die sich gegen den türkischen Staat verschworen hätten. Auch Kemal Atatürk wurde immer wieder in diese absurden Theorien einbezogen, weil er aus Thessaloniki stammte, das damals zum Osmanischen Reich gehörte.

Noch heute wird jemand, der kein Muslim ist, in der Türkei als *gayri müslim* bezeichnet, was wörtlich übersetzt schlicht Nicht-Muslim bedeutet. Darunter fallen auch die Christen, denn niemand würde von christlichen Türken sprechen. Es gibt keine genauen Zahlen darüber, wie vielen Türken heute das Kreuz näher ist als der Halbmond. Schätzungen gehen von maximal 0,2 Prozent der Bevölkerung aus, das wären um die einhundertfünfzigtausend Menschen. Die meisten von ihnen leben in der Provinz Hatay. Denn die zählte noch nicht zum Staatsgebiet der Türkei, als die beiden Staaten die Leute hin- und herschoben, sondern befand sich, wie auch Syrien und der Libanon, in der Obhut der Franzosen, so regelte es ein Abkommen nach dem Ersten Weltkrieg.

»Die alteingesessenen Kaufleute sprechen heute alle noch Arabisch«, erzählt mir Leila. Sie hat im Hotel Liwan Arbeit gefunden. *Liwan* ist kein türkisches Wort, das verrät mir der Buchstabe W, den es im Türkischen nicht gibt. »Das ist Arabisch. Damit bezeichnet man eine Eingangshalle«, erklärt sie. Bei ihr zu Hause war Türkisch verpönt, ihre Mutter kann bis heute nur ein paar Wörter. Leila lernte es erst in der Schule. Wie viele Christen in Hatay leben, weiß niemand so genau. »Sicher zehntausend«, meint Leila. Etwas mehr als eintausend, schätzen Experten.

Zumindest vertragen sich die Christen untereinander gut, wie mir Leila beteuert. Das ist nicht selbstverständlich, zumal es drei starrköpfige Fraktionen gibt: die strenggläubigen Orthodoxen, die nicht weniger frommen Katholiken und die evangelische Freikirche der Mennoniten, deren Gemeinde vor ein paar Jahren von einer koreanischen Familie gegründet wurde. Ostern feiern sie meistens gemeinsam. Der Gottesdienst beginnt dann schon morgens, um fünf Uhr in der Frühe. Schließlich sei Jesus auch so früh in den Himmel gestiegen, will mir Leila weismachen. Anschließend machen die Gläubigen ein Feuer, schenken sich Ostereier, trinken ein Glas Wein und essen zusammen.

Tatsächlich gellt es hier aus den Lautsprechern und bimmeln die Glocken in einem Stakkato, das ich sonst nur aus Jerusalem kenne. Ich laufe entlang des berühmten Orontes, der Antakya zweiteilt. Der Fluss hat eine eklige, rostbraune Farbe. »Die Syrer sind daran schuld«, erklärte man mir in einem Teehaus. »Deren Olivenöl-Industrie hat das Wasser verschmutzt.« Seit 2009 arbeiten die Experten des Ministeriums für Umwelt und Forst daran, den Orontes zu retten, denn er liegt gewissermaßen schon im Koma und kann sich aus eigener Kraft nicht mehr reinigen. In der Türkei heißt der Fluss Asi Nehri, was so viel bedeutet wie Rebellischer Fluss. Diesen Namen trägt er zum einen, weil er eine wilde Strömung aufweist, und zum anderen, weil er vom libanesischen Bekaa-Tal über Syrien ins türkische Mittelmeer fließt – also von Süden nach Norden, was in diesem Teil der Welt ungewöhnlich ist. Die Einheimischen nennen ihn deshalb auch »den verkehrt fließenden Fluss«.

Ich spaziere am Ufer entlang, es ist Frühling und sommerlich warm, wie ich finde. In der Stadtmitte wachsen ein paar Palmen,

die angestaubt sind. Ich schlendere über den Markt und bleibe
bei einem Verkäufer stehen, der Kisten mit Lederwaren aufgesta-
pelt hat. »Hakiki deri«, echtes Leder, steht auf kleinen Zettel-
chen, die an den Produkten haften. Der Verkäufer will es mir beweisen. Er zieht ein Feuerzeug aus seiner Hosentasche und fährt
in Zeitlupe mit der Flamme über das Leder. »Brennt nicht, alles
echt!«, sagt er. Im Laden gegenüber hängen Dutzende Lamm-
würste im Schaufenster. Daneben verkauft jemand Kupferkänn-
chen, um türkischen Kaffee zu kochen.

Die Nähe zu Syrien spüre ich auch hier. Ab und zu brüllt ein
Verkäufer ein paar Worte auf Arabisch durch die Gassen. Stapel-
weise sehe ich Schwarztee der Marke Layalina, die in Syrien abge-
packt wurde und billiger ist als der türkische Tee aus der Schwarz-
meer-Region. Auch das Essen in Antakya erinnert mich an die
arabische Küche. Zum Frühstück bekam ich *satar,* ein Gewürz,
das hauptsächlich aus Thymian, Sumach und Sesam besteht. Man
mischt es mit Olivenöl und tunkt Fladenbrot darin ein. Ich kenne
es sonst nur aus Syrien, dem Libanon und vor allem aus Palästina,
wo den Kindern gerne erzählt wird, sie seien deshalb so gesund
und klug, weil sie viel Thymian essen – was als natürliches Anti-
biotikum gilt. Auch die anderen Köstlichkeiten, die ich frühmorgens zu mir nehme, sind anders als sonst. Es gibt orangefarbenen
Käse aus Schafsmilch und *kekik,* einen köstlichen Salat aus wildem
Thymian und frischer Petersilie, Zwiebeln und etwas Knoblauch.

Die Spezialität der Region ist *künefe,* das wohl ursprünglich aus
Palästina stammt und das die Araber als *kanafe* kennen. Es ist eine
leckere Süßspeise, die nahrhafter ist als ein Wiener Schnitzel mit
Pommes. Ein Stück davon ist eine Belastungsprobe für die Bauch-
speicheldrüse, die kaum mit der Insulinausschüttung nach-
kommt, um den Zuckerspiegel zu senken. In Antakya, so sagt es
mir jedenfalls mein Auge, gibt es mehr *künefe*-Läden als Apotheken, und Apotheken findet man in türkischen Städten so gut wie
alle zweihundert Meter. In der Nähe der Ulu Camii, der wichtigs-

ten Moschee der Stadt, reihen sich die Verkäufer regelrecht aneinander. Ich gehe ins Bizim Künefeci, einen kleinen Laden, der zur
Hälfte aus einer Küche besteht. Hinter dem Tresen kocht Ragıp
das *künefe* für mich. »Haben Sie Zeit? Dann mache ich es frisch«,
sagt er. Es ist ein Angebot, das ich nicht ausschlagen möchte.

Ragıp wirft Teigfäden, sogenanntes Engelshaar, in eine Pfanne, frittiert sie in Butter und streut weißen Käse darauf. Danach
kommt noch einmal eine Ladung Teigfäden dazu. Ragıp dreht
nun alles in der Pfanne um, frittiert die andere Seite und schiebt
das süße Sandwich in den Ofen. Zwanzig Minuten später ist die
Kalorienbombe fertig. Es fehlen noch zerkleinerte Pistazien und
jede Menge heißer Zuckersirup, der in einem großen Topf vor
sich hin köchelt. Kaum habe ich ein Stück probiert und den Koch
gelobt, kommt der Kellner vorbei und schöpft noch einmal eine
Kelle Sirup darüber. »Schmeckt doch gleich viel besser so«, sagt er.

Am nächsten Morgen mache ich mich auf den Weg zum katholischen Pfarrer. Hinter einer Moschee in der Kurtuluş-Straße liegt
die Kirche versteckt in einem eingemauerten Hinterhof. Ich wäre
fast daran vorbeigelaufen, weil ich nach einem Glockenturm Aus-
schau hielt, den es aber nicht gibt. Den Eingang schützt eine
schwere Eisentür, die jetzt, um acht Uhr morgens, einen Spalt of-
fensteht. Im Innenhof hängen reife Orangen an den Bäumen. Der
Pfarrer kehrt die Blätter zusammen. »Darf ich Ihnen helfen?«, frage ich ihn zur Begrüßung. Er ist misstrauisch und möchte wissen,
in welchem Hotel ich wohne. Als er hört, dass ich aus einem der
katholischen Kernländer stamme, lächelt er, und wir unterhalten
uns. »Um die achtzig Katholiken gibt es hier«, erzählt der Pfarrer.
Die Zahl bleibe recht konstant, denn Taufen und Beerdigungen
hielten sich die Waage.

Domenico Bertogli ist in der norditalienischen Provinz Emilia
Romagna aufgewachsen. Er studierte Theologie und trat dem
Bettelorden der Kapuziner bei, der den Lehren des heiligen Franz
von Assisi folgt. Seit fast fünfzig Jahren lebt Bertogli nun in der

Türkei, mehr als die Hälfte davon hat er in Antakya verbracht. Der Pfarrer spricht fließend Türkisch und sehr gutes Englisch.

»Die Messe beginnt um 8.30 Uhr. Lassen Sie uns reingehen«, sagt er und lässt mir damit wenig Spielraum, sein Angebot auszuschlagen. Die Kirche ist nicht viel mehr als ein Raum mit einem Altar und ein paar Stühlen, hinten steht ein kleines Sofa, für besondere Feste. Der Pfarrer zieht die Jacke aus und streift sich sein Priestergewand über. Er öffnet einen Schrank und drückt auf eine Taste – die Glocken läuten. Ein alter Mann, der kaum noch Haare auf dem Kopf hat, schleppt sich herein, keuchend und gebückt, und setzt sich neben mich. Später kommt eine deutlich jüngere Frau mit Brille hinzu, die ich auf Mitte dreißig schätze und die bei der Caritas arbeitet. Sie liest die Fürbitten und ist die einzige weibliche Stimme des Chors, der aus ihr, mir, Hochwürden und dem alten, keuchenden Mann besteht.

Als ich anfangs auf dem Stuhl sitzen bleibe, schaut mich der alte Mann streng an. Wir stehen auf. Der Pfarrer hält die Messe auf Türkisch. Ich fühle mich so wie die Gläubigen im Mittelalter, die in der Messe kein Wort verstanden, weil sie auf Latein gelesen wurde. Er hatte mich schon vorgewarnt, denn würde er in einer anderen Sprache predigen, »würde gar niemand kommen.« Zur Eucharistie knien wir uns auf den Teppichboden. Der Pfarrer tränkt meine Hostie regelrecht mit Weißwein und legt sie anschließend direkt auf meine Zunge.

Nach vierzig Minuten ist die Messe zu Ende. Der Pfarrer unterhält sich mit mir im Hof. Im Sommer hätten ihn einhundertachtundzwanzig Gruppen besucht. Antakya sei schließlich ein wichtiger Pilgerort. »In Jerusalem haben die Gläubigen die Botschaft Gottes empfangen. In Antiochia wurde das Christentum dann geboren«, erklärt er mir. »Und was ist mit Rom?«, frage ich. Er schaut mich etwas überrascht an: »Dort ist es erwachsen geworden.«

Die Geschichte der Christen in Antakya hatte zwar hoffnungsvoll begonnen, doch nach der islamischen Übernahme und

der Niederlage der Kreuzfahrer folgten bittere Jahre. Der christliche Glaube kam zum Erliegen. Erst sieben Jahrhunderte später,
im Jahr 1846, zog erstmals wieder ein Priester nach Antakya, ein
Kapuzinermönch aus dem italienischen Parma, der eine Kapelle
eröffnete und eine kleine Schule. Am Morgen des 12. Mai 1851 er-
mordeten ihn zwei junge Männer mit einem Schnitt durch die
Kehle. Ein Jahr später kamen französische Mönche in die Stadt.
Der Sultan hatte ihnen die Erlaubnis erteilt, eine Kirche für Katholiken zu bauen. Das ging so lange gut, bis die Provinz Hatay
1939 zum türkischen Staatsgebiet wurde. Die Prediger mussten
ihr Gotteshaus daraufhin verlassen.

In den Siebzigerjahren startete die katholische Kirche eine
neue Mission. Sie entsandte einen Priester, der ein Grundstück für
ein Gotteshaus kaufte. Kaum hatten die Bauarbeiten für das
Kirchlein begonnen, wurde das Areal konfisziert. Der Priester zog
daraufhin in ein Haus im ehemaligen Judenviertel, jener Gegend,
in der heute die Kirche steht. Er erwarb es für dreißigtausend
US-Dollar und baute es zu einem Gästehaus aus. Bis heute kann
man hier für wenig Geld in einfachen Zimmern übernachten.

Auch die Caritas zog nach Antakya, »denn die ist schließlich
auch hier entstanden«, erzählt mir der Pfarrer. »Als im damaligen
Jerusalem eine Hungersnot ausbrach, sammelten Paulus und
Barnabas in Antakya für die Notleidenden und überbrachten ihnen die Spenden.« Die Caritas in Antakya hilft christlichen und
muslimischen Frauen, die von ihren Ehemännern verlassen wurden und keine anderen Angehörigen haben. »Ecke der Hoffnung«
nennen sie den Laden, in dem die Frauen ihre Strickereien, Häkel-
arbeiten, Rosenkränze und Marmeladen verkaufen, um sich ein
Taschengeld zu verdienen.

In einem Glaskasten hängen Bilder, die den Pfarrer mit Papst
Benedikt zeigen, und eines mit dem türkischen Präsidenten Ab-
dullah Gül, der bei ihm zu Besuch war. Probleme mit den hiesigen
Muslimen gebe es selten, zumal die meisten von ihnen Anhänger

der arabischen Alawiten seien, der Nusairier. Die haben den Ruf, nicht besonders streng zu sein. Der Pfarrer bemüht sich um gute Beziehungen und erlaubt es seinen Nachbarn sogar, den Garten für Feiern zu nutzen. »Trotzdem hat es einige Jahre gedauert, die Genehmigungen zu bekommen, um eine Kirche bauen zu dürfen«, seufzt er. Katholiken sind in der Türkei nämlich nicht als Minderheit anerkannt, als solche gelten offiziell nur einige christlich-orthodoxe sowie jüdische Gemeinden. So jedenfalls legen die Behörden den Vertrag von Lausanne aus. Die katholische Kirche ist somit ohne Rechtsstatus, wird aber toleriert, was im praktischen Leben bedeutet, dass es schwierig für die Kirche ist, Eigentum zu erwerben oder Arbeitsgenehmigungen für religiöses Personal zu bekommen. Die Ersuchen des Vatikans, die katholische Kirche rechtlich gleichzustellen, wurden von der türkischen Regierung stets abgelehnt, zuletzt im Januar 2011.

Doch auch das politische Klima ist ungemütlicher geworden. Am 3. Juni 2010 wurde in İskenderun, keine Autostunde von Antakya entfernt, der Vorsitzende der türkischen Bischofskonferenz vor seinem Haus erstochen und mit einem Obstmesser enthauptet. Der Täter, ein fünfundzwanzigjähriger Einheimischer, arbeitete als Chauffeur und Leibwächter des Bischofs und soll unter Depressionen gelitten haben, berichteten später Zeugen und Behörden. Zunächst hieß es, der geheime Tiefe Staat habe den Mord orchestriert. Schlussendlich sagte der Täter beim Prozess aus, dass der dreiundsechzig Jahre alte Geistliche Sex von ihm gefordert hätte. Dafür gab es zwar keinerlei Beweise. Trotzdem senkte der Richter daraufhin die Strafe. Der Täter musste fünfzehn Jahre ins Gefängnis.

Auf dem Weg zurück ins Hotel laufe ich an einer kleinen Bibliothek vorbei, keine dreihundert Meter von der katholischen Kirche entfernt. Buchläden muss man in der Türkei meistens suchen. In Antakya aber sehe ich viele Geschäfte, die Bücher verkaufen oder verleihen. Meistens ist es so, dass man dort auch ein

Glas Tee oder einen Kaffee trinken kann und junge Leute trifft, die abhängen und diskutieren. In dem Laden, vor dem ich jetzt stehe, sitzen vier Männer an zwei Schachbrettern. Ich habe als Jugendlicher mehr Zeit im Schachklub verbracht als in der Schule.

Ich betrete das Café, das kaum größer ist als ein kleines Wohnzimmer. In den Bücherregalen sehe ich Elias Canettis »Die Stimmen von Marrakesch«, eine Sammlung von Nietzsche und eine Schrift eines unbekannten Autors, der wohl kein Freund der Ehe war: »Marriage is a bad habit«. Der Inhaber des Büchercafés lernt gerade arabische Grammatik und bietet mir einen türkischen Kaffee an. Mitten im Raum stehen zwei Tische. Die beiden Schachspieler Ilhan und Silah grübeln über einer Stellung aus der Caro-Kann-Eröffnung. Silah trägt einen Bart und hat sich am Handgelenk verletzt. Doch seine schwarze Binde hält ihn nicht davon ab, eine Drei-Minuten-Partie zu spielen. Ilhan, sein Gegner, hat eine Kapuze über den Kopf gezogen.

Ich frage, ob ich den Sieger herausfordern dürfe. Jetzt werden die beiden neugierig und wollen wissen, was mich hierher treibt. Ilhan erzählt, dass er froh sei, dass Antakya weit weg von Ankara liege, weit weg vom Regierungssitz. »Wir konnten deshalb unsere eigene Kultur erhalten«, sagt er. »Der Bürgermeister ist Kemalist und achtet darauf, dass die Religion nicht überhand nimmt. Das ist gut.« Linke Parteien sind in der Stadt sehr präsent, das war mir beim Spazierengehen aufgefallen, die Partei für Sozialistische Neugründung (SYKP), die Kommunisten (TKP) und auch die sozialistische Arbeiterpartei (İP) haben Büros hier.

»Wir leben hier Toleranz«, sagt Ilhan, »darauf sind die Leute stolz.« Er erzählt mir, dass im Jahr 638 die angeblich erste Moschee Anatoliens in Antakya gebaut wurde. Sie trägt heute den Namen eines Märtyrers: Habib-i Neccar, der Zimmermann war und sein Geld mit dem Schnitzen von Götzenbildern verdiente. Als die ersten Apostel nach Antiochia kamen und ihm von Jesus erzählten, glaubte er ihnen. Manche sehen in ihm deshalb den ers-

ten christlichen Konvertiten. Später wurde er von den Heiden ge-
köpft. Habib-i Neccar gilt aber auch den Muslimen als heilig und
wird in der Koransure »Ya-Sin« erwähnt, so wollen sie manche
Gläubige verstehen.

Ilhan erzählt mir das, während er die Figuren für die neue Par-
tie auf das Schachbrett stellt. Bevor er zieht, schaut er mich an:
»Kennst du noch einen anderen Ort auf der Welt, wo eine Moschee nach einem christlichen Heiligen benannt ist?«

Er stellt seinen Bauern auf das Feld e4 – und drückt die Uhr.

Kapitel

11

Vakıflı, 130 Meter

Das Meer ist von hier oben kaum zu erkennen; es ist so aufgewühlt, dass die Wellen es weiß färben. Dunkle Gewitterwolken ziehen auf uns zu. Eine große Mülltonne aus Metall poltert über die Straße. Plastiktüten fliegen in Zirkeln durch die Luft wie andernorts Blütenpollen im Juni. Ich versuche, aus dem Auto auszusteigen, und bekomme die Tür fast nicht auf. Der Wind drückt sie zu.

Vor mir in der Ferne steht ein verschneiter Berg. Der Prophet Jesaja nannte ihn im Alten Testament ehrfürchtig den »Berg der Götterversammlung«. Die Bewohner von Ugarit, einem Stadtstaat und wichtigen Handelszentrum in der Bronzezeit, berichten, dass der Wettergott Ba'alu auf dem 1736 Meter hohen Gipfel beigesetzt wurde, nachdem ihn der Totengott Motu getötet hatte. Kılıç Dağı heißt er auf den Landkarten. Für die Einheimischen ist der Berg aber nur der Keldağ, erklärt mir mein Fahrer Oktay, was genau dasselbe bedeutet wie der Name, den die Araber für ihn haben: Jabal Al-Aqra. Oktay zeigt mit einem Finger auf seine Halbglatze. »Weil da oben nichts wächst«, sagt er und lächelt verschmitzt: »Kel und Aqra bedeuten kahl.«

»Können wir da hoch?«, frage ich Oktay. »Gott bewahre!«, fährt er mich entsetzt an. Früher sei er oft auf dem Gipfel gewesen. »Heute aber sind dort die Radaranlagen des türkischen Militärs! Egal, was die Syrer auch machen, wir wissen es.« Hinter dem Berg liegt nämlich der Feind. Ich bin schließlich in der südlichsten Region des Landes unterwegs, in der Gegend um Samandağ, der einstigen römischen Hafenstadt Seleukia Pieria. Hier beginnt die 1174 Kilometer lange Grenze, die das Türkische vom Arabischen trennt. Als ich im Hotel ankam, machte der Mann an der Rezeption eine Kopie von meinem Reisepass und faxte sie an die lokale Polizeiwache. Anschließend schmierte er mit einem Kugelschreiber auf der Kopie wild herum. »Damit sie ungültig ist«, erklärte er mir. »Neuerdings sind hier komische Leute unterwegs.«

Vierzig Kilometer Luftlinie trennen den glatzköpfigen Kılıç-Berg von einem Felsmassiv gegenüber, an dessen Hängen wir nun stehen. Es ist der Musa Dağı, der Mosesberg, der seit dem Sommer 1915 mit einem hässlichen Wort verbunden ist: Genozid. Viertausend armenische Frauen und Männer flüchteten damals mit ihren Kindern auf den Berg, um dem Tod zu entgehen. Sie errichteten Steinwälle und hissten eine selbst genähte Rotkreuz-Flagge auf dem 1355 Meter hohen Gipfel, in der Hoffnung, dass jemand ihre Not sieht und sie vor den türkischen Häschern rettet.

Die Geschichte ist traurig, aber sie ist auch schön, weil sie ein kleines Happy End hat. Denn französische Kriegsschiffe gingen an Land, retteten die Menschen und brachten sie nach Ägypten, nach dreiundfünfzig Tagen und Nächten der Todesangst auf dem Berg. Der Erste Weltkrieg war damals längst zu einem Flächenbrand geworden. Die Franzosen kämpften mit den Briten zusammen gegen das Osmanische Reich, das sich mit Deutschland und Österreich-Ungarn verbündet hatte.

Vierzehn Jahre später reiste der Prager Schriftsteller Franz Werfel durch den Nahen Osten. Begleitet wurde er von seiner Ehefrau Alma, einer Wienerin, die damals den Ruf einer Femme fatale hatte, war sie doch zuvor mit dem Komponisten Gustav Mahler, dem Architekten Walter Gropius und dem Maler Oskar Kokoschka liiert gewesen. Als das Ehepaar eine Teppichweberei in Damaskus besuchte, fielen Franz Werfel die vielen ausgehungerten Kinder auf, die dort arbeiteten. Alma Mahler erinnnert sich in ihrer Autobiografie an diese Situation und zitiert den Fabrikbesitzer: »Ach, diese armen Geschöpfe, die klaube ich auf der Straße auf und gebe ihnen zehn Piaster pro Tag, damit sie nicht verhungern. Es sind die Kinder der von den Türken erschlagenen Armenier.« Tief betroffen recherchierte Franz Werfel weiter, sammelte Notizen und Aufzeichnungen über das armenische Volk, das sich gegen die totale Vernichtung zur Wehr gesetzt hatte, und verpackte die Tragödie in einem fast tausendseitigen Roman, den er »Die vierzig Tage des Musa Dagh« nannte. Das Buch erschien im November 1933 in Deutschland. Es war das Jahr, in dem die Nazis die ›Aktion wider den undeutschen Geist‹ gestartet hatten – und die Bücher Werfels, der Jude war, öffentlich verbrannten.

Ich besuche Vakıflı, das letzte armenische Dorf in der Türkei. Die Straße führt an einem Hang entlang. Sie ist schmal, und die Kurven haben die Form einer Haarnadel, aber immerhin wurde der Weg mit gutem Asphalt überzogen. Oktay sagt mir, dass er vor einigen Jahren zum ersten Mal von Franz Werfel gehört habe. »Silvester Stallone wollte das Buch verfilmen«, erzählt er. »Der Rambo-Stallone?«, frage ich erstaunt.

Tatsächlich hatte der Schauspieler im Dezember 2006 einem Journalisten der Zeitung »The Denver Post« gesagt, dass er »ein Epos über die völlige Vernichtung einer Zivilisation« drehen wolle. Sogar die Schlussszene hatte er sich schon ausgemalt: »Die französischen Schiffe kommen, sie haben die Leitern herabgelassen, alle sind hochgeklettert. Das Schiff fährt davon. Der Held, der die Rettung organisiert hat, ist eingeschlafen, hinter einem Felsen auf dem Hang. Die Kamera fährt zurück, das Schiff und das Meer sind auf der einen Seite, und da ist eine einsame Figur oben auf der Spitze des Berges, während auf der anderen Seite Tausende von Türken den Berg hochkommen.«

Aus dem Film ist nie etwas geworden. Metro-Goldwyn-Mayer, immerhin eine der mächtigsten Filmfirmen der Welt, hatte die Dramatik des Stoffs schon 1934 erkannt und sich die Rechte an Werfels Buch gesichert. Doch egal, wer sich der Verfilmung des Heldenstücks annahm – stets wurde er von höchster türkischer Ebene ausgebremst. Bislang gibt es über das Drama auf dem Mosesberg nur Dokumentarfilme und eine Billigproduktion aus dem Jahr 1982, die bei den Filmkritikern durchfiel.

Durch die Windschutzscheibe sehe ich Orangenhaine und Olivenbäume. Die Schafe, die hier grasen, sehen zufrieden aus. Es ist eine verträumte Gegend, grün und leise. Ich tue mich schwer mit der Vorstellung, dass hinter den Bergen der syrische Bürgerkrieg alles Leben zerstört. Schon früher wussten die Menschen diese Landschaft zu schätzen. Oktay erzählt mir von den Styliten: Mönche, die in völliger Abgeschiedenheit leben wollten, um ganz nah bei Gott zu sein. Die Ägypter gingen dafür in die Wüste. Die aber gab es hier nicht.

»Der Stylit kletterte deshalb einfach auf eine Säule«, erklärt mir Oktay. Das Konzept wurde in Syrien entwickelt. Dort stiegen schon lange vor dem Christentum Menschen auf Säulen, um ihre Götter anzurufen. Die Christen entwickelten diese Idee weiter und verbanden sie mit anderen Idealen: Einsamkeit und Askese. Die Säulen waren meistens höher als drei Meter und endeten mit kleinen Plattformen, damit sich die Mönche auch ein paar Stunden ausruhen konnten, ohne herunterzufallen. Dort oben waren sie Sonne, Wind und Regen ausgesetzt, denn es gab kein Dach, das sie schützte. Essen und die Kommunion wurden ihnen über eine Leiter geliefert. Manche Geistliche waren so vertieft in ihre Beziehung zu Gott, dass sie ihren Hort nur zu besonderen Anlässen verließen: bei Angriffen und zu ihrer Weihe zum Bischof.

Der heilige Symeon brachte den Brauch im 5. Jahrhundert in diese Gegend im Süden der Türkei. Sein Sohn, der denselben Namen trug, sodass die Kirchengeschichte heute Symeon den Älteren und Symeon den Jüngeren unterscheidet, folgte ihm nach und soll im Alter von sechs oder sieben Jahren erstmals einen Sockel bestiegen haben. »Ein Teil dieser Säule liegt heute noch hier herum«, sagt Oktay. »Vom großen Kloster aber ist fast nichts mehr übrig.« Beide Symeons, der Ältere wie der Jüngere, gelten in der orthodoxen Kirche als Säulenheilige.

Oktay parkt das Auto am Straßenrand. Wir sind in Vakıflı angekommen. Das Kirchtürmlein mit dem Kreuz ist gewissermaßen das Erkennungszeichen, denn ansonsten hätte ich nicht gemerkt, dass wir in einem armenischen Dorf sind. Die Wege und Wiesen sind besonders sauber, in einem Garten steht eine alte Mühle mit Mahlstein, und es gibt so viele Holzbänke zum Verweilen, dass mindestens eine Busladung Pilger darauf Platz hätte. Das Wichtigste jedoch, Menschen, sieht man hier selten. Das letzte armenische Dorf ist nicht viel mehr als ein Museumsdorf – nur leider ohne Museum, denn ein Ort des Gedenkens an die Katastrophe haben die Türken nicht zugelassen.

Wir laufen zur Kirche. Sie ist Teil des U-förmigen Gemeindehauses, das aus hellem Stein gebaut und von einem roten Ziegeldach geschützt ist. Eine Frau begrüßt uns und schließt die Kirchentür auf. Viel zu sehen gibt es nicht: helle Holzbänke, drei Teppiche, vier Lampen, zwei Klimaanlagen und an der Wand ein Bild der heiligen Maria, die bei den armenischen Christen besonders verehrt wird. Ein Metallzaun vor dem Altar trennt den Priester von den Gläubigen.

Vor fünfzehn Jahren lebten in Vakıflı noch fast einhundertfünfzig Armenier. Heute sind es kaum mehr als einhundert. »Die

Leute ziehen weg, weil es hier nichts gibt, und die, die kommen, bauen ein neues Haus und kommen nur, wenn es im Sommer in İstanbul zu heiß wird«, sagt uns die Frau. Das Dorf sei völlig überaltert. Auf dem Friedhof gebe es ständig frische Gräber. Die Kirche werde fast nur noch für Beerdigungen gebraucht und nur selten für eine Taufe. »Ich kann mich auch nicht erinnern, wann wir hier die letzte Hochzeit hatten«, sagt sie. »Die jungen Leute gehen zum Studieren weg und bleiben für immer fort.«

Vor ein paar Jahren fingen die Bauern an, es mit Ökoprodukten zu versuchen. Sie verkaufen seitdem Bio-Orangen, Granatapfelsirup und selbst gemachte Marmelade aus Auberginen, Aprikosen, Pflaumen, Walnüssen und Brombeeren, doch das Geld reicht meistens nicht einmal für das Nötigste. Überleben können die Familien nur, weil fast jede hier jemanden im Ausland hat, der hilft. Auch mit dem Tourismus will es nicht so recht klappen. Es gibt zwar einige nette Pensionen im Dorf, doch die Anreise ist mühsam, man braucht ein Auto, »und die Bustouristen kaufen sowieso nichts.« Außerdem gebe es immer wieder Versuche von der Regierung, Vakıflı den Dorfstatus zu nehmen und es woanders einzugliedern. »Wenn das durchginge, gäbe es kein armenisches Dorf mehr in der Türkei«, klagt die Frau.

Es ist jetzt Mittagszeit an diesem Dienstag im Februar, und Vakıflı wirkt wie ausgestorben. Das Café hat zu. Die Frau bietet uns netterweise ein Glas Tee an. Wir setzen uns in ihr Büro. Sie erzählt mir, dass es niemanden mehr gebe, der die Katastrophe damals, im Jahr 1915, miterlebt habe. »Avedis war der letzte«, sagt sie mit trauriger Stimme. »Er war damals ein kleines Kind und wurde gerettet. Vor wenigen Monaten hat ihn der Herr zu sich geholt.« Avedis wurde einhundert Jahre alt.

Die meisten Armenier, die damals auf den Mosesberg geflüchtet waren, kehrten nach dem Krieg in ihre Dörfer zurück. Die Region wurde zunächst von den Franzosen verwaltet, und mit den meisten Einheimischen, die arabische Christen oder arabische

Alawiten waren, kamen sie gut aus. Dann aber brach der Zweite
Weltkrieg aus. Die Franzosen befürchteten, dass die Türken den
Nazis helfen könnten. Sie gaben die Provinz Hatay an die Türkei
zurück, als kleine Gefälligkeit, damit sie es nicht tun. Die Armenier mussten nun wieder um ihr Leben fürchten. Viele flohen in
den Libanon, in die Bekaa-Ebene sechzig Kilometer östlich von
Beirut. Hier in der Nachbarschaft des alten, für seine frühislami-
sche Stadtanlage bekannten Anjar, errichteten sie das neue Anjar,
dessen sechs Ortsteile nach den armenischen Dörfern rund um
den Musa Dağı benannt sind. Nur in Vakıflı entschieden sich ein
paar armenische Familien, in ihrem Heimatdorf zu bleiben.

»Aber inzwischen sind auch wir türkisch«, seufzt die Frau. Die
Kinder müssen im Nachbardorf zur Schule gehen. Dort lernen sie
die türkische Sprache, die türkische Geschichte, die türkische
Kultur. Auch der Name des Dorfes, Vakıflı, ist türkisch. Ich frage die Frau nach dem Film mit Stallone. »Unser Bürgermeister
fand die Idee nicht gut«, sagt sie. »Das hätte nur wieder alles aufgewühlt und das gute Verhältnis zu unseren Nachbardörfern zerstört.« Auch die türkische Presse hatte damals prompt reagiert.
Eine Zeitung bezichtigte Stallone, ein Mitglied der Asala zu sein,
jener armenischen Terrorgruppe also, die in den Siebziger- und
Achtzigerjahren vor allem in Wien, Paris und Rom nach türkischen Diplomaten suchte, um sie zu exekutieren. Am Ende zog
sich die Blutspur fast durch die ganze Welt: einhundertzehn Anschläge, vierundsechzig Tote, dreihundert Verletzte.

Besonders erregt über Stallones Idee war der Verein zur Be-
kämpfung der unwahren Völkermord-Behauptungen. Dessen
Vorsitzender, der an der Atatürk-Universität in Erzurum Geschichte lehrt, riet dem Schauspieler, er solle doch mal das Museum in seiner Heimatstadt besuchen, um die Wahrheit darüber zu
erfahren, wie das damals mit den Armeniern gewesen wäre. In Erzurum gibt es eine Ausstellung, die sich »Erkenntnisse aus den
Massakern« nennt. Zu sehen sind Funde, die beweisen sollen, dass

es die Armenier waren, die mit der Gewalt anfingen, dass sie angeblich besonders brutal waren und die Opfer am Ende in Mas-
sengräbern verscharrten. Das mag durchaus stimmen. Warum
aber zwischen dreihunderttausend und 1,4 Millionen Armenier
sterben mussten, wird im Museum nicht erklärt – und dass viele
von ihnen auf den Todesmärschen nach Syrien an Hunger und
Durst starben, wird komplett verschwiegen.

Die türkische Sicht sieht, grob gesagt, so aus: Ja, es gab Tote, aber
keinen Völkermord. Anfang des 20. Jahrhunderts lebten die meisten
Armenier in den großen Städten und in Ostanatolien. Im Osmanischen Reich galten sie lange Zeit als loyal und vertrauenswürdig, eine
christliche Minderheit mit besonderem Ruf: geschäftstüchtig, gebil-
det und einflussreich, da sie an den wichtigen Schaltstellen saß. Armenier arbeiteten als Juristen, Beamte, Ärzte und Politiker.

Die Türken hingegen waren diejenigen, die über ein Großreich
herrschten und deren Soldaten in der ganzen Welt gefürchtet waren. Diese Rollenverteilung funktionierte recht gut, solange es dem
Osmanischen Reich gut ging. Doch als daraus der Kranke Mann
am Bosporus wurde, kam es zu Neid, Eifersucht und Missgunst.
Verbissene Nationalisten, die immer zahlreicher und damit mächtiger wurden, träumten von einem homogenen, türkischen Großreich. Systematisch umgesetzt wurde der Plan schließlich während
des Ersten Weltkriegs. Am 25. Februar 1915 ließ der Kriegsminister
alle armenischen Soldaten entwaffnen und schickte sie in Arbeits-
lager. Im März begannen die ersten Deportationen aus den Dörfern
im Süden und Osten. Am 24. April 1915 wurden in İstanbul, das damals offiziell noch Konstantinopel hieß, mehr als zweihundert
Geistliche, Ärzte, Journalisten, Anwälte, Lehrer und Politiker festgenommen, die zur armenischen Gemeinde gehörten. Viele von ihnen wurden später hingerichtet. Der Tag gilt als offizieller Auftakt
des Völkermords.

Wehe dem aber, der den Genozid beim Namen nennt. Noch
kein US-Präsident hat sich das bislang getraut. Im Oktober 2007

kam es zu einem diplomatischen Showdown zwischen der Türkei und den USA, als der Kongress einer Resolution zustimmte, die das, was damals im Osmanischen Reich geschehen war, als Völkermord bezeichnete. Selbst US-Präsident George W. Bush stellte sich auf die Seite der Türken und sagte, dass »diese Passage den Beziehungen zu einem der wichtigsten Verbündeten in der NATO und im globalen Krieg gegen den Terror schadet«. Auch Barack Obama wagte es bislang nicht, das G-Wort auszusprechen, und löste es auf seine Weise: Beim alljährlichen Gedenktag am 24. April wählte er den armenischen Begriff *meds yeghern*. Er bedeutet große Katastrophe.

Die Deutschen, die sich gerne mit dem Attribut geschichtsbewusst schmücken, werden auch nicht deutlicher als ihre transatlantischen Freunde. Als die Partei Die Linke im Februar 2010 von der Bundesregierung wissen wollte, ob es sich bei den Massakern an den Armeniern um einen Völkermord gemäß der UN-Konvention handele, war die Antwort ausweichend: »Die Bundesregierung begrüßt alle Initiativen, die der weiteren Aufarbeitung der geschichtlichen Ereignisse von 1915/16 dienen. Eine Bewertung der Ergebnisse dieser Forschungen sollte Wissenschaftlerinnen/Wissenschaftlern vorbehalten bleiben.« Zweiundzwanzig Staaten sehen das anders und bezeichnen die Massaker als Genozid, darunter Frankreich, Italien, die Niederlande, Schweden, Russland und die Schweiz.

Auch Oktay will darüber nicht wirklich reden. Er weicht dem Thema aus: »Die Leute hier sind eigentlich sehr offen für andere Kulturen, denn sie mussten immer zusammenhalten.« Der Staat habe sich nie um sie gekümmert. »Wir wurden vergessen. Hier gab es keine Fabriken und keine Jobs. Also zogen viele weg, nach Deutschland, nach Japan, nach Frankreich, die meisten eröffneten Restaurants. Kochen, das können die Leute hier.«

Oktay wohnt in einem Dorf, zehn Kilometer von Antakya entfernt. İzmir am Mittelmeer ist die einzige große Stadt, in der er einmal war. İstanbul kennt er nur aus dem Fernsehen. Oktay fährt

täglich mit dem Minibus zur Arbeit. Ein Hotel in Antakya hat ihn
als Fahrer angestellt, dafür bekommt er achthundert Lira im Monat. Für eine Familie mit zwei Kindern reicht das zum Überleben.
»Das ist das Problem der Türkei«, sagt er. »Zu viele Leute haben zu
wenig Geld.«

Er hatte es auch einmal im Ausland probiert und fuhr mit einhundertzwanzig Kilogramm Gepäck dreiunddreißig Stunden im
Bus nach Saudi-Arabien. In Riad arbeitete er in einem
Fast-Food-Restaurant. »Die Sonne war oft heißer als die Glut in
meinem Schawarma-Grill. Ich habe noch nie so viel geschwitzt in
meinem Leben«, sagt er und lacht. Er erzählt mir, dass die Saudis
mit Wasser aus dem Meer duschen, das zuvor entsalzt wurde. »In
der Türkei haben wir überall Wasser«, sagt er und schaut mich fragend an: »Warum können wir das nicht einfach tauschen? Die
brauchen Wasser, wir Benzin.« Sieben Tage in der Woche stand
er am Grill, zwölf Stunden täglich. Irgendwann mochte er nicht
mehr und kehrte zurück.

Wir fahren wieder zurück ans Meer. Auf dem Weg dahin will
mir Oktay noch etwas Besonderes zeigen, einen Baum, im Dorf
Hıdırbey. Einer Legende nach soll der Prophet Moses an der Stelle seinen Stab in den Boden gesteckt haben. Wenn diese Geschichte stimmt, müsste der Baum mehrere Tausend Jahre alt
sein. »Nein, nein, meine Mutter sagte mir, der sei zweihundert
Jahre alt«, entgegnet Oktay. Türkische Forscher wollen die riesige
Platane auf neunhundert Jahre datiert haben. Der sieben Meter
hohe Baum sieht sehr krank aus. Eine grüne und rote Paste schützt
die Verletzungen am Stamm. An seinen Ästen hängen Dutzende
Wunschzettel. Der Stamm ist hohl, und ich habe darin fast ste-
hend Platz. Ich sehe ein Elektrokabel auf dem Boden. »Der wird
abends manchmal beleuchtet«, sagt Oktay. »Früher gab es im
Baum einen kleinen Friseursalon.«

Im Sommer ist der Platz ein beliebter Ausflugsort. Es gibt viele Tische und Bänke aus massivem Holz, auf denen sich gut pick-

nicken lässt, daneben ein Bächlein, in dem sich kleine Fische tummeln. Ein Spazierweg führt zum Orangenbaum-Park. Eine Ente schnattert. Neben dem Baum steht ein Brunnen, aus drei Rohren sprudelt Wasser in den Trog; »Heilwasser«, sagt mir Oktay. Den meisten Platz aber braucht ein neues Teehaus aus Stein, mit dem unpassenden Namen Kır Kahvesi: Landkaffeehaus. Die zwölf Männer, die sich auf drei Tische verteilt haben, schauen misstrauisch, aber niemand spricht uns an. In der kalten Jahreszeit kommen nur selten Fremde vorbei.

Teehäuser sind in den Dörfern eine Altherrenrunde. Die Männer sitzen stundenlang beim Tee und spielen Okey. So heißt das Spiel, das aus einhundertsechs Steinen besteht und mit Rummikub verwandt ist, das wiederum dem Kartenspiel Rommé ähnelt. Okey gehört neben dem Atatürk-Bild zum Inventar eines guten Teehauses. »Die Männer hier haben im Winter keinen Job«, erklärt mir Oktay. »Im Sommer arbeiten sie in der Landwirtschaft, und im Winter essen sie dann das, was sie geerntet haben.«

Ich sitze mit Oktay an einem Tisch am Rand. »Die Männer reden über Syrien«, sagt er. In Hatay sollen siebenundsechzigtausend Flüchtlinge leben. Die Männer im Teehaus behaupten, die Syrer nähmen den Leuten die Arbeitsplätze weg, weil sie für das halbe Geld arbeiteten. Und Huren seien hier, das sagen sie auch. Oktay mag diese Diskussionen nicht. Ihn stören andere Dinge. »Vor ein paar Tagen war ich einkaufen und habe ein paar Al-Kaida-Kämpfer gesehen«, erzählt er. »Die kommen tagsüber nach Antakya, essen und besorgen sich Geld, und abends gehen sie zum Kämpfen wieder nach Syrien.« Vor der türkischen Grenze gibt es Checkpoints, syrische Milizen, die wissen wollen, wer rübergeht. »Also wandern sie über die Berge«, sagt Oktay. »Diese Leute sind Dschihadisten und bringen eine ungute Stimmung zu uns.«

Auf dem Weg ans Meer fahren wir an Feldern vorbei, auf denen Petersilie, Minze und Zwiebeln wachsen und grüner Pfeffer, der hier besonders scharf sein soll. Wildschweine schnüffeln nach

Nahrung, und in den höheren Ebenen soll es auch noch Wölfe geben. Auf den Hügeln, die neben dem kahlköpfigen Berg liegen, sehe ich unzählige Windräder und Antennen. »Allein die NATO hat hier vier Radaranlagen auf den Gipfeln. Die haben Angst vor Syrien, aber auch vor dem Iran«, sagt Oktay.

Wir fahren auf das Meer zu. Gut einhundert Meter vor der Küste stehen keine Häuser mehr. Der Strand mit seinem schwarzen Sand ist vierundzwanzig Kilometer lang und verwaist.

Wir halten an. Noch immer hängen dunkle Wolken über dem Meer. Der Wind wirft mir die Kapuze über den Kopf. Oktay will mir hier noch etwas zeigen. Wir laufen zu einem weißen Rondell mit vielen Fenstern, aus dem in der Mitte eine Kuppel herausschaut. Es sieht ein bisschen aus wie eine futuristische Moschee, nur fehlt das Minarett. Auf diesem Platz, so die Legende, haben sich der Prophet Moses und der Prophet Hızır getroffen. Hızır heißt im Arabischen Al-Khidr. Er ist eine mystische Gestalt im Islam, der Gottesknecht, der unsichtbar unter den Menschen weilt. Vor allem arabische Alawiten pilgern hierher, um auf die Erfüllung ihrer Wünsche zu hoffen und gesegnet zu werden. Dafür ziehen sie die Schuhe aus, gehen vor den Schrein im Gebäude und beten. »Wer wenig Zeit hat, kann auch drei Mal mit dem Auto um das Gebäude fahren«, erklärt mir Oktay. »Dann soll man den Segen auch bekommen.«

Der Strand ist menschenleer. Im Sand liegen überall Plastikflaschen, Dosen und Fetzen von Klamotten. »Der Müll stammt aus Syrien«, behauptet Oktay. Seit dem Krieg funktioniere die Müllabfuhr dort überhaupt nicht mehr. »Also werfen die Leute einfach alles ins Meer«, sagt er. »Und das kommt dann einige Kilometer später bei uns an.«

Er zeigt auf einen Mann, der einen Holzkarren schiebt und einen Rechen in der Hand hält. Er trägt eine Motorradmütze zum Schutz gegen den scharfen Wind. »Der Mann sammelt den Müll jeden Tag zusammen«, sagt Oktay. »Aber über Nacht kommt immer wieder neuer Dreck.«

Sivas

Euphrat

Diyarbakır

Batman

Atatürk-
Staudamm

Tigris

Yuvacalı

SYRIEN

Teil 5

SÜDOST-
ANATOLIEN

Kapitel

12

Diyarbakır, 660 Meter

Im Flugzeug nach Diyarbakır, einer voll besetzten Boeing 737-800, saßen neun Frauen. Ich hatte mir den Spaß gemacht und sie Reihe für Reihe abgezählt, als ich zur Toilette ging. Ich war also einer von hundertundachtzig Männern, die in der Kabine saßen. Bei insgesamt 189 Sitzplätzen ergibt das ein Verhältnis von einundzwanzig zu eins.

Die Sonne steht hoch oben am Junihimmel, als ich durch die Gassen Diyarbakırs laufe und das Gefühl habe, dass das Geschlechterverhältnis dem aus dem Flugzeug ähnelt. Wieder sehe ich fast nur Männer. Die Alten sitzen im Teehaus oder auf hölzernen Hockern vor der Moschee und reden sich den Tag schön; die Jungen streunen in Gruppen durch die Gassen. Nur ab und zu läuft eine ältere Frau vorbei und schleppt ihre schweren Tüten vom Gemüsemarkt nach Hause.

Diyarbakır liegt näher an Bagdad als an İstanbul, und auch wenn das kein Kurde so sagen würde: Die Stadt hat ein bisschen von all dem, was man an arabischen Städten liebt und hasst. Kinder hüpfen vergnügt durch die Gassen, rennen mir nach und fragen mich pausenlos, wie ich heiße und woher ich komme. Hühner werden an Ort und Stelle gerupft, und Metzger hängen abgetrennte Schafsköpfe in ihre Schaufenster. Was sie zu verkaufen haben, stellen die Händler vor ihre Läden und machen damit die Gassen noch enger. Die Stadt stinkt, lärmt, nervt, fordert. Sie lebt. Die Menschen sind hilfsbereit; kaum war ich in der Stadt angekommen, sprachen mich zwei Männer an und fragten, wonach ich suche. Vielleicht waren sie auch nur neugierig. Die Taxifahrer jedenfalls wittern schnelles Geld, wenn sie einen Fremden sehen, und behaupten, der Taxameter sei kaputt; so können sie die Preise je nach Herkunft des Fahrgastes festlegen. Das Rauchverbot ist hier noch nicht angekommen, und Verkehrsregeln werden ignoriert. Außerdem telefonieren Männer so laut, als würden sie zum Nachbarn rüberrufen.

Diyarbakır wäre die Hauptstadt von Kurdistan, wenn es denn so ein Land gäbe. Dreißig Millionen Kurden leben heute über mehrere Staaten verteilt, in der Türkei, im Irak, im Iran und in Syrien. Sie sind das größte Volk der Welt, das keinen Staat hat. Einer jüdischen Legende nach sollen die Kurden von vierhundert Jungfrauen abstammen, die von Dämonen vergewaltigt wurden, als sie auf dem Weg zu König Salomons Gericht waren. Viel lieber erzählen die Kurden aber, dass der größte islamische Krieger aller Zeiten ihrem Volk entsprungen sei: Sultan Saladin, Sohn eines kurdischen Soldaten aus dem Nordirak, der im 12. Jahrhundert die Kreuzritter bezwang. Auch hört man die Kurden gerne sagen, dass sie vor den Türken hier gewesen seien – mindestens dreitausend Jahre eher, denn schon die Sumerer sprachen vom Land der Karda. Und den Islam hätten sie schon angenommen, als die Vorfahren der Türken noch Zauberpriestern folgten.

Ein fast sechs Kilometer langer Wall aus schwarzen Basaltblöcken schützte Diyarbakır vor Angriffen. Das meiste dieser Stadtbefestigung ist heute noch zu sehen, die Leute hier behaupten, dass nur die Chinesische Mauer länger sei. Orte, die jahrhundertelang eingemauert waren, haben eine besondere Atmosphäre, Jerusalem zum Beispiel, die syrische Hauptstadt Damaskus oder Fès in Marokko. Auch in Diyarbakır ist das so. Die Gebäude stehen dicht nebeneinander. Ich fühle mich wie in einem Labyrinth, eingesperrt, in den engen Gassen überkommt mich ein Gefühl, das ich aus übervollen Fahrstühlen kenne: Ich will raus, Luft, Licht, Weite. In dieser engen, begrenzten Welt finden sich die Gleichgesinnten und ziehen gemeinsam in ein Viertel, auch in Diyarbakır war das so. Die Kirchen der arabischen und armenischen Christen zeugen noch heute davon.

Erst seit ein paar Jahren trauen sich Touristen wieder in die Stadt, die zuvor vom türkischen Militär belagert war. Einen eigenen Staat hatten die Kurden indes nie. Mit den osmanischen Herrschern kamen sie einigermaßen klar, denn die meisten Kurden waren Muslime. Sie zeigten sich loyal und kämpften im Türkischen Befreiungskrieg tapfer an der Seite von Kemal Atatürk. Belohnt wurden sie dafür nicht. Atatürk hatte eine genaue Vorstellung davon, wie die moderne Türkei funktionieren sollte. Die Kurden aber hatten keine Lust, wie Türken zu sprechen, zu essen oder zu wohnen, auch nicht, sich so zu kleiden und so zu benehmen. Atatürk ließ die Aufstände blutig niederschlagen.

Historiker wollten dann beweisen, dass es das Volk der Kurden gar nicht gebe. Vielmehr seien die Kurden »wilde Bergtürken«, die Türkisch verlernt hätten. Ein Handbuch für Soldaten gab Rekruten sogar eine Interpretationshilfe, falls diese im Südwesten das Wort Kurde hören sollten. Dieser Begriff sei aus dem »kürt, kürt«-Geräusch abgeleitet, das man vernehme, wenn der »türkische Bergschnee« unter den Schuhen knirsche.

In den Siebzigerjahren wurde das politische Klima in der Türkei sehr rau. Rechtsradikale Anhänger der Grauen Wölfe zogen
gegen Sozialisten und Kommunisten los. Es war die Zeit der blutigen Straßenschlachten, die an Weihnachten 1978 in der Kleinstadt Kahramanmaraş zu einer Katastrophe führten, als ein rech-
ter Mob Jagd auf Aleviten machte, die den Linken zugerechnet
wurden – einhundertelf Menschen starben. Marxistische Kurden
betrachteten den Südosten als besetztes Land, und auch die islamische Revolution im Nachbarland Iran, 1979, blieb nicht ohne
Auswirkungen. Auf einem Parteikongress der türkischen Nationalen Heilspartei, die es immerhin auch mal als Koalitionspartner
in die Regierung geschafft hatte, schnitten fanatische Fans die
Augen aus einem Atatürk-Poster heraus und schmierten Sprüche
an die Wand: »Wir wollen einen islamischen Staat, Scharia, Islam,
Islam oder Tod«. Am 12. September 1980 griff das Militär ein. Es
war der dritte, aber auch blutigste Coup in der Geschichte der
Türkei: 650 000 Menschen wurden festgenommen, 230 000
Menschen angeklagt, 517 zum Tode verurteilt.

In den kurdischen Gebieten hatte der Sohn eines Kleinbauern
aus dem Dorf Ömerli inzwischen eine große Gefolgschaft. Abdullah Öcalan, ein kurdischer Marxist, den die türkischen Zeitungen
später »Bestie« nennen würden, legte sich mit den kurdischen
Großgrundbesitzern an und polterte gegen die feudalen Stämme,
die seiner sozialistischen Revolution im Wege standen. Sein großes Ziel aber war der eigene, kurdische Staat, wofür er letztlich in
einen langjährigen Guerillakrieg gegen den türkischen Staat zog.
Öcalan gründete die kurdische Arbeiterpartei, die PKK, in der
strenge Regeln galten: Abtrünnige wurden hingerichtet, und Sex
unter Parteimitgliedern wurde mit der Todesstrafe geahndet.
Denn das, so Öcalan, sei der Tod des Kriegertums.

Die Generäle, die nach dem Putsch an der Macht waren, sahen in seinen Plänen eine Gefahr für die türkische Republik und
reagierten mit drastischen Maßnahmen. Sie verboten kurdische

Musik, Bücher und Zeitungen und untersagten den Gebrauch des Kurdischen in der Öffentlichkeit. Sie siedelten die Bewohner von 905 Dörfern und 2523 Weilern zwangsweise um, in die Großstädte nach Ankara, İzmir und İstanbul, in der Hoffnung, dass sich die Kurden dort assimilierten. Zwischen einer und vier Millionen Menschen, schätzen Menschenrechtsorganisationen, mussten damals ihre Heimat verlassen. Im Osten und Südosten wurden Botschaften auf Berge und Hänge gemalt, die Atatürks Mantras wiedergeben: »Wie glücklich ist derjenige, der sich Türke nennen darf.« Oder auch: »Ein Türke ist so viel wert wie die ganze Welt.« Sie stehen dort bis heute.

Die PKK schlug zurück und terrorisierte das Land mit Selbstverbrennungen und Bombenanschlägen. Der Südosten wurde zum Kriegsgebiet. Anfang der Neunzigerjahre gab Tansu Çiller, die Ministerpräsidentin, die sich medienwirksam Helm und Militärstiefel anzog, um Soldaten zu besuchen, die Losung aus: »Entweder der Terror wird beendet, oder er wird beendet!« Dreißigtausend Menschen sollen im Kurdenkonflikt ums Leben gekommen sein.

Inzwischen ist es wieder einigermaßen friedlich. Öcalan wurde 1999 in Nairobi gefasst und in ein Gefängnis auf einer Insel im Marmarameer gesperrt, das angeblich von tausend Soldaten bewacht wird. Am 21. März 2013 ließ er mitteilen, dass die Ära des bewaffneten Aufstands gegen die Türkei zu Ende sei.

Ich laufe durch die Stadt und bleibe bei einem Verkäufer stehen, der Männerporträts verkauft. Ich erkenne davon nur einen einzigen: Che Guevara. Ich frage den Händler nach den Namen der anderen, und er zählt sie mir auf wie die Topspieler einer Fußballmannschaft:

Musa Anter, kurdischer Journalist; 1992 vom Militärgeheimdienst entführt und später erschossen.

Dschalal Talabani, Kurde und Präsident des Iraks.

Aram Tigran, armenischer Sänger; soll zweihundertdreißig kurdische Lieder im Repertoire haben, war als Kind dem Genozid

entkommen und von einer kurdischen kinderlosen Familie groß-
gezogen worden.

Deniz Gezmiş, linker Revolutionär; mit dem Strick um den
Hals soll er noch unmittelbar vor seiner Hinrichtung am Galgen
gesagt haben: »Es lebe die vollkommen unabhängige Türkei! Es
lebe der Marxismus-Leninismus! Es lebe die Brüderlichkeit des
kurdischen und türkischen Volkes! Es leben die Arbeiter, die
Bauern! Nieder mit dem Imperialismus!«

Ahmed Arif, kurdischer Schriftsteller aus Diyarbakır; war immer auf der Seite der Unterdrückten und gehört heute zu den
meistgelesenen Lyrikern der Türkei.

Ahmet Kaya, Sänger; 1999 sollte er auf einer Gala als Staats-
künstler der Türkei ausgezeichnet werden und erklärte dort, dass
er kurdischer Abstammung sei und beabsichtige, in seinem kom-
menden Album ein kurdisches Lied zu singen. Er wurde mit Mes-
sern und Gabeln beworfen, bekam Morddrohungen und wurde
angeklagt. Da ihm zwölf Jahre Haft drohten, floh er nach Paris,
wo er später an einem Herzinfarkt starb.

›Der Onkel‹ jedoch, Abdullah Öcalan, fehlt.

»Das traue ich mich nicht, die sperren mich dann zehn Jahre
ins Gefängnis ein«, sagt der Händler.

Ich spaziere weiter durch die Altstadt von Diyarbakır. Ich höre
Stimmen, Gebrüll und Gelächter und verstehe nichts. Kurdisch ist
eine indoeuropäische Sprache, die mit dem Persischen verwandt ist
und viele Dialekte hat. In der Türkei sprechen die meisten Kurden
Kurmancî, das mit lateinischen Buchstaben geschrieben wird. Mit
dem Auto sind die meisten Häuser nicht zu erreichen, viel zu eng
sind die Gassen aus Kopfsteinpflaster. Ich laufe um die Ecke und
schaue neugierig, was nun kommt. Mal endet die Gasse an einem
Haufen Müll, der verbrannt wird, weil die Müllabfuhr sowieso
nicht kommt, mal an einer Kirche, vor der Kinder Fußball spielen;
mal sehe ich einen Durchgang, dessen hölzerne Balken morsch sind
und so aussehen, als könnten sie jederzeit einstürzen.

Ein Makler bietet im Schaufenster ein Sieben-Zimmer-Appartement an – kurdische Familien sind groß. Die neueren Häuser sind aus roten Ziegeln gebaut und könnten auch gut im Armenviertel von Kairo stehen. Manchen Besitzern fehlt das Geld für richtiges Fensterglas. Die älteren Häuser haben winzige Türen, mal aus Holz, mal aus Metall, die mir gerade einmal bis zum Hals reichen. Alte Frauen haben sich weiße Kopftücher umgebunden, die an den Rändern umhäkelt sind. Alte Männer tragen die Pluderhose, die sogenannte Schalwar, die auch afghanische Männer tragen. Und die jungen Leute sehen aus wie überall.

Nachts solle ich die Stadtmauer meiden, hatte mir der Hoteldirektor geraten. Es seien viele Diebe dort, Drogensüchtige und Obdachlose. Ein paar dubiose Gestalten waren mir schon nachmittags entlang der Mauer begegnet. Mancherorts roch es streng nach Pisse und Erbrochenem. Beim Mardin-Tor laufe ich auf die Mauer hoch. Sie ist hier besonders breit, Männer sitzen auf kleinen Hockern und trinken Tee, manche auch *menengiç*, kurdischen Kaffee, der aus den kleinen Früchten der Terpentin-Pistazie gekocht und mit Kardamom gewürzt wird.

Vor mir in Sichtweite liegt der Tigris, ein dümpelndes Rinnsal. Von dem weltberühmten Fluss ist nicht mehr viel übrig, denn sein Wasser wurde aufgestaut. Er ist Teil des Güneydoğu Anadolu Projesi, des Südostanatolien-Projekts, das die Region verändern wird: zweiundzwanzig Staudämme, neunzehn Kraftwerke und Hunderte Kilometer an Bewässerungskanälen, die eine Fläche zum Sprießen bringen, die dem Bundesland Thüringen entspricht. Anfang der Achtzigerjahre gingen die Arbeiten los, ganze Dörfer wurden versetzt oder versenkt, ohne Rücksicht auf die Landschaft, denn die sieht jetzt so aus, als hätte ein Grobian daran gearbeitet.

Am nächsten Morgen laufe ich noch einmal durch die Altstadt, die mich fasziniert. In einer Gasse, die zu einer Moschee führt, steht eine Tür offen. Ich schaue neugierig in den Innenhof. In einem Kreis sitzen zwanzig Männer. Ein älterer Mann beginnt zu singen, ohne Instrument, es hört sich an wie ein Psalm, er wird immer schneller, dann wieder langsam, am Ende jault er fast, »Eh-eh-eh-eh ...«, höre ich. Männer mit Schiebermützen hören ihm geduldig zu, manche spielen mit ihrer Gebetskette. Manche rauchen. Manche schauen auf den Boden. »Moana, moana, moana ...«, höre ich. Ich weiß nicht, was hier passiert.

»Der Mann vorne erzählt die Geschichte von einem König, der vor vierhundert Jahren gelebt haben soll und eine Geliebte hatte«, flüstert mir ein alter Mann zu, der Englisch kann. Er gibt mir zu verstehen, ich solle kurz mit ihm nach hinten gehen und einen Tee trinken. Der Mann trägt einen Schal wie die Saudis, eine braune Hose wie die Afghanen und einen Bart wie Osama. Er ist ein Dengbesch (kurdisch: *dengbêj*), ein professioneller Volksliedsänger. Ein Dengbesch erzählt Geschichten, die von Liebe und Schmerz handeln, von den Augen der Frauen oder ihrem geheimnisvollen Geruch. Früher, als es noch keinen Fernseher gab, kein Radio und auch keine Instrumente, benutzten die Menschen das, was sie hatten: ihre Stimme. »Beim Dengbesch lernst du alles über die kurdische Geschichte, die Kultur und das Leben«, meint der Mann.

Kurden sind großartige Geschichtenerzähler. Der Mann, mit dem ich jetzt Tee trinke, will mir tatsächlich weismachen, dass die Kurden die ersten Menschen auf der Welt gewesen seien, die Griechen ihnen Mesopotamien geklaut und dann die Geschichtsschreiber bestochen hätten, das Wort Kurden aus ihren Aufzeichnungen zu streichen. Der Mann erfindet in fünf Minuten eine komplette neue Weltgeschichte. Überhaupt haben die Kurden fast alles erfunden, wenn man dem Mann zuhört. Er nennt das Wort *strîn,* ein kurdisches Verb, das singen bedeutet. Deshalb würden wir im Englischen und Deutschen schließlich auch Instrument sagen. Die Kurden »haben die Urmusik erfunden«, behauptet er.

Abends bin ich mit einem Bekannten verabredet. Wir treffen uns im neuen Diyarbakır, im Stadtteil Ofis, dem Geschäftsviertel, wie der Name irgendwie nahelegt. Ich sehe langweilige Hochhäuser, Büros von Rechtsanwälten, Internetcafés, McDonald's, Benetton und alles andere, was auch in jeder anderen türkischen Stadt zu finden ist. Wir treffen uns im Beyaz-Café in der Sanat Sokak, auf Deutsch Kunst-Gasse, einer Art autofreien Zone für Künstler, Studenten und Intellektuelle. Eine Café- und Restaurantmeile, in der Luft liegt der Geruch von süßem Apfeltabak.

Atilla Fırat ist schon da, groß gewachsen, dreißig Jahre, vor ihm steht ein Teller Pommes. Er ist Berater der Barış ve Demokrasi Partisi, kurz BDP genannt, der Partei des Friedens und der Demokratie, die sich für kurdische Interessen einsetzt. Auf sein Facebook-Profil hat er die kurdische Flagge hochgeladen: rot, weiß, grün und in der Mitte eine gelbe Sonne.

Ich bestelle *Diyarbakır ciğer,* Leberstücke auf dem Spieß, die über Holzkohle gegrillt werden. Als ich die Gabel in die Hand nehme, um die Stücke vom Spieß zu schieben, eilt ein Kellner zu mir. Er schüttelt den Kopf. Nimmt den Spieß, schnappt sich ein Stück Brot und zieht mit dem Brot das Fleisch herunter, dann rollt er das Brot und schiebt es mir fast in den Mund. Atilla lacht.

Aufgewachsen ist er in der ärmsten Gegend des Landes, in der Kleinstadt Varto auf eintausendsechshundertfünfzig Metern Höhe, die zur Provinz Muş gehört. Seine Eltern sprachen zu Hause Kurdisch. Atilla konnte kein Wort Türkisch, als er eingeschult wurde. Er erinnert sich noch gut an seinen ersten Schultag. »Der Lehrer rief mich auf und sagte etwas auf Türkisch«, erzählt Atilla. »Der wollte damals testen, ob ich ihn verstehe.« Kurdisch war zu jener Zeit verboten, Atilla konnte also keinen seiner Mitschüler fragen. »Ich hatte große Angst und lief zur Tür, weil ich weg wollte«, sagt er. Das war sein Glück, denn tatsächlich hatte sein Lehrer genau das von ihm auf Türkisch verlangt: zur Tür gehen und sie berühren.

Später zog Atilla nach Bursa zu seinem Onkel, denn seine Dorfschule wurde geschlossen, als er in der vierten Klasse war. Das türkische Militär durchforstete damals die Gegend und vertrieb die Leute. Atilla bestand die Aufnahmeprüfung für eine staatliche YİBO-Schule, ein Internat, das Kindern aus armen Regionen den Schulbesuch ermöglichen soll. »Das war eine Folter«, erinnert er sich. »Täglich um sieben Uhr mussten wir antreten und den Satz sagen: ›Ich bin Türke‹«, erzählt Atilla. »Das hat mir sehr weh getan.«

Damals gab es eine staatliche Kampagne mit dem Slogan »Sprich Türkisch, sprich mehr!« Als er mit seiner Mutter telefonierte, auf Kurdisch, bekam es der Schulleiter zufällig mit. Er verlangte von ihm, das Gespräch sofort zu beenden. »Ich musste auflegen«, sagt Atilla. Er denkt kurz nach und schaut mich an: »Ist das nicht verrückt?«

Vor ein paar Jahren nahm sich ein Regisseur genau dieses Thema vor und drehte einen Kurzfilm, der es unter den Kurden zur Berühmtheit brachte: »Kamber Ateş, nasılsın?« Er spielt in den Achtzigerjahren, der Zeit nach dem Militärputsch, und handelt von Kamber Ateş, der im Gefängnis sitzt. Seine Mutter spricht nur Kurdisch. Sie möchte ihren Sohn besuchen und bringt sich deshalb selbst ein einziges türkisches Wort bei, damit sie mit ihm reden kann: *Nasılsın?* – das türkische Fragewort für: Wie geht es dir? Als sie ihren Sohn im Gefängnis sieht, sagt sie ihm dieses Wort. Er schaut sie irritiert an und antwortet ihr auf Türkisch: »Mir geht's gut, wie geht es dir? Wie geht es Vater?« Sie versteht ihn nicht und fragt erneut: »Nasılsın?« Der Bruder, der die Mutter begleitet, schaut hilflos zu – er darf nicht übersetzen. Denn ein Polizist sitzt im Raum und passt auf, dass die Regeln eingehalten werden. Das Gespräch verstummt. Die Kamera schwenkt zu einem Schild, das an der Wand hängt und die Besucher warnt: »Gespräche in einer anderen Sprache als Türkisch sind streng verboten.«

Heute ist das nicht mehr so. Im Herbst 2013 kündigte die Regierung ein »Demokratiepaket« an, das ein paar Lockerungen vorsah. Grundschüler müssen nun keinen Treueeid mehr auf die Türkei schwören. Die Buchstaben Q, W und X – die es im kurdischen Alphabet gibt, im türkischen aber nicht – sind nun erlaubt und nicht mehr wie früher verboten. Schließlich fanden das auch viele Türken albern, geht doch im Internet ohne www heutzutage gar nichts. Eine »andere Sprache als Türkisch« dürfen nun auch Politiker im Wahlkampf verwenden und Lehrer an Privatschulen.

Erdoğan benutzte in seiner Erklärung zum »Demokratiepaket« allerdings kein einziges Mal das Wort Kurde. Er wollte wohl die Nationalisten nicht unnötig provozieren, denn die machen sich ohnehin große Sorgen um diese Region. In einer Studie der Universität Bahçeşehir kam vor einem Jahr heraus, dass im Südosten nur dreiundzwanzig Prozent der Menschen stolz sind, Türke zu sein, in Zentralanatolien und am Schwarzen Meer waren es fünfundachtzig Prozent, in İstanbul immerhin noch achtundsiebzig. Atilla sagt, er ärgere sich noch heute über das »aufgezwungene Türkischsein«. »Schau doch mal Erdoğan an«, sagt er. Seine Frau Emine stamme aus einer ursprünglich arabischen Familie. »Die hatten damals bestimmt auch große Lust, Türken zu werden«, höhnt er.

Für Atilla begann die Misere der Kurden im Mai 1916 mit dem Sykes-Picot-Abkommen. »Zwei dumme, betrunkene Leute haben das unterzeichnet«, grollt er. Es ging um die Aufteilung des Osmanischen Reiches nach dem Ersten Weltkrieg. »Kurdistan war damit auf vier verschiedene Länder und Sprachzonen aufgeteilt«, regt er sich auf. Südkurdistan wurde Teil des Iraks, der Norden ging an die Türkei, der Rest wurde zwischen Syrien und dem Iran aufgeteilt. Der britische Diplomat Mark Sykes und sein französischer Kollege François Georges-Picot hatten sich bei einem geheimen Treffen die Ländereien je nach Gusto zugeschoben. »Die haben einfach Grenzen auf einer Landkarte gezogen, ohne zu wissen, wer da lebt«, spöttelt Atilla. Die Kurden aber sahen sich nicht als Iraker. Und auch nicht als Syrer, Perser oder Türken. »Kurden identifizieren sich bis heute mit ihrer Kultur und ihrem Volk. Dieses Abkommen macht die ganze Situation deshalb so kompliziert.«

Ein eigenes Land ist sein Traum und ein »demokratisches Autonomiegebiet, mit der Hauptstadt Diyarbakır« sein politisches Ziel. In diesem Konflikt habe es zu viele Tote gegeben, sagt er. »Und jeder hier weiß: Der Staat war es, der Staat hat sie getötet. Und das werden wir nie vergessen.«

Wir bestellen noch ein Glas Tee. Ich beobachte die Menschen, die an uns vorbeilaufen. Im Stadtteil Ofis, wo die Leute wohnen, die sich ein besseres Leben leisten können, hat die reine Männerwelt ein Ende. Frauen gehen spazieren und sitzen in den Cafés. »Warum auch nicht!«, fährt mich Atilla an. »Natürlich gelten bei den armen Menschen noch andere Regeln«, sagt er. Seine Partei wolle genau dies ändern. Ein Drittel der Abgeordneten, die seine Partei in der Großen Nationalversammlung stellt, sind Frauen. Erdoğans AKP und die Kemalisten hingegen kommen auf gerade einmal vierzehn Prozent, die Nationalisten der MHP gar nur auf mickrige sechs.

Am nächsten Tag, auf dem Rückflug nach İstanbul, laufe ich noch einmal durch die Kabine. Ich zähle nach. Dieses Mal sitzen dreizehn Frauen im Flugzeug. Ein Drittel mehr als beim Hinflug, rechnerisch.

Kapitel

13

Yuvacalı, 650 Meter

Im Radio laufen die Nachrichten, und ich höre wieder die Stimme des Mannes, der zu allem und jedem was zu sagen hat. Dieses Mal redet Tayyip Erdoğan über Windeln: »Meine Frau hat vier Kinder aufgezogen und die Stofftücher von Hand gewaschen. Heutige Mütter holen die Windeln aus der Verpackung, schmeißen sie weg und reißen eine neue Packung auf. Aber trotzdem wollen sie nicht mehr als ein oder zwei Kinder.« Applaus aus dem Publikum. Erdoğan hat die Erste Internationale Technologiekonferenz in İstanbul eröffnet.

Die meisten meiner Freunde können das Thema nicht mehr hören. Alle paar Wochen wettert der Regierungschef gegen die Anti-Baby-Pille und gegen die Abtreibung, die seit 1983 erlaubt ist und die er für Mord hält. Er forderte die türkischen Frauen auf, drei Kinder zu gebären, und erhöhte die Zahl später auf vier, dann

sogar auf fünf. Den Kaiserschnitt würde er am liebsten ganz verbieten, der Teil eines »geheimen Plots« sei, um die Wirtschaft der
Türkei zu schwächen, eine »Operation«, die das Bevölkerungs-
wachstum stoppen soll. Im Jahr 2012 ließen sich 50,77 Prozent der
türkischen Frauen ihr Baby herausoperieren, in privaten Kliniken
waren es sogar über siebzig Prozent. Nach einem Kaiserschnitt
aber steigt das Risiko einer Fehlgeburt. Oft entscheiden sich
Frauen deshalb gegen ein weiteres Kind.

Das alles braucht Erdoğan den Menschen in Şanlıurfa im Südosten nicht zu sagen. Ich bin im Gebärzentrum der Türkei. In keiner Region des Landes bekommen die Frauen mehr Babys als hier.
Im Schnitt sind es 4,39 Kinder.

Für drei Tage ziehe ich in das kurdische Dorf Yuvacalı, wo
fünfhundertsechsundzwanzig Menschen leben, die sich genau
vier Familiennamen teilen: Çeçe, Canbeyli, Sarak und Tanık. Der
Briefträger sammelt die Post und bringt sie nur alle paar Tage vorbei. Dann wird sie von Einheimischen im Ort verteilt, denn es
gibt in Yuvacalı weder Straßenschilder noch Hausnummern. Im
Winter fällt zwischen 6.30 Uhr und 8.30 Uhr täglich der Strom
aus, um das Netz zu beruhigen, weil die Leute ihre Häuser mit
Heizstrahlern wärmen. Niemand schließe hier die Haustür ab,
versicherte mir Orhan, mein Gastgeber, gleich bei der Begrüßung; ich bräuchte also keinen Schlüssel. »Selbst mein Vater kann
sich nicht daran erinnern, dass hier jemals etwas gestohlen wurde«, sagte er.

Es ist schwer zu sagen, wer gastfreundlicher ist, die Türken
oder die Kurden. Ich kann aus meiner Erfahrung sagen, dass meine Besuche bei beiden Kulturen in einem vollen Magen münde-
ten. Früher bekamen Reisende, die sich in kurdische Dörfer getraut hatten, meistens auch einen Schlafplatz angeboten. Das ist
heute freilich anders. Wer mit einem Auto vorfährt, dem zeigt
man den Weg in die nächste Stadt. Die Leute sind vielleicht arm,
aber nicht weltfremd.

Neuerdings aber gibt es auch Übernachtungsmöglichkeiten gegen Bares, sogenannte Homestays, wie im Dorf Yuvacalı. Organisiert wird das von einer Britin, die fünfzehn Jahre in İstanbul gelebt hat und sich dort verliebte, in Ömer Tanık, der in einem Restaurant arbeitete und aus Yuvacalı stammt. Sie heirateten und zogen sogleich in das Dorf. Das war vor acht Jahren. Alison ging von Tür zu Tür, um sich vorzustellen. Sie erfuhr dabei, dass fünfzig Prozent der Leute nicht lesen und schreiben konnten und die Kindersterblichkeit bei zwanzig Prozent lag. Sie wollte etwas dagegen unternehmen, ein soziales Projekt starten, und hatte die Idee mit dem Homestay. Anfangs war es nicht leicht, die Menschen im Dorf davon zu überzeugen, dass Ausländer in ihren Ort kommen sollen. Das Geld überzeugte sie schließlich. Von den fünfunddreißig Euro pro Tag kann die Gastfamilie achtundzwanzig Euro behalten, sieben gehen an eine Organisation, die damit wiederum die Dorfschule unterstützt, Zahnbürsten und Zahnpasta für die Kinder kauft und deren Vätern jährlich Hunderte Baumsetzlinge schenkt.

Ich wollte mehr über die kurdische Kultur erfahren und wählte die Bezahlvariante. Yuvacalı ist ein Dorf, wie es sie tausendfach in Anatolien gibt. Die Hühner gackern auf der Straße, die Kinder spielen im Dreck, und die Häuser, die oft mit den eigenen Händen gebaut wurden, verwandeln sich im Winter in Kühlschränke. Gemüse, Milch und Fleisch stammen meist aus der eigenen Produktion. Der größte Luxus ist die Satellitenschüssel auf dem Dach. Der türkische Traktorenhersteller Tümosan rechnete für das Jahr 2012 vor, dass es in Europa zehn Millionen Landwirte gebe, die über fünfzehn Millionen Traktoren verfügten. In der Türkei würden hingegen zweieinhalb Millionen Bauern leben, von denen eine Million keinen Traktor habe. In Yuvacalı sind es sogar drei von vier Bauern, die noch von Hand arbeiten.

Ausländer müssen sich beim Homestay an die Regeln des Dorfes halten. Frauen dürfen keine Hosen tragen, sondern müssen sich einen Rock anziehen, der bis zu den Knöcheln reicht. Ihnen wird empfohlen, sich ein Kopftuch umzubinden. Für Männer sind Shorts tabu und jeglicher Kontakt zu den Frauen der Familie – zumindest, wenn kein männliches Familienmitglied anwesend ist. Dass in islamischen Haushalten Alkohol verboten ist, versteht sich von selbst.

Orhan holt ein paar kleine Holzschemel, die hier jeder draußen stehen hat. Seine Frau bringt uns eine Kanne Tee und selbst gebackene Sesamkringel aus einer Art Mürbeteig. Orhan hat vor Kurzem seinen zweiunddreißigsten Geburtstag gefeiert. Er ging nur fünf Jahre zur Schule und hat sich über die Jahre Englisch selbst beigebracht. Er stellt mir seine beiden Söhne vor, den Stolz der Familie, und seine zweijährige Tochter Schawwal, die an Schnupfen leidet. Als ich ihn nach der Anzahl seiner Geschwister, Onkel, Tanten und Cousins frage, muss er selbst kurz nachdenken. Er hebt den Kopf leicht nach oben, schaut zur Decke, murmelt ein paar Namen, »Mehmet, Waddad, …« und sagt nach einer gefühlten Minute: »Es müssten genau fünfzig sein.«

Das könnte durchaus hinkommen, denn Orhan hat elf Geschwister. Der älteste Bruder ist zweiundfünfzig Jahre alt, der jüngste sechzehn. Sein Vater war mit drei Frauen verheiratet. »Aber das hat nichts mit dem Islam zu tun«, sagt er. Die erste Frau habe nicht hart genug gearbeitet, im Haushalt und auf dem Feld, also habe sein Vater sie »gefeuert«, wie Orhan es ausdrückt. Die zweite, Orhans Mutter, ist gestorben. »Und die dritte wirst du noch kennenlernen.«

Orhan führt mich durch sein Haus, das er vor gut zehn Jahren selbst gebaut hat. Es ist einstöckig. Die Fassade ist mit einer gelben Farbe gestrichen, der Eingang in einem rötlichen Erdton gehalten. Der gefliese Gang führt zur Küche. Links davon sind die Schlafzimmer der Familie, die aber nur im Winter benutzt werden, denn im Sommer schlafen alle auf dem Dach unter dem

Moskitonetz. Das machen viele Menschen im Süden so, daher gibt es in der Türkei die Redensart: »Es wird Sommer, die Leute fallen wieder von den Dächern.« Rechts geht es zum Badezimmer. Es gibt nur kaltes Wasser. Das heiße Wasser muss ich mit einem Topf aus einem Blechbehälter schöpfen. Vor der Toilette stehen orangefarbene Badelatschen, die jeder anziehen kann, denn meistens ist der Boden dort nass oder gar überschwemmt. Das Klo selbst besteht aus einem Loch. Zur Spülung kippe ich Wasser aus einem Eimer hinein. Da häufig Touristen zu Besuch sind, gibt es auch Klopapier. Die Dorfbewohner hingegen benutzen einen Schlauch.

Der Raum, in dem ich schlafen werde, ist nicht mit dem übrigen Haus verbunden. Es ist das Ess- und Wohnzimmer, in dem Gäste empfangen werden. Wenn ich also zur Toilette möchte, muss ich meine Schuhe anziehen, zehn Meter entlang der Mauer zur Eingangstür laufen und die Schuhe wieder ausziehen. Vor der Toilette ziehe ich dann die orangefarbenen Badelatschen an. In meinem Zimmer liegen drei beige Teppiche aus Schafswolle und entlang der Wände zwanzig bunte, gemütliche Kissen. In der Mitte des Raumes steht ein Ofen, dessen Rohr entlang der Decke nach draußen führt.

Orhans Frau trägt ein grünes Kopftuch, einen lilafarbenen Pulli und einen rosafarbenen Rock. Sie stammt aus einem Ort, gute dreißig Kilometer von hier entfernt. Ich möchte von ihm wissen, wie sie sich kennengelernt haben. »Meine Mutter hat sie für mich ausgesucht«, sagt Orhan. Sein Vater kannte ihren Vater, und dann wurde geheiratet. Drei Tage lang habe er gefeiert, mit tausend Gästen. »Das Zusammenleben von Mann und Frau ist sehr anders als bei euch«, erklärt er. »Wir haben keine Beziehungen vor unserer Hochzeit.«

Die meisten ausländischen Gäste wüssten nicht, was sie hier erwartet, und verhielten sich zunächst wie Aliens. »Nach drei Tagen sind die dann oft kurdischer als ich«, sagt Orhan und muss da-

rüber lachen. Dieser Kulturaustausch hat ihn aber auch ins Grübeln gebracht. »Wenn du hier aufwächst, machst du das, was dein
Vater dir sagt. Du machst das automatisch, du denkst nicht darüber nach«, sagt er.

»Und ist das gut?«, frage ich. Er überlegt kurz. »Generell ja, ich
mag die kurdische Kultur«, meint er. »Die Kurden sind sehr
freundliche Menschen, man bekommt überall Tee, und es gibt
Regeln.«

Seine Frau hat die Hände eines Bauarbeiters und die Oberar-
me eines Mannes. Jeden Tag bringt sie mein Bettzeug in meinen
Schlafraum und stemmt die schwere Matratze auf den Buckel wie
einen Sack Mehl. Als ich Orhan frage, wann er denn täglich aufstehen müsse, um die Kuh zu melken, prustet er los: »Ich? Ich
kann das nicht!«

»Männer besorgen das Geld. Frauen arbeiten nicht«, stellt Orhan klar. »Frauen ziehen die Kinder auf, putzen, kochen, gehen in
den Stall, was eben zu Hause anfällt.« Seine Frau melkt die Kuh,
knetet den Teig für das Naan-Brot, das sie im Ofen jeden Tag
frisch backt. Kocht die Milch ab, setzt Joghurt und Käse an,
schnippelt Gemüse für das Mittagessen, kocht, spült das Geschirr
ab, versorgt die Tiere, putzt die Wohnung, schnippelt Gemüse
für das Abendessen, spült ab und geht zeitig ins Bett, damit sie
auch wieder um fünf Uhr früh wach wird. Nebenbei passt sie noch
auf die drei Kinder auf. Der Tagesablauf ihres Mannes, so wie ich
ihn kennengelernt habe, besteht hauptsächlich aus Teetrinken.
Nach meiner Definition arbeitet hier nur die Frau.

Ich frage Orhan, wie denn die Männer das Geld besorgen
könnten, wenn sie den ganzen Tag nur Tee tränken. »Im Dorf
gibt es keine Arbeit«, sagt er. »Die Männer arbeiten woanders.
Die ziehen in der Urlaubssaison ans Mittelmeer, um dort in Hotels zu putzen, abzuwaschen und zu kellnern.« Früher seien die
Männer aufs Feld gegangen und hätten Schafe gezüchtet. »Heute
aber lebt kaum noch jemand davon«, erklärt er. Das Risiko sei zu

groß, dass der Regen ausbleibe oder der Bewässerungskanal austrockne. »Dann wäre deine Existenz bedroht.« Sieben Monate sparen die Männer deshalb jede Lira zusammen, denn das Geld muss auch für die fünf Wintermonate zu Hause im Dorf reichen. Auf die vielen Kinder umgerechnet, die hier jede Familie hat, ergibt das übers Jahr gerechnet ein tägliches Einkommen von gerade einmal einem US-Dollar.

Orhan gehört zur Oberschicht des Dorfes. Die Homestays bringen ihm ordentlich Geld ein. Er braucht für seine Familie monatlich tausend Lira für ein gutes Leben. Das meiste Geld, das die Familie mit den Übernachtungen verdient, will Orhan aber sparen, damit seine Kinder auf gute Schulen gehen können. Nur ein paar »dringend notwendige Investitionen« habe er getätigt: eine Klimaanlage in der Wohnung, einen großen Fernseher und ein neues Handy, ein iPhone.

Genug zu essen hat hier jeder im Dorf, das Gemüse kommt aus dem Garten, die Milch von der eigenen Kuh, die Eier von den Hühnern, die draußen herumgackern. »Problematisch wird es, wenn du ins Krankenhaus musst und eine größere Operation brauchst«, sagt er. »Wenn du die nicht bezahlen kannst, kriegst du sie nicht.«

Es sind die alten Regeln, die manches im Dorf kompliziert und besonders den Frauen das Leben schwer machen, wenn ihre Männer aus dem Dorf sind. »Frauen dürfen nicht allein zum Arzt«, sagt Orhan. Er erzählt mir von einem Fall, als ein kleines Kind im Dorf sich den Arm brach. »Es war kein Mann zu Hause und auch sonst kein männliches Familienmitglied«, sagt er. »Niemand konnte den Kleinen deshalb ins Krankenhaus bringen.« Die meisten Frauen im Dorf, die noch gebären können, werden jedes Jahr schwanger. Der Bauch beginnt zu wachsen, wenn der Mann seine Frau für ein paar Monate verlässt, um zu arbeiten. Pränatale Untersuchungen gibt es nicht. »Denn weder ist der Mann da, um die Frau zum Arzt zu bringen, noch gibt es das Geld dafür.«

Es ist gar nicht so einfach, sich an die Ruhe hier zu gewöhnen. Ich bin jetzt offline; bei Orhan gibt es kein WLAN. Im Schnitt vergeuden wir acht Monate unseres Lebens, um unerwünschte E-Mails in den Papierkorb zu werfen, und haben 1,45 Jahre lang telefoniert, 140 Tage davon hingen wir auch noch in Warteschleifen. Hier verbringe ich die meiste Zeit mit Teetrinken. Orhans Mutter schaut kurz vorbei und begrüßt mich zurückhaltend. Sie trägt ein weißes Kopftuch und ein wallendes, schwarzes Gewand. Sie sitzt auf der anderen Seite des Raumes und unterhält sich mit ihrem Sohn. »Iç! Iç!«, ruft sie mir jedes Mal zu, sobald ich ihr in die Augen schaue: »Trink!« Nach fünf Gläsern Tee aber kann ich nicht mehr.

Am nächsten Morgen weckt mich der Hahn, der draußen auf dem Misthaufen kräht. Um sieben Uhr klopft Orhan an die Tür. Seine Frau möchte das Frühstück bringen. Sie wirft eine bunte Plastiktischdecke auf den Boden und stellt einige Teller darauf, mit gegrillten grünen Pfefferschoten, Gurken, Tomaten, Oliven, zwei Sorten Käse und einer Riesenportion Rührei, das goldgelb leuchtet. Dazu eine Schale mit selbst gemachtem Joghurt, den sie gestern angesetzt hat, und einen Topf mit frischem Naan-Brot, das noch dampft. »Ist wie in Indien«, sage ich. »Die Inder haben das Brot auch von uns geklaut«, scherzt Orhan. Das Wort Naan, erklärt er mir, bedeute im Persischen und im Kurdischen einfach nur Brot. Er hält mir eine Schale Honig unter die Nase. »Den musst du probieren«, fordert er mich auf. »Der ist aus dem Dorf, ohne Zucker, völlig rein. Das Kilo kostet einhundert Lira!« Orhan hat nicht übertrieben. Der Honig ist wie Balsam in meinem Hals.

Es gibt in dem Dorf aber nicht nur strenge Regeln für den Besucher, sondern auch für den Gastgeber. Er muss zusammen mit dem Gast essen und darf erst dann aufstehen, wenn der Gast zu Ende gespeist hat, denn sonst würde das bedeuten, dass der Gast unerwünscht ist. Wir setzen uns nach draußen und trinken zusammen Tee.

Orhan dreht sich eine Zigarette. Die meisten kurdischen Männer, die ich gesehen habe, machen das. Zigaretten kosten in der Türkei mittlerweile fast so viel wie in Deutschland, denn die Steuern darauf sind hoch: 80,3 Prozent. Ein Kilo guter Tabak koste auf dem Markt fünfzig Lira, sagt er, und den billigen bekomme man schon für zwanzig. »Damit komme ich ein paar Wochen aus.«

Historikern zufolge ist Yuvacalı sechstausend Jahre alt. Es gibt einen Hügel, den man von Weitem schon sieht und der das Wahrzeichen des Dorfes ist. Der Weg dorthin führt mich durch eine Wiese, auf der viel Müll herumliegt, unter anderem steige ich über eine graue Unterhose, jede Menge Plastikflaschen und einen riesengroßen Knochen, der vermutlich von einem Stier stammt. Unter einem Verschlag aus Stein und Holz, den eine blaue Plastikplane schützt, leben Schafe. Auf dem Hügel erhebt sich ein großer Betonklotz, in den über eine kilometerlange Leitung Wasser gepumpt wird. Von diesem Speicher aus wird es dann zu den Häusern verteilt.

Der Ausblick ist atemberaubend. Es gibt nichts, was den Blick in die Weite stört. Außer vielleicht das große Umspannwerk, das einen Kilometer neben dem Dorf wie ein Drahtmonster auf der Erde steht. Das Dorf schaut von oben noch ärmer aus. Viele der einfachen Häuser, deren Fassaden meistens grau sind, haben nur notdürftig abgedichtete Dächer. Um die Infrastruktur von Yuvacalı zu beschreiben, ist es einfacher, das aufzuzählen, was im Dorf fehlt: Bäcker, Friseur, Arzt, Postamt, Lebensmittelladen, Asphalt auf den Straßen. Die größten Gebäude sind die rot gestrichene Schule und die gelb gestrichene Moschee. Raus kommt man hier ohne Auto nur, weil ein paar junge Männer einen Fahrdienst nach Hilvan betreiben, eine Kleinstadt, acht Kilometer von hier entfernt. Hinter dem Hügel sehe ich keine Häuser mehr, sondern die Felder. Was die Bauern hier zu viel produzieren, verkaufen sie an den Staat, der ein sicherer Abnehmer ist, oder auf den lokalen

Märkten, was die meisten Landwirte bevorzugen, weil sie dort handeln können und so mehr Geld herausholen. Ich sehe eine Wiese, um die Steine in der Form eines Rechtecks gelegt wurden. Es ist der Fußballplatz des Dorfes.

Durchschnittlich sieben Kinder bringt eine Frau in diesem Dorf zur Welt. Die Geburtenrate für das ganze Land liegt bei 2,08. Im Westen des Landes, am Mittelmeer, nimmt die Zahl der Kinder pro Familie schon deutsche Verhältnisse an. »Ich liebe Türken, Kurden und Araber nicht ihrer Ethnizität wegen. Ich liebe sie, weil sie von Gott geschaffen wurden«, sagte Erdoğan, als er in der Nachbarprovinz einen Flughafen eröffnete. Das jedoch sehen viele Türken anders. Nationalisten warnen schon vor dem Untergang der Türkei, denn die Kurden könnten in zwei Generationen die Mehrheit in Anatolien stellen. Sie sprechen von der »kurdischen Atombombe«.

Ich laufe zurück zu Orhans Haus. Einige Dorfbewohner schauen mich misstrauisch an. Die, die mich nicht grüßen, mögen wohl keine Touristen, das kann ich verstehen. Ich bin selbst in einem Bergdorf aufgewachsen, das Touristen braucht, sie aber nicht mag. Orhan sitzt vor dem Haus und zieht an einer Zigarette. Ich setze mich zu ihm.

»Gibt es einen Unterschied zwischen den Kurden in den Dörfern und in den Städten?«, frage ich.

»Der Dörfler hat Dreck an den Schuhen, der Stadtmensch nicht«, antwortet er.

Früher hätten in der Region sehr viele Eziden gewohnt. »Das ist eine Religionsgemeinschaft«, sagt Orhan. »Die Regierung mochte sie nicht. Das sind keine Muslime und außerdem Kurden.« Viele seien nach Deutschland ausgewandert. Das habe einige muslimische Kurden auf eine Idee gebracht. »Die wechselten ihre Religion und wurden Eziden, um leichter Asyl zu erhalten.« Zehntausend Lira habe man damals dem Beamten zahlen müssen, damit er es in alle staatlichen Register eintrage, sagt Orhan. Das

war ein Vermögen für die Leute auf dem Dorf. »Langfristig bekamen sie dafür aber ein besseres Leben.«

Weltweit soll es achthunderttausend Eziden (Jesiden, Yeziden) geben, wobei das niemand so genau weiß. Die meisten leben
heute im Nordirak, nicht allzu weit von Mossul und dem Ort La-
lish entfernt, ihrem religiösen Zentrum. In Deutschland sollen es
bis zu sechzigtausend sein. Manche gehen sogar so weit und behaupten, dass ursprünglich jeder Kurde einmal Ezide war. Die Religion ist angeblich zweitausend Jahre älter als das Christentum
und damit noch viel älter als der Islam.

Eziden dürfen Alkohol trinken, was ihnen den Start im Ausland oft erleichterte, denn sie eröffneten Bars und Restaurants.
Schweinefleisch aber sollen auch sie meiden, und von bestimmten
Salatarten sollen sie die Finger lassen. Das geht auf Scheich Adi
zurück, einen der wichtigsten ezidischen Gelehrten, der vor gut
eintausendeinhundert Jahren die Stadt Mossul besuchte. Die
Araber bauten damals Salatköpfe an und düngten die Felder mit
dem, was in ihrem Haus so anfiel. Aus Angst vor Krankheiten ließ
der Scheich daher den Verzehr von Salat verbieten.

Eziden meiden die Farbe Blau, weshalb im 19. Jahrhundert, so
wird es überliefert, osmanische Soldaten blaue Uniformen trugen,
als sie gewaltsam gegen die Eziden vorgingen. Das Verbot dieser
Farbe hat religiöse Hintergründe, wie mir ein Experte des Zen-
tralrats der Yeziden in Deutschland erklärte: »Blau heißt in kurdischer Sprache şîn. Das Wort hat aber noch eine andere Bedeutung,
nämlich Trauer.«

In den Sechzigerjahren berichtete die türkische Presse darüber,
dass Polizisten zwei Eziden dingfest gemacht hätten, indem sie mit
Kreide einen Kreis um sie zogen. Denn Eziden dürfen einen geschlossenen Kreis nicht verlassen. Auf den Trick der türkischen
Polizei haben angeblich auch schon die Osmanen zurückgegriffen,
als sie zu wenig Platz in einem Gefängnis hatten und deshalb einfach im Freien einen Kreis um die ezidischen Häftlinge zogen. Frü-

her nutzte man den Kreis ähnlich wie einen Schwur an Eides Statt: Jemand zog einen Kreis um eine Person, und erst, wenn diese Person die Wahrheit sagte, durfte sie diesen wieder verlassen.

Was tatsächlich zum Glauben gehört, weiß man nur vom Hörensagen. Es gibt keine verbindlichen, religiösen Schriften; die Religion wurde von Generation zu Generation weitererzählt. Die Wurzeln des Ezidentums sollen im altbabylonischen Planetenkult liegen und in der Verehrung der Sonne. Eziden kennen kein Paradies und keine Hölle. Es gibt den einen Gott, aber keinen Teufel. Sie glauben an die Seelenwanderung, an eine Art Wiedergeburt. Welche Stellung man im neuen Leben hat, hängt von den Taten im alten ab. Was mir diese Religion besonders sympathisch macht: Es ist kein Glaube, der sich über andere stellt, zumindest legt das ein Gebet nahe, in dem es heißt: »Gott, schütze erst die zweiundsiebzig Völker und dann uns.«

Orhan hält nicht viel von den Eziden. Er glaubt an das, was im Koran steht und was Mohammed der Menschheit mitgeteilt hat. Für die Muslime sind Eziden Ungläubige. Orhan schlägt mir deshalb vor, nach Urfa zu fahren, einer der heiligsten Städte des Islams. Der Prophet Ibrahim, den wir als Abraham kennen, soll dort viele Jahre gelebt haben, manche behaupten sogar, er sei dort geboren worden. Außerdem müsse ich in Urfa gegrillte Leber essen, die Spezialität der Region, und *mırra* trinken, eine zähflüssige, starke Brühe von Kaffee, die man ohne Wasser nicht runterkriegt. Die Stadt Urfa wurde 1994 offiziell in Şanlıurfa umbenannt und heißt damit nun Ruhmreiches Urfa. Der neue Name soll daran erinnern, dass sich die Bewohner vor einhundert Jahren im Türkischen Befreiungskrieg besonders verdient gemacht haben.

Ich fahre auf einer neuen, vierspurigen Schnellstraße. In Deutschland baut man neue Straßen, weil es viel Verkehr gibt. Hier ist es umgekehrt. Zuerst kommt die Straße, und dann kommen die Autos. Noch fehlt den meisten Leuten jedenfalls das Geld dazu.

In Şanlıurfa zeigt mir mein Navigationssystem an, dass ich auf dem Recep-Tayyip-Erdoğan-Boulevard fahre. Normalerweise ehrt man verdiente Menschen nach ihrem Ableben, frühestens nach dem Ende der Karriere. In der Türkei aber ist das anders: In Rize am Schwarzen Meer, wo Erdoğans Familie herstammt, ist bereits eine Universität nach ihm benannt. Auch der türkische Präsident, Abdullah Gül, kommt schon zu Amtszeiten zu hohen Ehren. In Kayseri, seiner Heimatstadt in Zentralanatolien, trägt jedenfalls eine Universität seinen Namen.

Şanlıurfa liegt schon sehr nahe an Syrien. In den Straßen höre ich ein Gemisch aus Türkisch, Kurdisch und Arabisch. Die Religion wird hier ernster genommen als in anderen, südlichen Städten. Die meisten Frauen sind verschleiert, und einige wenige lassen sogar nur einen Schlitz für die Augen frei. Einige religiöse Männer haben einen Stand aufgestellt und sammeln Geld für Syrien.

Orhan hatte mir gesagt, ich solle unbedingt zum Dergah-Park gehen. Er liegt an einem Felsen, auf dem die Überreste einer Burg zu sehen sind und eine große, türkische Fahne weht. Man läuft an liebevoll angelegten Wasserkanälen entlang, über die kleine Brücken führen. Einer islamischen Erzählung nach soll Ibrahim irgendwo hier in einer Grotte zur Welt gekommen sein.

Ich laufe zu einem kleinen See, dem Balıklıgöl, der mit einer berühmten Legende verbunden ist. Kaum hatte Ibrahim den Befehl Gottes ausgeführt, die Götzenbilder im Reich zu zerstören, da bekam er Ärger mit König Nimrod, der als besonders grausamer Herrscher galt. Er ließ Ibrahim auf den Scheiterhaufen werfen. Gott verwandelte daraufhin das Feuer in einen Teich und die brennenden Holzscheite in Fische. Die Karpfen in dem kleinen See vor mir gelten deshalb als heilig und dürfen nicht gefangen werden. Wer einen davon isst, soll blind werden, heißt es. Trotzdem gebe es immer mal wieder unbedarfte Touristen, erzählt man mir im Café, die nach gegrilltem Fisch fragen würden.

Als ich abends nach Yuvacalı zurückkomme, wirft Orhans Frau wieder das Tischtuch auf den Boden. Zum Abendessen gibt es Linsensuppe, Hähnchen mit Reis, dazu geschnittene Tomaten, Gurken und Naan.

Orhan erzählt mir, dass der Chef des amerikanischen Nachrichtenmagazins »Time« fünf Tage bei ihm einziehen wolle. »Was reizt diese Leute an unserem Dorf?«, fragt er mich und schüttelt den Kopf. »Wenn ich reich wäre, würde ich nicht mehr so leben wollen.«

Kapitel

14

Batman, 560 Meter

Als ich in meine Wohnung einzog, versprach mir mein Makler, dass er noch ein paar Möbel vorbeibringen werde. Ich dachte an ein Bücherregal, denn das war eigentlich das Einzige, was noch fehlte. Am nächsten Tag klingelte der Mann wieder. Er hatte zwei Sachen dabei: einen Fernsehtisch und einen großen LG-Flatscreen-Fernseher, der die halbe Wand meines Zimmers ausfüllte. Damit hätte ich nun alles, was ich bräuchte, meinte er.

Die Satellitenschüssel war anfangs auf Türksat ausgerichtet; der einzige englische Sender, den ich empfangen konnte, war Al-Jazeera International. Also begann ich das zu tun, was fast jeder hier macht: türkische Soaps gucken. Zunächst blieb ich bei »Aşk-ı Memnu« (Verbotene Liebe) hängen, nicht zu verwechseln mit der gleichnamigen deutschen Seifenoper. In der Hauptrolle: Kıvanç

Tatlıtuğ, der Mann mit dem markant geschnittenen Gesicht und den meerblauen Augen, weshalb man ihn auch den Helal Brad Pitt nennt. *Helal* ist das türkische Wort für: den Muslimen erlaubt. Die Serie spielt am Bosporus und erzählt die Geschichte von Behlül, einem gut aussehenden Mann, und der ebenso jungen wie schönen Bihter, die dummerweise bereits mit seinem reichen Onkel verheiratet ist. Behlül und Bihter kommen sich näher und verlieben sich. In der letzten Folge schießt sich die junge Frau mit einer Pistole ins Herz. Die Serie hatte Quoten wie in Deutschland das Finale einer Fußball-Weltmeisterschaft.

Auch sehr gut angekommen ist die Serie: »Fatmagül'ün Sucu Ne« – Was ist Fatmagüls Schuld? Der Titel ist für Deutsche etwas irreführend, weil die erste Folge mit einer vier Minuten langen Szene endet, in der Fatmagül vergewaltigt wird. Die junge Frau ist frühmorgens auf dem Weg zum Hafen, um ihrem Verlobten nachzuwinken, einem Fischer. Dabei begegnet sie zufällig drei betrunkenen Istanbulern. Was dann passiert, zeigen die vier Minuten. Kerim, ein Handwerker aus dem Dorf, der mit den Istanbulern unterwegs ist, sieht dabei zu, schreitet aber nicht ein. Er ist zu betrunken und kann sich später nur an Bruchstücke erinnern. Das geht auch Fatmagül so, die ohnmächtig wurde, als die drei Männer über sie herfielen. Also überreden die Männer den Handwerker, das Opfer zu heiraten, denn damit wären alle rechtlich fein raus. Im Laufe der Serie verliebt sich Fatmagül tatsächlich in Kerim, den sie da noch für ihren Vergewaltiger hält.

Eine Serie, die erfolgreich in die arabischen Länder exportiert wurde, heißt »Bir Çocuk Sevdim« (Ich liebte ein Kind). Eine junge Frau ist von ihrem Freund schwanger. Natürlich erfährt der Vater davon und sieht sogleich seine Ehre beschmutzt. Wütend zerrt er seine Tochter ins Auto und fährt mit ihr zur Steilküste, um die Sache wieder in Ordnung zu bringen. Sie stehen am Rand einer Klippe. Der Vater will seiner Tochter etwas sagen, er ringt mit sich. Doch sie kommt ihm zuvor, schaut ihm

in die Augen und sagt: »Ich habe verstanden, Vater.« Dann stürzt
sie sich in die Tiefe.

Die Szene beschreibt tatsächlich ein großes gesellschaftliches
Problem der Türkei: Viele Ehrenmorde sind mittlerweile Eh-
ren-Selbstmorde. Das hat vor allem damit zu tun, dass die Regierung vor ein paar Jahren auf die EU gehört hat. Die verlangt nämlich, dass ein Ehrenmörder vor dem Gesetz wie ein Mörder zu
behandeln ist. In der Türkei war das früher nicht so. Da die männliche Familienbande ihr Leben nicht bis zum Tod im Gefängnis
verbringen will, was ihr ja inzwischen nach der neuen Rechtslage
droht, zwingen sie die Töchter oder Schwestern nun, sich selbst
zu töten. Das hat sich mittlerweile auch im Geschlechterverhältnis niedergeschlagen. Weltweit bringen sich dreieinhalb Mal
mehr Männer um als Frauen. Im Südosten der Türkei aber ist dies
umgekehrt. Dort beträgt das Verhältnis 0,97 zu 1.

Dennoch kommt es auch weiterhin zu Ehrenmorden.

Anlässlich des Internationalen Frauentages mahnte jüngst ein
UNO-Vertreter, dass in der Türkei täglich eine Frau im Namen
der Ehre ermordet werde. Allein im April 2013 wurden siebenundzwanzig Frauen ermordet, im Mai waren es sechzehn, Letzteres
entspricht dem monatlichen Durchschnitt. In achtzig Prozent aller Morde war der Täter ein Verwandter. In vielen Fällen war der
Wunsch der Frau, sich scheiden zu lassen, auch ihr Todesurteil.
Experten schätzen, dass die Türkei siebentausendfünfhundert
Frauenhäuser bräuchte, in denen Frauen Schutz finden, deren Leben in Gefahr ist. Derzeit gibt es aber nur einhundertzwanzig.

In Südostanatolien sind die Menschen besonders streng bei
der Auslegung ihrer Bräuche und Gesetze, die von den Vorfahren
wie in Stein gemeißelt wurden und nicht zu ändern sind.

Statistikern ist in den vergangenen Jahren vor allem die Gegend um Batman aufgefallen. Dort gibt es seit dem Sommer 2010
einen modernen Flughafen, und das ist es dann auch schon mit den
Sehenswürdigkeiten dieser Provinzstadt im Südosten, in der mehr

als dreihundertfünfzigtausend Menschen leben. Der Bürgermeister schaffte es vor ein paar Jahren in die Schlagzeilen, als er den Regisseur des Batman-Films »The Dark Knight« verklagte. Der habe nämlich den Namen Batman verwendet, ohne ihn zu fragen, argumentierte er. Sonst gibt es über die Region nur noch zu sagen, dass dort Erdöl gefunden wurde, was dazu geführt hat, dass aus ein paar Baracken und Lehmhäusern eine Stadt geworden ist, über die der lokale Mufti einmal sagte, sie sei »gewachsen wie eine Hormontomate anstatt wie ein Baby, das die Brust bekommt«. Touristen jedenfalls verirren sich nur selten hierher und wissen dann auch meistens, wohin sie wollen – zum Ortsschild, um ein Foto davon zu machen.

Ich will von Diyarbakır nach Batman fahren, ein kleiner Ausflug, gerade einmal neunzig Minuten sind es mit dem Minibus. Ein Halbstarker führt mich an der Garage zum richtigen Bus, Mehmet heißt er, spricht ein paar Wörter Englisch und sollte an einem Montagvormittag eigentlich in der Schule sein. Der Fahrer, ein wuchtiges, wortgewaltiges Mannsbild, mit buschigem Schnurrbart und Sakko, kommandiert mich nach vorn, auf den unbequemen Sitz neben dem Schaltknüppel, denn daneben sitzt schon ein Mann. Ich wollte eigentlich den Einzelsitz hinter der Schiebetür, aber der ist für allein reisende Frauen vorgesehen. Der Fahrer startet den Motor mit »Bismillah«. Er sagt das auch jedes Mal, wenn er einen Wagen halsbrecherisch überholt. *Bismillah* ist Arabisch und heißt wörtlich: im Namen Gottes.

Die Landschaft versinkt im Nebel dieses Februarmorgens. Ein Schild warnt vor Kühen auf der Fahrbahn. Ich sehe weiße und schwarze Schafe. Die graue Trübung macht die weißen Tiere fast unsichtbar und die schwarzen schimmern grau. Wir nähern uns Batman und fahren an dem berühmten Ortsschild vorbei. Die Häuser wachsen allmählich nach oben und haben fünf Stockwerke und mehr. In einer großen Shopping-Mall gibt es Fritten und Burger und Schuhe von Deichmann, in der Hauptstraße ein Mado

Cafe und eine große Filiale der Möbelkette Istikbal, Marken für
Leute, die Geld haben.

Viele Reiche gibt es hier aber ohnehin nicht. In keiner anderen Stadt der Türkei habe ich mehr Bettler gesehen. Vor allem ältere Frauen sind es, deren weiße Kopftücher, die sie bis an die
Nase umgebunden haben, vollgesogen sind vom Regen. Sie sitzen
auf dem Boden und murmeln etwas, was nach Allah klingt. Andere Familien schicken ihre Kinder an die Straßenkreuzungen, wo
sie mit einer Sprühflasche ungefragt Wasser auf die Windschutzscheibe spritzen und Geld dafür wollen. Die meisten Fahrer be-
schimpfen und verjagen sie.

Vor mehr als zwölftausend Jahren sollen sich bereits Menschen in dieser Gegend niedergelassen haben, später gehörte sie
zum Reich einer Hochkultur, dem legendären Mesopotamien
zwischen Euphrat und Tigris. In den letzten tausend Jahren aber
scheint sich nicht mehr viel getan zu haben, die Dörfer blieben
Dörfer. Die Kurden kennen Batman noch heute unter dem alten
Namen Elih.

Ich setze mich in ein Teehaus. Ein alter Mann, dessen Haare
auf dem Kopf etwas zu verdecken versuchen, was es nicht mehr
gibt, ist neugierig geworden. Er will von mir wissen, woher ich
komme. Wir unterhalten uns über die Stadt.

»Vor dreißig Jahren war das hier ein Dorf«, sagt er. »Das Abwas-
ser wurde auf den Straßen entsorgt, Leitungswasser gab es nicht, es
kümmerte sich ja auch niemand um uns.« Er erzählt mir von seiner
Kindheit in den Sechzigerjahren, dass er ständig an entzündeten
Augen litt, wie viele seiner Freunde damals auch. Es war ein Tri-
chom, eine bakterielle Entzündung, hervorgerufen durch verun-
reinigtes Wasser, die unbehandelt zum Erblinden führen kann.
»Es war eine ganz andere Zeit«, sagt er. »Auf der Straße sah man
Männer, denen Gliedmaßen fehlten. Mal war es ein Arm, mal ein
Bein. Sie waren Schmuggler, die an der Grenze zu Syrien und dem
Irak ihr Geld verdienen wollten, aber dabei auf Minen traten.«

Er seufzt: »Dabei dachten wir als Jugendliche, wir werden einmal reich. Die Leute hier nannten Batman sogar Paris, weil sie glaubten, wir werden auch einmal so.« Am 20. April 1940 hatte man in den Raman-Bergen in eintausendachthundertvierzig Metern Tiefe Öl gefunden. Aus den Dörfern zogen die Leute in die Stadt, in der Hoffnung, einen guten Job in der Ölindustrie zu bekommen. Der Mann erklärt mir, dass der Name der Stadt eine Kurzform von Batı Raman sei. Batı heißt Westen auf Türkisch und Raman ist der Berg, wo das Öl gefunden wurde. Manche behaupten aber auch, dass mit dem Namen die alte Gewichtseinheit der Osmanen gemeint sei, die Batman hieß und je nach Jahrhundert mal etwa sieben, mal zehn Kilogramm entsprach.

Doch das Ölgeld blieb nicht in der Stadt. »Uns blieben nur die Blutfehden«, klagt er. »Außerdem kamen die Terroristen.« Er meint damit die späten Achtzigerjahre, als Anhänger der kurdischen Hisbollah (Partei Gottes) sich in Batman ansiedelten. Die hatten nichts mit der bekannten libanesischen Hisbollah zu tun, sondern waren sunnitische Kurden, die einen islamischen Staat forderten. Sie prallten hier in Batman mit Anhängern der kurdischen Arbeiterpartei PKK aufeinander, die von einem sozialistischen Kurdistan träumten. Bombenattentate, Hinrichtungen und Auftragsmorde wurden zum Alltag der Dorfbewohner. »Manche sagen bis heute, dass es der Tiefe Staat war, der uns die Hisbollah in die Stadt gesetzt hatte«, sagt der Mann. »Die brauchten jemanden, der gegen die PKK kämpfte.«

Nach drei Gläsern Tee mache ich mich auf die Suche nach einem kleinen Laden, den mir eine Bekannte aus İstanbul empfohlen hat. In der Yıl Caddesi, Hausnummer 28, solle ich die Butik Patisserie besuchen, ein kleines Café, in das Frauen in Not flüchten können. Die ganze Stadt sieht eigentlich so aus, als bräuchte sie Hilfe. Das Leben wirkt hier grau und grausam. Die einzige Farbe an diesem grauen Februartag ist die Leuchtreklame des Petrol Süper Market.

»Labor Women« steht auf einem Schild, das an einem Eisenzaun hängt, dahinter ist ein Baum und ein kleines, flaches, einstöckiges Häuschen. Ich mache ein Foto und sehe, wie jemand den Vorhang zur Seite schiebt. Ich klingle. Eine junge Frau mit Kopftuch öffnet und fragt, was ich möchte. »Ein Glas Tee«, sage ich. Sie schließt die Tür.

Ich drehe mich um und will schon wieder zur Straße gehen, da ruft mir jemand auf Englisch nach: »Wait! Hello!« Es ist Remziye Tural, die mit ihren rot gefärbten, kurzgeschnittenen Haaren nicht in diesen Männermief passt. Wir gehen ins Haus. Im Gang hängt ein gemaltes Bild, das eine Person zeigt, deren linke Gesichtshälfte jung und die rechte alt ist. »So sind die Leute hier, hin- und hergerissen«, meint Remziye. Ihr Häuschen ist oft die letzte Anlaufstelle für Frauen, die nicht mehr weiterwissen. Leila, die mir die Tür geöffnet hat, ist Anfang zwanzig und arbeitet hier in der Küche. Ihre Mutter ist tot, ihr Vater ist krank, sie hat sechs Geschwister und ist die älteste. Sie muss die Familie versorgen.

Im Mai 2009 hatte Remziye den Verein Women Labor gegründet. Heute betreut sie mit vierzehn freiwilligen Helfern mehr als vierzig Frauen. Einige davon sind auf der Flucht vor ihrer Familie, andere lernen hier lesen und einen Beruf. Remziye kämpft gegen ein archaisches Wertesystem, aber auch gegen eine erbarmungslose Interpretation des Korans, denn immer wieder hört man die Ehrenmörder sagen, dass ein guter, muslimischer Vater nicht zulassen dürfe, dass seine Tochter mit fremden Männern gesehen werde.

Nazım Hikmet, einer der bekanntesten türkischen Dichter und überzeugter Kommunist, beschrieb die Situation der Frauen vor mehr als fünfzig Jahren recht drastisch:

»..., unsere Mutter, unser Weib, unsere Geliebte,
Frauen, die sterben, ohne dass sie gelebt hätten,
und deren Platz am Esstisch erst nach unserem
Ochsen kommt ...«

Noch drastischer aber finde ich, dass sich seitdem nicht viel geändert hat. So befragte die türkische Frauenorganisation Kader erst vor Kurzem die Männer in der Region nach den Pflichten einer Frau. Heraus kam Folgendes: Beschützt zu werden (49 Prozent), zuzuhören und zu gehorchen (28,6 Prozent) und, so ziemlich am Ende der Liste, sich weiterzubilden (0,9 Prozent).

Hülya Özatürk hatte für eine Studie des Orient-Instituts in İstanbul Dutzende Ehrenmörder in Gefängnissen besucht und sie zu ihren Taten befragt. Sie sezierte deren Ehrbegriff und konnte schließlich drei wichtige Dimensionen erkennen: *şeref* (Ehre des Familiennamens), *namus* (Keuschheit, Jungfräulichkeit, sittsames Benehmen der Frau) und *itibar* (Glaubwürdigkeit, Kredit). »Wenn ein Mann mit *itibar* sagt, dass etwas weiß ist, dann ist es weiß«, zitiert sie einen Befragten. Ein anderer Mann beschrieb es so: »Sein Wort wird sich überall durchsetzen, da er fehlerlos ist. Wenn du irgendwo einkaufst, wirst du alles ohne Bürgen haben können, da dir überall ein Kredit eingeräumt wird.« Letztlich ist mit der Ehre also auch das wirtschaftliche Überleben verbunden. Ein Mann von Ehre ist also jemand, der seine Frauen im Griff hat und dadurch glaubwürdig ist. Einer der befragten Männer im Gefängnis drückte es so aus: »Das Gerede ist wichtig, nicht ob es stimmt.«

Remziye schaltet den Heizstrahler ein und zieht das Gerät so nah an mich heran, dass ich Angst habe, mich zu verbrennen. Sie holt eine Zeitung und zeigt mir die Schlagzeile: »Mit 12: Braut. Mit 13: Mutter, Mit 14: tot«. Daneben sehe ich ein Foto von Kader, so hieß das Mädchen, das Mitte Januar 2014 Opfer eines Verbrechens wurde. Kader ist das türkische Wort für Schicksal. Kader wurde erschossen. Die Familie sagt, es sei Selbstmord gewesen. Kader sei depressiv gewesen. Vor ihrem Tod war sie erneut schwanger, das Baby aber kam tot zur Welt. Remziye vermutet, dass der Ehemann, vielleicht auch Kaders Vater nicht mit dieser Schande leben wollte.

In den vergangenen drei Jahren waren 128 866 Mädchen noch keine achtzehn Jahre alt, als sie heirateten oder besser: verheiratet wurden. Das sind die offiziellen Zahlen des türkischen Innenministeriums. »In Wahrheit sind die noch viel höher«, vermutet Remziye. »Viele Frauen können in der Türkei deshalb nie erwachsen werden. Sie sind noch Kind, wenn die Kontrolle über sie vom Vater zum Ehemann übergeht.«

Doch warum soll sich ausgerechnet der Schafhirte ändern, wenn die politischen Führer des Landes es nicht einmal tun? Tayyip Erdoğan war kaum im Amt als Premierminister, als er sich 2003 eine gerichtliche Sondergenehmigung für seinen Sohn einholte, damit dieser ein siebzehnjähriges Mädchen heiraten konnte. Der Präsident des Landes, Abdullah Gül, heiratete am 20. August 1980 seine Frau Hayrünnisa. Erst zwei Tage zuvor war sie fünfzehn geworden – Gül war dreißig.

Türkische Soaps, die Inzucht, Vergewaltigung und Selbstmorde von Frauen zeigen, lösen im Land keine große Debatte aus, solange keine intimen Kussszenen und keine nackte Haut gezeigt werden. Der staatliche Sender TRT hatte vor den Olympischen Spielen in Sotschi in Erwägung gezogen, den Eiskunstlauf der Frauen aus dem Programm zu streichen, weil er »für die türkischen Zuschauer nicht geeignet« sei, wie eine Zeitung berichtete.

Die Serie, in der eine junge Frau vier Minuten lang vergewaltigt wird, wurde jedenfalls auch zum Exportschlager. Die Einschaltquoten in den arabischen Ländern und in Pakistan erreichten Rekorde. Später nahm sie auch ein griechischer Sender ins Programm, wo die Ausstrahlung prompt einen Eklat auslöste. Linke Politiker liefen Sturm, weil die Serie »Gewalt an Frauen verharmlost« und sogar eine Vergewaltigung als »akzeptabel dargestellt« werde.

In der Türkei hingegen hatte die Zeitung »Hürriyet« zuvor von einer türkischen Ärztin berichtet, die in Florida lebe und dort die Serie zu Therapiezwecken einsetze. Frauen, die vergewaltigt wurden, sollten sich einige Folgen anschauen. Das Ziel der Ärztin: Die Opfer sollten künftig nicht alle Männer hassen, sondern auch sehen, dass es Männer wie Kerim gebe. Er ist der Mann, der in der Serie betrunken danebensteht und zuschaut, als Fatmagül vergewaltigt wird – und sie später heiratet.

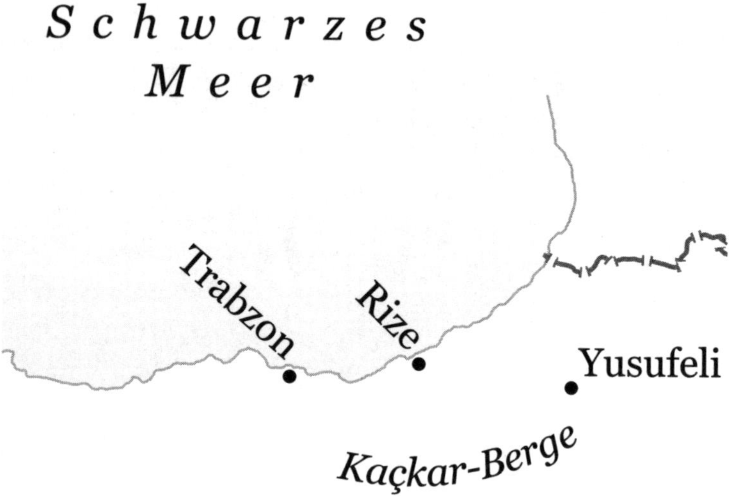

Schwarzes
Meer
Trabzon
Rize
Yusufeli
Kaçkar-Berge

Teil 6

SCHWARZMEER-REGION

Kapitel

15

Trabzon, am Meer

»Die Menschen dieser Region sind wie die Wellen des Schwarzen Meeres. Sie gehen ganz plötzlich hoch, und dann beruhigen sie sich wieder«
VOLKAN CANALIOĞLU, EHEMALIGER
BÜRGERMEISTER VON TRABZON (2004–2009)

Mein Friseur erzählte mir neulich, dass man an den Oberlippenbärten erkennen kann, welche politische Gesinnung ein Mann hat. Natürlich liege man damit nicht immer richtig, sagte er. Doch gebe es in der Türkei drei typische Rasuren, die einem nahelegen, mit wem man es zu tun habe.

Der kurze, übergepflegte, mandelförmige Schnurrbart zeigt demnach, dass der Mann religiös und konservativ ist. Gut die Hälfte aller Beamten sollen so aussehen, und natürlich Tayyip Erdoğan. Es gibt dazu noch die Spezialvariante, dass jemand zwei bis vier Millimeter zwischen Oberlippe und Schnurrbart freilässt. Ein buschiger Schnauzer hingegen ist das Kennzeichen der Linken. Stimmt es, was mein Friseur mir sagte, dann haben früher viele türkische Männer solche Schnauzer getragen, einfach, weil sie es als schön empfanden. Und dann gibt es schließlich noch das »Dschinghis-Khan-Modell«, das halbkreisförmig um den Mund führt und durch herunterhängende Spitzen auffällt. Das sind die extremen Nationalisten. Für meinen Friseur sind es »die Faschisten«. Die sollen vor allem ganz im Osten und am Schwarzen Meer wohnen.

Ich bin auf dem Weg in eine Ecke im Nordosten der Türkei, die nur wenige westliche Touristen besuchen. Ich warte am Flughafen in İstanbul, dem kleineren der beiden, der auf der asiatischen Seite liegt und nach Sabiha Gökçen benannt ist – der ersten Kampfpilotin der Welt. Als Jugendliche wurde sie von Kemal Atatürk adoptiert und erhielt von ihm später den Nachnamen Gökçen, was so viel heißt wie: himmelsbezogen. Ich möchte nach Trabzon am Schwarzen Meer fliegen. Es ist schon sehr dunkel draußen, Schlag zwanzig Uhr, und die Wartebereiche vor den Gates sind so vollgepackt mit Menschen, dass das Innenthermometer an der Wand achtundzwanzig Grad Celsius anzeigt. Zwischen 19.55 Uhr und 20.25 Uhr heben allein fünfzehn Flugzeuge der türkischen Pegasus Airline ab. Mein Flieger sollte in fünfundzwanzig Minuten starten.

Vor mir in der Schlange steht ein Mann mit einem »Dschinghis-Khan-Bart«. Er ist einen halben Kopf kleiner als ich, trägt eine dunkle Schiebermütze, eine beige Lederjacke, sein Blick ist streng, ich grüße ihn, er nickt ein wenig. Ich sehe noch drei weitere Männer mit dieser Barttracht. Mein Friseur hat womöglich recht. Denn die Leute in Trabzon haben einen besonderen Ruf: Sie gelten als glühende Nationalisten, vor allem aber auch als leicht reizbar. Ein früherer Trabzoner Bürgermeister verglich ihr Gemüt einmal mit den Wellen des Schwarzen Meeres. Jederzeit könne aus dem Nichts ein Sturm aufziehen.

Die Wartenden in der Schlange sind bislang ausgesprochen geduldig, obwohl wir eigentlich schon längst im Flugzeug sitzen müssten. Ein Bus fährt vor, ein Mann eilt zum Schalter, kündigt über Lautsprecher an, auf was jeder schon seit einer halben Stunde wartet, und reißt die Tickets ab wie ein Roboter; wir steigen in den Bus. Und dann passiert wieder nichts. Fünf Minuten, sieben, zehn, zwölf, fünfzehn Minuten. Die Bustüren bleiben offen. Eltern beruhigen ihre Kinder, die ungeduldig werden. Bis auf eine Handvoll Passagiere müssen alle stehen, nur wenige reden, ab und zu schaut mal einer auf die Uhr.

Draußen, gut zehn Meter entfernt, diskutieren ein paar Mitarbeiter des Flughafens und sprechen in ihre Funkgeräte. Es gibt offensichtlich ein Problem. Danach drehen sie sich um und wollen zurück in das Flughafengebäude gehen.

»Moment!«, ruft ihnen der Mann mit der Schiebermütze nach, der vor mir in der Schlange stand. Er steigt aus dem Bus. Ihm folgen zehn Männer. Ich habe das Gefühl, dass sich soeben ein paar dunkle Wolken über dem Schwarzen Meer zusammengebraut haben. Der Mitarbeiter der Fluglinie aber weiß wohl nicht, was für Leute in diesem Bus sitzen – und ruft ihnen flapsig zwei Wörter entgegen: »On dakka!« Zehn Minuten.

Der Sturm bricht los. Die Männer laufen entschlossen auf ihn zu und heben die Zeigefinger. Der halbe Bus steigt jetzt aus und zielt auf den hilflosen Pegasus-Mitarbeiter. Sie klopfen ihm auf die Schulter, von vorne, hinten, links und rechts, weil jeder ihm etwas zu sagen hat. Dicht gedrängt stehen sie vor ihm. Umkreisen ihn. Der Bus ist inzwischen leer; auch ich bin ausgestiegen. Der Mitarbeiter der Fluglinie ruft über Funk Verstärkung. Die Situation droht zu eskalieren.

In seiner Verzweiflung schlägt er vor, dass die abgerissenen Tickets wieder verteilt werden und dazu jeder Passagier namentlich aufgerufen wird, damit nachher ein korrektes Boarding möglich ist. Alle sollten in die Halle zurückgehen – und dort warten. Ein empörter Passagier nähert sich der Gurgel des Pegasus-Mitarbeiters. Die zornigen Gesichter der Männer machen sogar mir Angst.

Ein Mann des Flughafens, der eine Uniform trägt und vermutlich nicht nur deshalb wichtig ist, eilt herbei. »In den Bus zurück!«, befiehlt er. »Das Flugzeug ist bereit!«

Die Leute glauben ihm. Wir steigen in den Bus, und er fährt sofort los. Die Passagiere schweigen, als ob nichts geschehen wäre. Die See ist jetzt wieder ruhig.

Leute in İstanbul hatten mich tatsächlich zur Vorsicht gemahnt, sollte ich nach Trabzon gehen. In dieses »Fascho-Nest«, wo auch schon »linke Aktivisten von einem Lynchmob verfolgt wurden«. Aber schön sei es dort, sagte mir eigentlich jeder. Die Region am Schwarzen Meer ist die grünste, üppigste, vielleicht auch die uns vertrauteste Landschaft. Hoch oben, in den Gebirgstälern, sieht es ein bisschen so aus wie in der ZDF-Serie »Der Bergdoktor«. Der römische Feldherr Lucullus hatte nicht weit von hier, im antiken Kerasous und heutigen Giresun, zum ersten Mal Kirschen gegessen und war so angetan davon, dass er ein paar Setzlinge nach Rom schickte – ihm haben wir also unsere Kirschbäume zu verdanken.

Weiter unten, am Strand, zerfressen jedoch Asphalt und Beton das satte Grün. Den Einheimischen wurde gar die See genommen. Eine fünfhundert Kilometer lange Autobahn führt entlang der Küste und trennt Mensch von Wasser. Tonnenschwere Lkws donnern mit über einhundert Stundenkilometern vorbei und bringen Waren aus den Nachbarländern, insbesondere aus Georgien und dem Iran. Die Fischer jammern und vor allem die Hoteliers, allerdings sind auch früher nur selten Touristen in diese Gegend gereist. Das Schwarze Meer galt schließlich als die Toilettenspülung der Russen, und die Türken benutzten es als Müllkippe.

Die Natur hatte eine besondere Laune, als sie die türkische Schwarzmeerküste schuf. Kaum hat das Meer das Ufer berührt, erheben sich steile Hänge, die den Menschen kaum Platz zum Leben lassen und die das Pontische Gebirge formen, das dort aufhört, wo die zentralanatolische Hochebene beginnt. Vielleicht sind hier die Minarette deshalb besonders hoch gebaut, damit sie auch nicht übersehen werden. Beim Anflug auf Trabzon, der Hafenstadt mit fast einer Viertelmillion Einwohner, habe ich keine Berge gesehen und auch kein Meer, sondern nur die farbig blinkenden Lichter der Forum-Shopping-Mall.

Es ist jetzt stockfinster, kurz vor dreiundzwanzig Uhr. Der Flughafen liegt direkt am Meer und nur wenige Kilometer vom Zentrum entfernt. Ich habe mir einen Mietwagen besorgt, ohne zu wissen, dass ich in der vielleicht autofahrerunfreundlichsten Stadt der Türkei gelandet bin. Die Straßen gehen steil hoch und sind oft zugeparkt. Es gibt keine Möglichkeit zum Wenden, und Schilder, die eine Einbahnstraße kennzeichnen, werden gerne mal ignoriert. Es habe schon unzählige Versuche gegeben, die Wege in Trabzon besser und breiter zu machen, erzählt mir der Mann an der Hotelrezeption, als ich ihm von meiner Irrfahrt durch die verwinkelten Gassen berichte. »Aber dann ruft meistens jemand bei der Stadt an und sagt, ›Achtung, das ist historisches Gebiet‹, und dann traut sich keiner mehr zu graben.« Ich hatte auf mein Navigationsgerät vertraut, das aber komplett versagte.

Trabzon ist eine alte, gewachsene Stadt. Im 7. Jahrhundert vor Christus ließen sich die Griechen dort nieder, gründeten einen Hafen und errichteten an der steilen Küste ihre Festungen. Später fielen die Römer ein und im 3. Jahrhundert nach Christus die germanischen Goten, die nicht viel von der Stadt übrig ließen.

Ihre zweihundertjährige Blütezeit erlebte Trabzon ab dem Jahr 1204, als eine byzantinische Herrscherdynastie ans Schwarze Meer floh und dort das Reich von Trapezunt gründete. Sie schafften es gerade noch rechtzeitig aus Konstantinopel, bevor die Kreuzritter die begehrte Stadt angriffen, um sie zu erobern. Christen kämpften dort also gegen Christen, und am Ende gewannen die Kreuzritter, die in Konstantinopel anschließend das Lateinische Kaiserreich ausriefen.

Im Reich von Trapezunt richteten sich die neuen Machthaber gut ein, handelten mit Seide und Gewürzen, die sie aus Persien

importierten. Die Handelsroute führte über den zweitausend
Meter hohen Zigana-Pass, der heute fünf Monate lang mit Schnee
bedeckt ist und das vermutlich auch damals war. Um sich neuen
Ärger zu ersparen, machten die Herrscher das, was auch die Habsburger recht geschickt vor so manchem Krieg bewahrte: Sie ver-
heirateten ihre Prinzessinnen mit den Söhnen ihrer Feinde. Das
waren damals mächtige Turkstämme mit für uns unaussprechli-
chen Namen: die Qara Qoyunlu (Jene mit den schwarzen Hammeln) und die Aq Qoyunlu (Jene mit den weißen Hammeln). Untereinander waren sich beide Sippen spinnefeind.

Neuer Morgen, Dämmerstunde, der Muezzin der Isken-
der-Paşa-Moschee weckt mich. Ich blicke von meinem Bett genau
auf die Lautsprecher des Minaretts. Wenn ich am Fenster stehe,
sehe ich sogar durch einen Häuserspalt das Meer. Die Gebäude
sind oft so eng aneinandergebaut, dass man sich von Balkon zu
Balkon die Hand geben könnte. Trabzon ist eine Hafenstadt und
allein deshalb schon dreckiger, verruchter und abenteuerlicher als
die braven Städte in Zentralanatolien. »Der Puff der Türkei«, so
beschrieb mir mein Bekannter Melih die Stadt. Es gibt hier zwar
mehr als fünfzig Hotels, doch die meisten vermieten ihre Zimmer
nur stundenweise. Die Prostituierten kommen mit Fähren aus
dem russischen Sotschi und neuerdings auch aus Bulgarien.

Berühmt ist die Region für drei Dinge: Tee, Sardellen *(hamsi)*
und Haselnüsse – in keiner Region der Welt werden mehr davon
geerntet als am Schwarzen Meer. Die über glühenden Kohlen ge-
bratenen *Akçaabat köfte,* mit Knoblauch verfeinert, sind der Stolz
der Küche. Um die Trabzoner nicht zu reizen, sollte der Fremde auf
keinen Fall ein falsches Wort über den Verein Trabzonspor verlieren, der etwas schaffte, was sonst nur noch Bursaspor gelang: als
Nicht-Istanbuler Fußballklub die türkische Meisterschaft zu gewinnen. In fast jedem Laden hängt ein weinrot-blauer Wimpel.

Als einfache Zeitgenossen galten die Trabzoner schon vor
zweitausend Jahren nicht. Hinterlistig setzten die Bewohner eine

köstliche Spezialität ein, den *deli bal,* den ›verrückten Honig‹. Die süße Masse enthält den Nektar der Pflanze *Rhododendron ponticum.* Bestäuben die Bienen die lila Blüten, saugen sie die Grayanotoxine heraus. Die kaukasische Biene ist dagegen immun. Der Mensch hingegen braucht womöglich einen Notarzt.

Der griechische Feldherr Xenophon berichtete, dass seine zehntausend Krieger im Jahr 401 vor Christus bei Trabzon Halt machten. Nach einer verlorenen Schlacht gegen die Perser waren sie auf dem Rückweg – und aßen von dem goldgelben Honig. Die Soldaten verloren daraufhin die Besinnung, erbrachen sich und bekamen Durchfall, keiner von ihnen konnte sich aufrecht halten. Selbst diejenigen, die nur wenig von dem Honig aßen, torkelten wie Betrunkene. Gut dreihundertfünfzig Jahre später setzten die Einheimischen den Honig sogar als Waffe ein, als sie den Soldaten des pontischen Königs davon zu essen gaben. Die Krieger waren danach erledigt, und die Bürger konnten sie mühelos überwältigen. Heute wird der Honig nicht mehr verkauft, doch soll es noch ein paar Imker geben, die das Teufelszeug produzieren, erkennbar daran, dass ein Löffel davon in der Kehle ein scharfes und brennendes Kribbeln auslöst.

Ich unterhalte mich beim Frühstück mit einem Angestellten des Hotels. Er heißt Bilal, ist Anfang dreißig und hat englische Literatur studiert. Er stammt aus Kütahya, einer Kreisstadt dreihundert Kilometer westlich von Ankara, und da kaum ein Ausländer weiß, wo diese liegt, hat er sich eine gute Erklärung einfallen lassen. Er nimmt eine Tasse in die Hand und sagt mit großem Stolz: »Da bin ich her, da, wo es das beste Porzellan der Türkei gibt.«

Er ist nach Trabzon gezogen, weil ein Hotel einen Mitarbeiter suchte, der Englisch kann. Es gefällt ihm hier gut. Bilal verdient tausend türkische Lira im Monat, für seine Zwei-Zimmer-Wohnung muss er davon fünfhunderfünfzig Lira abdrücken, der Rest reicht für ein bescheidenes Leben, ohne Kino, ohne Essen im Restaurant. »Wenigstens ist der Tee in der Türkei günstig«, sage

ich, denn ein Glas kostet selten mehr als eine Lira. »Für mich ist
der Tee nicht billig!«, entgegnet er grimmig. Trabzon sei eine der
teuersten Städte der Türkei. »Die Mieten hier sind sehr hoch«,
sagt er. Der Ort ist eingekeilt zwischen Berg und Meer, es gibt
kaum Bauland. Es gibt hier auch kaum Fabriken, und deshalb fehlen Jobs. Das ist auch der Grund, warum nur wenige in die Stadt
ziehen und jeder jeden kennt. »Und wie überleben die Menschen
hier?«, frage ich Bilal. Ich habe nicht den Eindruck, dass es den
Menschen schlecht geht. »Wir sind wie der Libanon. Viele Trabzoner leben im Ausland und schicken Geld nach Hause.«

Trabzons Ruf hat in den vergangenen Jahren ziemlich gelitten. Nicht nur glühende Nationalisten, sondern auch religiöse Fa-
natiker würden dort leben, heißt es. Aus heiterem Himmel kommen diese Vorwürfe freilich nicht: Im Januar 2007 erschoss ein
sechzehnjähriger Junge aus Trabzon den armenischen Journalisten
Hrant Dink vor seinem Redaktionsbüro in İstanbul. Als Motiv
gab er an, Dink habe sein Volk beleidigt. »Ich habe im Internet gelesen, dass er gesagt hat: ›Ich bin aus der Türkei, aber türkisches
Blut ist schmutzig.‹« Tayyip Erdoğan verurteilte das Verbrechen
als »abscheulich«, sagte seine Teilnahme an der Beerdigung aber
ab, weil er einen Autobahntunnel zu eröffnen hatte. Ein Jahr zuvor
hatte ein ebenfalls Sechzehnjähriger einem katholischen Priester
mit zwei Neun-Millimeter-Patronen in den Rücken geschossen,
als dieser in der Santa-Maria-Kirche in Trabzon betete. Leber und
Herz des Italieners wurden zerfetzt, er starb. Bei der Polizei sagte
der Täter später aus, er habe sich durch die Mohammed-Karikatu-
ren in Dänemark provoziert gefühlt.

»Diese Verbrechen fanden die Leute hier entsetzlich«, sagt
Bilal. »Die Trabzoner sind Nationalisten, ja, das stimmt, aber sie
sind keine Nazis. Die lieben einfach nur die Türkei.« Er macht
eine Pause und schaut mich fragend an: »Ist das so schlimm?«

Ein groß gewachsener Mann läuft die Treppe hinunter und ge-
sellt sich zu uns, er spricht Englisch mit amerikanischem Vokabu-

lar und Akzent, Hasan, so stellt er sich vor, fester Händedruck,
Mitte vierzig, trägt dunkles Sakko, Jeans und eine dicke Uhr, die
meinen Arm wohl ständig nach unten ziehen würde. Er ist ein
Freund des Hoteldirektors und macht gerade Urlaub in Trabzon,
wo er seine Kindheit und Jugend verbrachte. Seit ein paar Jahren
lebt er in Kanada. Dort hat er sich ein neues Leben aufgebaut. Hasan beschäftigt ein halbes Dutzend Leute, die als Maler arbeiten,
Essen ausfahren und Möbel packen.

»Kommt, lasst uns draußen einen Tee trinken«, sagt er. Wir
laufen über den Hauptplatz, durch eine Seitenstraße, wo der katholische Priester erschossen wurde, und setzen uns in einem ge-
mütlichen Laden, wo es frisch gepressten Orangensaft gibt, auf
kleine Hocker.

»Wie findest du die Türkei?«, will er von mir wissen. Wieder
diese Frage. Aber dieses Mal antwortet Hasan für mich. »Die Türkei braucht dringend ein neues Denken«, sagt er. »Schau dir den
Typen an der Rezeption an. Der hat englische Literatur studiert.
Dann wollte er eine Prüfung machen, damit er Englisch in der
Schule unterrichten kann. Er flog durch, warum auch immer. Und
jetzt sitzt er an der Rezeption und verdient kaum Geld.«

»Warum hat er die Prüfung nicht einfach wiederholt?«, frage
ich.

»Das hätte seine Familie nicht erlaubt, denn wäre er ein zwei-
tes Mal durchgefallen, wäre das eine große Schande. So hat er wenigstens einen Job, und das ist für die Familie wichtig.«

Auch Hasan scheitert bei seiner Familie grandios, wenn er ihr
von den Vorzügen einer offenen Gesellschaft vorschwärmt, die er
in Kanada zu schätzen gelernt hat. »Die Leute am Schwarzen Meer
sind nicht entspannt«, sagt er. »Schau dich mal um. Die sind alle gut
angezogen. Du darfst hier nicht sagen, dass du arm bist.« Die Gesellschaft zementiere ihre konservativen Werte. Auch seien die
Menschen hier sehr religiös. »Die Trabzoner mögen keine Verän-
derungen, keine Unruhe«, sagt Hasan. In den Neunzigerjahren, als

er studierte, wollte er politisch aktiv werden. »An der Trabzoner Uni aber war nichts los, vermutlich war dies eine der ganz wenigen Unis, wo niemand rebellierte«, erinnert er sich. Hasan wollte sich damit nicht zufriedengeben, fragte herum, doch er hörte von allen Seiten nur: »Lass das sein, die Trabzoner mögen das nicht.«

Mir war in Filmen aufgefallen, dass die Leute vom Schwarzen Meer oft herhalten müssen, wenn es etwas dümmlich zugehen soll. Sie sind also das, was in Deutschland die Ostfriesen sind: eine Witzfigur. Meistens geht es dabei um Temel und seine Freunde Fadime, Dursun und Idris, alle vier an der Schwarzmeerküste zu Hause – und nicht besonders helle. Stets schaffen sie es, selbst die einfachsten Sachen total misszuverstehen.

»Hast du zufällig so einen Witz auf Lager?«, frage ich Hasan. Er überlegt kurz.

Dann beginnt er zu erzählen: »Professor Temel untersucht in seinem Labor eine Heuschrecke. Er befiehlt ihr zu hüpfen, und sie hüpft. Er beginnt ein Experiment, schneidet ihr ein Bein ab und befiehlt ihr erneut zu springen, und sie springt. Dann schneidet er noch ein Bein ab, und wieder springt sie. Schließlich trennt er alle Beine ab und fordert sie auf zu springen. Doch sie macht nichts mehr. Dann schreibt er in seine Unterlagen: Wenn man einer Heuschrecke alle Beine abtrennt, wird sie taub.«

Hasan sagt, dass die meisten Scherze nach diesem Muster funktionieren. Ihm fällt noch einer ein:

»Eines Tages prahlte Temel: ›Ich schaffe es, in nur drei Tagen nach Berlin zu fahren und wieder zurückzukommen!‹ Die Leute waren irritiert, das sind über dreitausend Kilometer, das geht nicht. Also fuhr Temel los. Einen Tag später rief er seinen Freund an: ›Ich bin in Deutschland und komme jetzt wieder zurück!‹ Zwei Tage später aber war er noch nicht in Trabzon angekommen. Erst nach einer Woche kam Temel an und war völlig erschöpft: ›Mann, war das schwierig, mit dem Auto rückwärts zu fahren!‹«

Die meisten Bewohner des Schwarzen Meeres finden das natürlich nicht lustig. Ein bisschen Wahrheit steckt in den Witzen aber
schon, zum Beispiel, dass die Trabzoner schnell zornig werden. Das
gibt auch Hasan zu und nennt mir ein Beispiel: »Du gehst zu einem
Gemüsehändler. Dort nimmst du einen Salat und fragst, wie viel
der kostet. Der Verkäufer sagt: Fünf Lira, was natürlich viel zu viel
ist. Normalerweise würde man jetzt sagen, das ist zu teuer, und feil-
schen. Der Trabzoner hingegen macht eine strenge Miene und ruft
dem Händler zu: ›Okay, dann lege ich ihn wieder hin!‹«

Außerdem würden sich die Istanbuler darüber lustig machen,
wie die Trabzoner Türkisch sprechen, weil sie manche Buchstaben härter betonen, oder darüber, dass sie nicht viel Sonne abbekommen – worauf man tatsächlich aufgrund ihrer hellen Gesichter schließen kann. Auch ignorieren die meisten Reiseführer und
Touranbieter Trabzon, weil es nicht viel zu sehen gibt.

Ich aber fühle mich wohl hier. Der Ort hat noch Herz und
Charme, was ich bei den vielen türkischen Städten vermisse, die
schnell und funktional hochgezogen wurden. Die Leute sind
manchmal etwas grimmig, aber sehr hilfsbereit. Als ich um kurz
vor Mitternacht ankam und mit dem Auto durch die Stadt irrte,
beschrieb ich dem Hoteldirektor meinen Standort. Er sagte spontan: »Bleiben Sie dort stehen, ein Mitarbeiter ist schon unterwegs
zu Ihnen und wird Sie zum Hotel leiten.« Und das Hotel ist wohlgemerkt eine Bleibe für Rucksacktouristen.

Ich flaniere durch die Fußgängerzone und besichtige das Museum, wozu ich keine fünf Minuten brauche, und schaue den verrückten Autofahrern zu, die bei Gelb an der Ampel schon hupen,
jedes Verbotsschild ignorieren und so dicht auffahren, als würden
sie den anderen beim Anfahren am Berg, mit Handbremse und
Kupplung, testen wollen.

Die Lage der Stadt ist beeindruckend. Vor einem liegt das
Meer, hinter einem erheben sich die steilen Hügel, an denen sich
die Häuser hochziehen. Ich frage mich, wie man hier wohl die

Höhe der Stadt bestimmt. Auf offiziellen Seiten steht dreißig
Meter. Mit dem Auto habe ich vorhin aber dreihundert Höhen-
meter zurückgelegt, sagte mir mein Handy. In österreichischen
Dörfern orientiert man sich an der Kirche, und wenn es mehrere
davon gibt, nimmt man die wichtigere. Moscheen aber gibt es in
Trabzon viel zu viele, die wichtig sind.

Trabzon ist durchzogen von steilen Furchen, die früher einmal
Bäche waren. Heute sehe ich dort Baracken, zerfallene Häuser
und Schafe, die im Müll nach etwas Essbarem suchen. Menschen
hausen dort, denen das Geld für eine Wohnung nicht reicht und
die immer weiter aus der Stadt gedrängt werden. Vor ein paar Jahren gab der Bürgermeister die Räumung eines dieser Armenviertel in Auftrag, das unter den Ruinen der Hunderte Jahre alten Festung lag. Heute erstreckt sich dort der Zağnos-Vadisi-Park. Ein
Springbrunnen plätschert ruhig vor sich hin, ein Bächlein fließt
unter Brücken hindurch, und überall sprießt Gras, es gibt Cafés
und überdachte Bänke.

Als ich zu meinem Hotel zurücklaufe, steht beim Hotel Usta
Park ein sonderbares Auto: ein weißer VW, mit Y-Kennzeichen
der deutschen Bundeswehr. Weiter hinten sehe ich einen Bus,
ebenfalls mit einer Bundeswehrplakette. Daneben steht ein VW
Touran. Das komplette Hotel, so erfahre ich, wurde von der deutschen Bundeswehr gebucht. Ihre Mission ist der Abzug aus Afghanistan, der zum Teil über Trabzon läuft.

Das Usta Park ist eines der besseren und größeren Häuser der
Stadt, sieben Stockwerke, einhundertzwanzig Zimmer, Sauna,
Hamam und Fitnesscenter, zwei Restaurants, das Einzelzimmer
bekommt man ab einhundertvierzig Lira. Früher stiegen hier vor
allem russische Geschäftsleute ab. Ich schaue mir die Getränke-
karte in der Lobby an. Sie ist auf Türkisch und Deutsch, es gibt
Latte Macchiato und Espresso.

Die Bundeswehr in Bonn vermittelt mir einen Gesprächs-
partner, der mir Auskunft geben darf: Andreas Kliewer, Ober-

leutnant zur See, stationiert in Trabzon und zuständig für die Pressearbeit. Er trägt keine Uniform, als wir uns treffen, stattdessen einen Pulli, Jeans und feste Turnschuhe. Das hier sei schließlich kein Auslandseinsatz, sagt er, sondern ein Logistikprojekt. Die Bundeswehr will bis Ende des Jahres 2014 aus Afghanistan heraus. Was sie an den Hindukusch an Material verfrachtet hat, das holt sie jetzt wieder zurück: Dingo-Panzer, Wolf-Geländewagen der Marke Mercedes Benz, Satellitenschüsseln und Kleinkram.

Mir war schon am Flughafen eine riesengroße, russische Antonov-Maschine aufgefallen. Das Flugzeug ist ein fliegendes Ungetüm, in dessen Frachtraum sogar ein Kran installiert ist. Früher wurden damit russische Spaceshuttles transportiert. Mit dem Modell 124, das auf der Landebahn in Trabzon steht, wurde 1993 ein Rekord aufgestellt: Der Vogel hob tatsächlich mit einem 135,2 Tonnen schweren Siemens-Generator ab. Es war die schwerste einzelne Fracht, die bis dahin auf dem Luftweg transportiert worden war. Die Piloten können das Cockpit nur über eine Leiter besteigen. Die Nase lässt sich öffnen, sodass im Frachtraum auch locker ein deutscher Büffel-Bergepanzer Platz hat, der dreiundsechzig Tonnen schwer ist. Sechs Maschinen stehen der Bundeswehr zur Verfügung; sie wurden geleast. Um die Ware aus Afghanistan zu sichten, zu putzen, zu sortieren, neu zu verpacken und zu verschiffen, wurden mehr als hundert Soldaten nach Trabzon abkommandiert.

Oberleutnant Kliewer möchte mir das Gelände am Hafen zeigen. Wir fahren eine Straße hinunter, die durch ein Viertel führt, in dem die Hotels liegen, vor denen mich mein Freund Melih gewarnt hatte. Es ist die sogenannte Rote Zone Trabzons. Die deutschen Soldaten dürfen hier keinen Fuß hineinsetzen. Die türkische Polizei riet ihnen, diese Gegend, die voll ist mit Absteigen und Stundenhotels, besser zu meiden. Dort werde alles mit Kameras überwacht, so die deutliche Warnung.

Der Fuhrpark der Bundeswehr besteht ausschließlich aus weißen Fahrzeugen. »Bei all dem Staub in der Luft ist das hier nicht wirklich praktisch«, sagt Kliewer. Da man sich den Wagen an vielen Tankstellen kostenlos waschen lassen kann, stört das aber nicht wirklich. Mich würde wohl eher der Fahrstil der Trabzoner beunruhigen. Das geht auch den Deutschen so: »Einmal habe ich sogar ein Auto gesehen, dessen Fahrer über einen Lautsprecher mit den anderen Autofahrern kommunizierte, was hier sonst nur die Polizei macht«, erzählt der Oberleutnant, und: »Kleine Schäden reparieren wir gar nicht mehr.« Als die Soldaten in die Stadt kamen, riet man ihnen, sie sollten am besten »einfach mit dem Verkehr mitschwimmen«.

Doch bis auf wahnwitzige Autofahrer ist der Kulturschock bei den Soldaten ausgeblieben. Die Mentalität der Leute sei natürlich anders, sagt Kliewer. »Es gibt hier eine andere Freundlichkeit, weniger mit Worten.« Daran müsse man sich zuerst gewöhnen. »Wenn ich in einen Laden gehe, begleitet mich oft ein Angestellter, hilft mir beim Einkaufen, packt mir die Sachen ein.« Überhaupt seien die Leute respektvoll und hilfsbereit. Der Koch im Hotel habe sogar deutsche Rezepte ausprobiert und sich an Klopsen versucht. Die deutsche Truppe scheint sich gut eingelebt zu haben. Oberleutnant Kliewer hat in seinem Dienstwagen einen Trabzonspor-Wimpel hängen. Die deutschen Soldaten gehen manchmal auch zu Spielen, denn jemand aus der Einheit hat einen guten Draht zum Verein und kommt an Karten. Auch zu einem Radiosender pflegen sie gute Beziehungen. Der hat ihnen neulich angeboten, einen ganzen Nachmittag nur Musikwünsche der Deutschen zu spielen.

Der Rücktransport des Materials aus Afghanistan ist eine ausgetüftelte logistische Operation. Sehr heikle Ware, Waffen und geheime Dokumente werden direkt von dort mit dem Flugzeug nach Deutschland gebracht. Allerweltsmaterial kommt im pakistanischen Hafen von Karatschi aufs Schiff oder wird über den Landweg transportiert, quer durch die ehemaligen Sowjetrepubliken.

Der überwiegende Teil des Materials aber, vor allem die eintausendeinhundert Panzer, Mannschaftswagen und Geländefahrzeuge, landet zuerst mit der Antonov in Trabzon. Hinzu kommen Computer, Technik und Zubehör, kleineres Frachtgut also, das zusammen rund dreitausendachthundert Container füllt. Vom Trabzoner Hafen aus wird es dann zunächst nach İstanbul verschifft und dann weiter nach Emden in Ostfriesland. Von dort werden die Sachen dann an die Bundeswehrstandorte verteilt.

Am Hafen fahren wir an einer alten, gelben deutschen Telefonzelle vorbei. »Damit können unsere Soldaten kostenlos nach Hause telefonieren«, erklärt mir Kliewer. Das von der Bundeswehr angemietete Gelände ist so groß wie sechs Fußballfelder. Eine Lagerhalle war bereits vorhanden: alt, silberfarben und von den Einheimischen Shell-Halle genannt, weil angeblich der holländische Ölriese den Blechkasten für ein Projekt im Schwarzen Meer benötigt hatte. Die anderen vier Hallen bauten die Deutschen auf. Blaue Platte nennen die Soldaten ihren Arbeitsplatz, denn die Farbe Blau steht bei der Bundeswehr intern für die Logistik. Eine riesige Satellitenschüssel, die eine sichere Kommunikation garantieren soll, ist mit Stacheldraht gesichert und steht direkt neben der Reling. Keine fünfzig Meter gegenüber schwimmt ein U-Boot der türkischen Schwarzmeerflotte. An einem Container, in dem die Büros untergebracht sind, hängt eine Holztafel: »Ein Käfig voller Profis«.

Als die ersten deutschen Panzer am Hafen standen, machten in der Stadt schnell Gerüchte die Runde. Die Deutschen würden in Syrien einmarschieren wollen, war zu hören, und sammelten in Trabzon ihre Streitkräfte. Die Bundeswehroberen luden daraufhin die Lokalpresse ein und führten sie herum, damit sie sich selbst ein Bild davon machen konnten, dass kein deutscher Angriff auf Syrien geplant war. Doch so ganz trauten die Türken den

Deutschen dann wohl doch nicht. Anfangs fuhr immer mal wieder eine Polizeistreife am Hafen vorbei. Offiziell hieß es, das sei nur zur Sicherheit der Soldaten.

Wir fahren noch zum Aussichtspunkt der Stadt, dem Boztepe, einem Hügel, von dem sich ein atemberaubender Ausblick auf das Meer und den Hafen bietet. Ich sehe die Fahrzeuge der Bundeswehr, die von hier oben wie Spielzeugautos wirken.

Die meisten Einheimischen fahren auf den Trabzoner Hügel, um Tee zu trinken. Manche glauben sogar, der Aufenthalt fördere die Fruchtbarkeit junger Paare. Man sieht Paare, die Händchen halten oder sich verstohlen küssen. Neben der Aussichtsplattform führt ein Weg zu einem kleinen Häuschen. Wer dort arbeitet, hat die beste Aussicht auf das Meer und das Gewusel in den verwinkelten Gassen. Ein Schild verrät, dass darin die Forschungsbibliothek der Stadt untergebracht ist. Ausgerechnet an einem der exponiertesten Orte von Trabzon. Vor Kurzem hatte ich in einer Zeitung gelesen, dass ein Türke im Schnitt alle zehn Jahre ein Buch liest. »Wir sind visuelle Menschen«, hatte mir ein Mann einmal in einem Teehaus in İstanbul gesagt. Deshalb drucken die meisten türkischen Zeitungen mehr Fotos als die »Bild«-Zeitung. »Am liebsten aber«, erklärte mir der Mann, »hören wir Türken zu.«

Diese Form der Nachrichtenübermittlung kann gelegentlich auch dazu führen, dass am Ende eine ganz andere Geschichte ankommt. Mir fällt die ›stille Post‹ aus Kindertagen ein. In Trabzon kann das im schlimmsten Fall bedeuten, dass ein Sturm losbricht und die Wellen ganz plötzlich hochgehen. Ich war jetzt drei Tage lang hier – doch die See ist ruhig geblieben.

Kapitel

16

Rize, am Meer

Überall da, wo es Apfeltee gibt, hört die Türkei auf, türkisch zu sein. Ich habe tatsächlich noch keinen Türken auf dem Land gesehen, der Apfeltee trinkt. Es ist ja auch streng genommen kein Tee, dieses chemische Pulver, das in heißes Wasser gekippt wird und sich dort zu einem Instantgetränk auflöst. Warum Touristen dieses Gesöff geradezu lieben, hat sich mir nicht erschlossen.

Jedenfalls hat es der Apfeltee geschafft, im Ausland zu einem Markenzeichen der Türkei zu werden. In den Regalen deutscher Supermärkte habe ich gleich mehrere Sorten Türkischer Apfel gefunden. Auf einer Packung stand, dass der Tee »eine Reise in die vielfältige faszinierende Welt der Türkei« sei. Eine andere Sorte nennt sich Türkischer Bayram, Apfel-Feige. Im Internet lese ich dazu, dass man sich an einem *bayram,* einem Feiertag, »in geselliger

Runde versammelt und gemeinsam Tee trinkt«. Das tun die Türken tatsächlich, aber ganz sicher nicht mit Bayram-Tee, der »den
unverwechselbaren Charakter eines türkischen Apfeltees« habe.

Ich bin in Rize am Schwarzen Meer, eintausendeinhundert-
dreißig Kilometer von İstanbul entfernt, so steht es auf einem
Verkehrsschild. Die Türkei stößt hier allmählich an ihre Grenzen.
Es ist die Region, wo der echte, türkische Tee wächst – der schwarze. In keinem Land der Welt verbrauchen die Menschen pro Person mehr Tee als in der Türkei: drei Kilogramm im Jahr, haben die
Marktforscher von Euromonitor im Januar 2013 errechnet, denn
die Türken brühen ihren Tee stark auf. Statistisch gesehen trinkt
jeder zweihunderteinundzwanzig Liter. Da sind die siebenundzwanzig Liter der Deutschen fast nicht mehr nennenswert. Die
türkischen Teefabriken produzieren jährlich mehr als zweihun-
derttausend Tonnen Tee, zwei Drittel davon werden in der Provinz Rize geerntet. So gut wie alles davon wird im Land selbst verbraucht, lediglich ein Prozent wird exportiert.

Die staatliche Firma Çaykur ist mit ihren sechsundvierzig
Teefabriken der mit Abstand größte Erzeuger und Arbeitgeber in
der Gegend. Auf der Fahrt waren mir die gelb-roten Schlote aufgefallen und riesige Hallen, in denen die Blätter getrocknet, zer-
kleinert und gelagert werden. In fast jedem Garten in dieser Gegend wachsen ein paar Teepflanzen. Nur so lässt sich erklären,
dass in dem Großraum, in dem eine Million Menschen leben,
205 312 Kleinbetriebe ihre Ernte an die Teefabriken verkaufen.
Für die Ernte im Jahr 2013 bekamen sie für das Kilo rund 1,35 Lira.
Das Schneiden und Sammeln der Blätter ist schwere, körperliche
Arbeit, doch Männer sieht man auf den Feldern selten. Es sind
meist Frauen, die den Tee ernten.

Die Frauen in den Dörfern haben ausgezehrte Gesichter, sie
sehen mit fünfzig aus wie siebzig, ihre Rücken sind gekrümmt, kaputt geschunden, von der jahrelangen Arbeit auf den steilen Hängen und im Stall, vom Kochen, Waschen und Putzen zu Hause und

von der Erziehung der Kinder, von denen sie mehr als genug haben. Es ist eine Gegend, in der Frauen früher sterben als Männer.

Der britische Schriftsteller Michael Pereira war Anfang der
Siebzigerjahre in dieser Gegend unterwegs. In seinem Buch »East
of Trebizond« zollte er den Frauen großen Respekt und ging mit
den oft stinkfaulen Männern, die ihre Zeit im Teehaus absitzen,
hart ins Gericht: »Wie stumpfsinnig ihre Söhne und Männer neben ihnen aussehen in ihren ausgeblichenen Hosen und formlo-
sen Jacken: Hosenböden, die wegen des Dauerkontakts mit Tee-
hausstühlen oftmals schon abgewetzt sind, und Jacken, an denen
die Ärmel am Ellenbogen geschickt verstärkt wurden (von wem
wohl?), damit diese der Reibung mit den Teehaustischen besser
standhalten.«

Ich bin im Winter hier, Monate vor der Tee-Ernte im Sommer, und es regnet. Der vielleicht schönste Teegarten der Türkei
liegt hoch oben über Rize. Eine Straße, die sich hinter der Ka-
le-Moschee fast kerzengerade den Hang hochzieht und am Ende
so steil ist, dass ich das Gefühl habe, mein Ford Fiesta könnte jeden Moment nach hinten kippen, führt zum Forschungsinstitut
der Firma Çaykur. In der Türkei befinden sich die schönsten Plätze
oft in staatlicher Hand. In İstanbul zum Beispiel betreibt das Unternehmen Beltur, das der Stadt gehört, Restaurants und Cafés im
Emirgan-Park, wo im April Tausende Tulpen blühen, auf den Prinzeninseln und auf dem Großen Çamlıca, einem der höchsten Hügel der Stadt, auf dem der Fernsehturm blinkt und von wo die Aussicht auf den Bosporus atemberaubend ist. Die Preise sind sehr
bescheiden, sodass sich auch die Familie eines Busfahrers oder *köfte*-Grillers dort einen Tee oder ein Eis leisten kann.

Auch in dem Garten, in dem ich jetzt sitze, kostet ein Gläschen
Schwarztee gerade einmal 0,75 Lira. Dichte Magnolienbäume
spenden den Schatten, den man hier im Sommer bestimmt
braucht. Das Meer liegt so offen und kitschig vor mir, dass es mir
vorkommt, als würde ich auf eine riesengroße Kinoleinwand star-

ren. Hinter mir, an den Hängen, sehe ich die saftig grünen Tee-büsche. Die Büste eines streng blickenden, älteren Mannes steht neben dem Eingang: Zihni Derin, ein im Jahr 1880 geborener Landwirt und Agraringenieur, der in der Türkei als Gründer der Teeindustrie gilt und damit auch als ›Vater des Tees‹.

Dass am Schwarzen Meer die Blätter überhaupt wachsen, hat mit den Briten zu tun, die kurz vor Ende des Ersten Weltkriegs die Russen ärgern wollten. Sie kappten nämlich deren Teeversorgung aus Indien, das damals in britischer Hand war. Also mussten die Russen reagieren und machten an der georgischen Küste einige Versuche mit der Teepflanze, die erfolgreich waren. Kurze Zeit später, in den Dreißigerjahren, warf der Bauer Zihni Derin, dem hier in Rize das Denkmal gesetzt wurde, die ersten Samen der *Camellia sinensis* aus, der immergrünen chinesischen Teepflanze. Kemal Atatürk war der Teeanbau sehr recht, denn Kaffee war ohnehin teuer und musste importiert werden. Außerdem fanden in den neuen Teefabriken viele Menschen Arbeit.

Die Region ist ja auch prädestiniert dafür. Es regnet ständig, und wenn es mal nicht gießt, dann hängt meistens Nebel zwischen Himmel und Erde. Die Leute erzählen sich, dass die Regentropfen in Wahrheit die Tränen einer Frau seien, die im 2212 Meter tiefen Schwarzen Meer einst ihren Geliebten verlor. Die jährliche Menge an Niederschlag beträgt mancherorts über zweitausend Milliliter, fast vier Mal so viel wie in Berlin. Das entspricht der internationalen Definition eines Regenwalds. Es gibt sogar ein kleines Dorf in der Nähe, das Yağmurlu heißt. *Yağmurlu* ist das türkische Wort für regnerisch.

Das ganze Jahr über treiben Nordwestwinde unzählige Wolken über das Schwarze Meer, die sich dort mit Feuchtigkeit aufladen. Meist schaffen sie es dann nicht über die fast viertausend Meter hohen Gipfel des Kaçkar-Gebirges, bleiben dort hängen und lassen ihre Fracht ab; dann regnet es stundenlang, tagelang, auch mal wochenlang. Selbst wenn die Sonne scheint, wird man nass. Im

Frühjahr klebt die Luft wie Tau auf der Haut, und im Sommer ist es dermaßen schwül, dass man glaubt, die Luft trinken zu können.

Die Bauern in der zentralanatolischen Hochebene haben früher Gott angerufen, er möge ihnen Regen schicken. In Rize hingegen, auf den Almen hoch oben in den Bergen, wünschen sie sich die Sonne. Dort gibt es den jahrhundertealten Brauch des Sonnengebets. Wenn sich der Nebel wochenlang nicht gelichtet hat und das Wasser aus den Wolken kein Ende finden will, kommen die Kinder zusammen, basteln eine Art Vogelscheuche *(korkuluğa)* mit Kopftuch, die sie hier *bubirdak* nennen, und ziehen damit von Haus zu Haus. Sie sagen dabei ein paar Sprüche und Gedichte auf und bitten um Mehl, Schmand, Salz, Zucker und Öl. Daraus backen sie zusammen mit ihren Müttern *hoşmer,* eine Süßigkeit, die sie an die Armen verteilen, in der Hoffnung, dass durch die gute Tat der Himmel aufreißt. Beim Zubereiten werfen die Kinder Teile der Zutaten in die Luft und rufen dabei: »Mein Gott, bitte gib uns morgen die rote Sonne!«

Ich sitze im Teegarten des Forschungsinstituts und genieße die Aussicht. Ein Kellner serviert mir den kupferfarbenen Tee. Gerade möchte ich an dem bauchigen Glas nippen, als mir ein Mann, der zwei Tische weiter sitzt, eine Schale mit Würfelzucker bringt. Ich bedanke mich und sage ihm aber, dass ich den Tee lieber ungesüßt trinke.

»Sie sind aus Deutschland, nicht wahr?«, fragt er mich. »Österreich«, antworte ich ihm. Der Mann trägt ein Jackett und heißt Kemal. Er hat zuletzt im Schwarzwald als Busfahrer gearbeitet und dort Deutsch gelernt. Seit fünf Jahren ist er in Rente und pendelt nun zwischen dem Schwarzwald und seiner Heimatstadt Rize, wo nicht alles so funktioniert wie in seinem deutschen Dorf. Kemal beschwert sich, dass seine neue Junghans-Funkuhr den Geist aufgegeben hat: »Kein Signal!«, sagt er und hält sie mir zum Beweis unters Auge. Seine Hosen, führt er ungefragt aus, kaufe er nicht in der Türkei, obwohl sie hier billiger seien, sondern bei Vögele in der

Schweiz: »Die Qualität ist um Welten besser!« Und dann noch der
Geschmack der Maronen, empört er sich, die in İstanbul auf der
Einkaufsstraße İstiklal verkauft werden: »Entsetzlich!«

»Aber der türkische Tee schmeckt gut«, werfe ich ein. »Ja, das
ist unser Seelenwärmer«, sagt er versöhnlich. Das Gemeckere
scheint plötzlich wie vergessen zu sein. Der Mann erklärt mir
stolz, wie man türkischen Tee richtig zubereitet. Dazu braucht
man zwei Teekannen. In die größere gießt man Wasser, und in
die kleinere gibt man den Tee hinein, pro Glas zwei Löffel, und
stellt sie auf die größere. Das Wasser sollte langsam zum Kochen
gebracht werden, und sobald es heiß genug ist, kippt man etwas
davon in die kleine Kanne und lässt den Tee zehn bis zwölf Minuten ziehen. Beim Einschenken gießt man das starke Teegebräu in
das Tulpenglas und füllt es dann mit dem heißen Wasser auf, bis
man die gewünschte Stärke erreicht. Wer das Glas zur Hälfte mit
Tee füllt, liebt sein Getränk sehr stark, man nennt es *koyu* oder
demli. Ein Viertel Tee und drei Viertel Wasser gelten als normal.
Möchte man ihn noch etwas dünner, bestellt man ihn *açık*.

Kemal erzählt mir von dem Rize seiner Kindheit, von den Sechzigerjahren. Die Häuser der Reichen hatten Palmen in ihren bunten Gärten. Aus den Häuschen der Bauern guckte ein runder Kamin, es gab Textilfabriken, in denen die Frauen Arbeit fanden, und
es roch nach Pflaumen, Orangen und Mandarinen, die an den Bäumen hingen. »Während der Sommermonate war der Strand voll mit
Pferdeäpfeln, weil der Stall der Stadt dort war«, erinnert er sich. Der
Sand an der Küste des Schwarzen Meers ist dunkelgrau und fein.
Doch gebadet hätten die Einheimischen dort nie. »Für die Türken
ist das Meer nichts anderes als der Ort, wo das Land aufhört.«

Der Kellner bringt mir noch ein Glas Tee, der hier oben, gewissermaßen an der Quelle, besonders gut mundet. »Wir hatten
hier in Rize einmal eine große Krise«, sagt Kemal. 1986 sei das gewesen, nach dem 26. April, als das Atomkraftwerk in Tschernobyl
in die Luft ging und die Winde sich so drehten, dass sie radioakti-

ven Regen nach Rize brachten. Sechzigtausend Tonnen Tee waren dadurch verseucht. Messungen ergaben Werte von sechzigtausend Becquerel pro Kilo. Zuvor lagen die Werte bei vierzig bis
fünfzig Becquerel; erlaubt wären sechshundert.

»Die Politiker hatten uns jahrelang belogen«, ärgert sich Kemal.
Er erzählt mir von Turgut Özal, dem damaligen Ministerpräsiden-
ten, der im Fernsehen auftrat und vor laufenden Kameras genüss-
lich einen Tee trank. »Das bisschen Radioaktivität wird doch einen
Türken nicht umhauen«, tönte Özal im Machoton. Später behauptete er, Radioaktivität steigere die Potenz. Einem Reporter wollte
er gar weismachen, dass »radioaktiver Tee besser schmeckt«.

Auch die staatliche Atombehörde entwickelte abstruse Theorien. »Die haben tatsächlich behauptet, dass die Radioaktivität im
Teesud zurückbleibt«, erinnert sich Kemal. Das ist allerdings grob
fahrlässig in einem Land, in dem die Menschen schon zum Frühstück drei Gläser Tee trinken. Auch Kemal wollte damals nicht
auf sein Lieblingsgetränk verzichten: »In den Teehäusern haben
wir einfach nur noch ›einen Radioaktiven‹ bestellt.«

Der Betriebsarzt der türkischen Zeitung »Cumhuriyet« schlug
schließlich Alarm, woraufhin die Verlagsbosse im Dezember 1986
in den Redaktionsräumen ein Teeverbot erließen. Es hielt gerade
einmal zwei Wochen. Der hauseigene Teeverkäufer hatte angeblich eine Ernte aus dem Jahr 1985 aufgetrieben, und alles war wieder gut. Den Trick hatte er von der staatlichen Teefirma gelernt.
Auch die vertrieb den verseuchten Tee und druckte auf die Verpackung, dass der Tee aus dem Vorjahr stamme.

Eigentlich war die Ware, die damals verkauft wurde, schon
radioaktiver Sondermüll. Der Staat wusste nicht, wohin damit.
Monatelang wurde der Tee in den Depots von Çaykur in Hopa gelagert, nahe der georgischen Grenze. Als dann im Frühjahr 1987
die neue Ernte angeliefert wurde, beförderte man den Tee einfach
nach Rize. Kemal erinnert sich noch gut an die Diskussionen:
»Verbrennen wollten sie das radioaktive Zeug. Die hatten aber to-

tal vergessen, dass die Asche weiterhin strahlt.« Dann wollten sie die heikle Ware in zwei stillgelegten Kupferminen vergraben. Ein Lokalpolitiker aus Rize schlug vor, den Tee im Schwarzen Meer zu versenken oder in einer unbewohnten Region Anatoliens zu vergraben. Ein anderer war pragmatischer: »Lasst uns den Tee einbetonieren!«

In Europa ging hingegen die Angst um. Im Februar 1987 schickten deutsche Behörden neunzig Tonnen Tee wieder ans Schwarze Meer zurück. Der türkische Importeur war damit völlig überfordert. Gemäß den deutschen Vorschriften hätten seine Lkws mit einer »sichtbaren Radioaktivitätsbezeichnung« fahren müssen, doch diese Plaketten hatte er nicht auf Lager. Immerhin stattete er seine Fahrer mit einem Strahlendosimeter aus, das sie an ihrem Körper trugen.

Die türkische Regierung war sauer, dass Deutschland und andere europäische Länder aus Tschernobyl den Super-GAU machten. »Unsere Politiker wollten den Skandal lieber totschweigen, weil sie den Bauern keine Entschädigungen zahlen wollten«, meint Kemal. Die Sowjetunion, das war klar, würde kein Geld dafür lockermachen. Einen Monat nach dem Unglück verfluchte der Industrieminister all diejenigen, die auf die nukleare Gefahr hinwiesen, als »Gottlose«.

Die Zeitung »Milliyet« enthüllte Anfang 1993, dass vier bis fünf Tonnen Haselnüsse mit Werten über tausend Becquerel in die Sowjetunion exportiert wurden. Die Reporter befragten den damaligen Handelsminister, dem dazu aber lediglich einfiel: »Ich bedaure das überhaupt nicht, die Russen haben schließlich die Verseuchung verursacht.« Später kam heraus, dass in den Jahren 1989 und 1990 auch an Wehrdienstleistende und Schulkinder verstrahlte Nüsse verteilt worden waren. Der Dekan der Medizinischen Fakultät der Universität Trabzon, keine sechzig Kilometer von Rize entfernt, berichtete außerdem, dass sich dort die Anomalien bei Geburten seit 1986 vervierfacht hätten.

»Und was ist dann am Ende mit dem Tee passiert?«, frage ich Kemal.

»Der wurde vergraben!«

Sechs Jahre nach dem Unglück, im März 1992, ließ das Generaldirektorat der staatlichen Teefabriken verlautbaren, dass vierzehntausend Tonnen »ohne weiteren Verzug durch Vergrabung beseitigt« würden. Schon zuvor gab es Gerüchte, dass in den Großräumen İstanbul und Ankara sowie in den Provinzen Rize und Trabzon die heikle Ware unter die Erde geschafft wurde.

Wie viel des verseuchten Tees tatsächlich getrunken wurde, ist nie genau geklärt worden. Turgut Özal, der sich damals vor laufenden Kameras am Tee labte, war unerwartet am 17. April 1993 verstorben, als der Fünfundsechzigjährige frühmorgens auf einem Laufband trainierte. Offiziellen Berichten zufolge war die Todesursache Herzversagen. Manche Türken jedoch wollen das bis heute nicht glauben. Özal war ein bulliger, frommer Proll-Politiker, der Courvoisier-Cognac liebte, nach Mekka pilgerte und abends, statt in Akten zu blättern, »Lucky Luke« las. Er ließ Strommasten in die anatolische Einöde setzen, entstaubte die Bürokratie und öffnete die Türkei dem Westen, in der Hoffnung, sie damit zu modernisieren. Über den Zustand seiner Heimat sagte er damals: »Gesellschaften, die wie Schafherden gehalten werden, können auch nur so erfolgreich sein wie Schafe.«

Viele Türken vermuten, dass der ehemalige Staats- und Ministerpräsident vergiftet wurde. Im Herbst 2012 ließ die Staatsanwaltschaft deshalb den Leichnam exhumieren. Die Forensiker fanden vier Giftstoffe in Özals Überresten, darunter einen zehnfach erhöhten Wert des Giftes Dichlordiphenyltrichlorethan, das unter dem Namen DDT bekannt wurde, und Spuren des radioaktiven Stoffes Polonium.

Der mit Cäsium und Jod verseuchte Tee kann demnach als Todesursache zumindest ausgeschlossen werden.

Kapitel

17

Yusufeli, 560 Meter

Am Nachmittag des 13. Juli 2011 fielen einem Bauern in Yaylalar, einem Dorf nahe der Baumgrenze in den Kaçkar-Bergen, zwei seltsame Personen auf. Sie gehörten nicht zur Gemeinschaft der achtzig Männer und vierundneunzig Frauen, die ihr Wasser noch aus Brunnen schöpfen und dort oben ein Leben führen, das höchstens noch unsere Großväter kannten. Der Bauer war also neugierig und lief ihnen nach. Er beobachtete, wie sich die Fremden an bestimmte Blumen heranschlichen, die auf diesen Bergwiesen besonders schön blühen, und wie sie plötzlich eigenartige Netze auf sie warfen. Dem Bauern kam das komisch vor. Er alarmierte die Gendarmerie.

Die Beamten durchsuchten die Taschen der beiden Fremden und konnten kaum glauben, was sie darin fanden: sechshundertvierundzwanzig Schmetterlinge und drei Großlibellen, fein säuberlich eingepackt in angefeuchtete Umschläge, die mit Baumwolle gefüllt waren. Aus Russland waren sie angereist, ein vierzigjähriger Taxifahrer und seine deutlich jüngere Frau, die offenbar genau wussten, was sie suchten: den leuchtenden Kaukasischen Gelbling, den Ritterfalter und den Apollofalter, der in Europa vom Aussterben bedroht ist. In ihrer Freizeit würden sie gerne Insekten sammeln, erzählten die Fremden. Sie wurden sofort des Landes verwiesen.

Wenn die beiden Russen in fünf Jahren noch einmal in diese Gegend kämen, würden sie einige ihrer damals gefangenen Schmetterlinge vermutlich nicht mehr finden. Überhaupt wird dann nichts mehr so sein wie früher. Denn ich bin in Yusufeli, einer Kleinstadt im Nordosten der Türkei, in der 6856 Menschen wohnen und die bis zum Mai 2018 verschwunden sein wird – ein für allemal tief versunken in einem See, der eingefasst sein wird vom dritthöchsten Staudamm der Welt, wenn denn alles nach Plan läuft.

Ohnehin schon seltene Tiere werden noch seltener werden, weil ihnen ihr Lebensraum genommen wird: wilde Ziegen und Steinböcke, Persische Eichhörnchen und Eurasische Dachse, Bären und Graue Wölfe. Die Lachsforellen in den Flüssen um Yusufeli werden es nicht mehr zum Laichen an die Flussoberläufe schaffen. Andere Fische wie die Braune Forelle müssen ebenso um ihr Überleben fürchten, denn die Rückzugsgebiete in den Seitenarmen der Flüsse werden nicht mehr groß genug sein. Außerdem, so steht es in Umweltstudien, verschlingt der Damm den Lebensraum von einundzwanzig verschiedenen vom Aussterben bedrohten Pflanzen, deren Schicksal damit nun besiegelt ist.

Und was machen die Menschen?

Die bauen.

Ich bin seit zwei Tagen in Yusufeli und wohne im Hotel Almatur. Ich hatte eine heruntergekommene Absteige erwartet, um die sich niemand mehr so recht kümmern möchte. Das Haus aber ist erst zwei Jahre alt. Wer bitte lässt ein Hotel hochziehen, installiert Dutzende Klimaanlagen, einen hochmodernen Fahrstuhl und in den Zimmern neue Flachbildfernseher, wenn das komplette Gebäude in fünf Jahren unter Wasser stehen wird? Ich frage den Juniorchef, Bünyamin Hacıoğlu, einen jungen, umtriebigen Mann, der die dreißig noch vor sich hat. Er läuft mit mir zu einer Wand, an der ein mit Kohle gezeichnetes Bild hängt. Es ist ein Familienporträt, der Vater in der Mitte, daneben die Großeltern und drei seiner Onkel. Er schaut mich entschlossen an: »Glaubst du wirklich, wir lassen uns unsere Heimat nehmen?«

Die Regierung habe ihnen vorgeschlagen, auf einen Hügel zu ziehen. Mit sechzehntausend anderen Menschen, die für das Projekt umgesiedelt werden sollen. Auf dem Hügel grasen momentan nur Schafe. »Mit Propaganda«, sagt er, »versuchen wir, das Dorf zu retten.« »Propaganda?«, frage ich zurück. »Oh ja. Jeder Gast, der durch unseren Ort kommt, wird davon erfahren.« Und wenn das nicht hilft? Er überlegt kurz: »Die werden uns Geld geben. Die vielen, neuen Häuser hier, die kann man doch nicht einfach so versenken.«

Ist das also der Rettungsplan? Bauen und betonieren?

Zumindest sieht es in Yusufeli danach aus. Der Bürgermeister hat eine neue Uferpromenade errichten lassen, hübsche Bäumchen wurden dort gepflanzt, daneben ist ein neuer Spielplatz und ein Fitnessparcours. Ich spaziere an den Stadtrand, wo die fünfundfünfzig Kilometer lange Straße beginnt, die zu den fast viertausend Meter hohen Kaçkar-Bergen führt. Ich laufe durch die Sarıgöl Caddesi, vorbei an einem vierstöckigen Appartementhaus mit einer frisch gestrichenen, rosa- und lilafarbenen Fassade. Daneben sehe ich eine schwere Betonmischmaschine und einen Haufen roter Ziegel, die vermutlich zu dem Rohbau gehören.

Ich laufe weiter.

Vor dem Eingang zu einem sechsstöckigen Appartementhaus, an dessen Fenstern noch Plastikstreifen kleben, steht eine große

Werbetafel: »Demircioğlu inşaat – Satılık lüx daireler«. *Lüx* steht
für Luxus. Ich zähle die Wohnungen ab; es sind vierundzwanzig
an der Zahl. Von den Balkonen genießt man eine wunderbare
Aussicht auf den Fluss, der bald zum See aufgestaut wird. Daneben liegt ein Stall, in dem Schafe gehalten werden. Sie sind vermutlich die Einzigen, die den Hügel, auf den später einmal alle
ziehen sollen, schon kennen.

Auf der gegenüberliegenden Seite des Flusses sehe ich noch
mehr neue Häuser. Auch dort wurde eine Uferpromenade mit
netten Bäumchen angelegt. Ich laufe über eine sechsundzwanzig
Meter lange, halbfertige Betonbrücke, deren Boden aus ein paar
Holzlatten besteht. Das ganze Konstrukt wird von ein paar Stahl-
seilen zusammengehalten. Eröffnet wurde sie im Frühjahr 2013.
Sie wippt mit jedem Schritt, den ich mache.

Kaum bin ich auf der anderen Seite, rollt ein Auto auf die Brücke – doch sie hält. Später werde ich im Dorf erfahren, dass es
neulich sogar ein dreieinhalb Tonnen schwerer Kipplaster herü-
ber geschafft hat.

Zwischen den hohen Appartementhäusern versteckt sich eine
kleine, grüne und vor allem neue Moschee. Auf dem Türmchen
des Minaretts wurde eine Tafel angebracht: »Moschee der Nachbarschaft, erbaut 2013«. Ich sehe den Obst- und Gemüseladen
Gültekin Manav, den Merve Süpermarket und auch ein Teehaus.
Ja, sogar eine Putzfirma hat sich hier angesiedelt, die Korkmak
Temizlik, und das Hotel Barcelona, von dem es noch einen etwas
maroderen Ableger in der Stadtmitte gibt, das Barcelona 2.

Die meisten Leute in der Stadt scheinen es mittlerweile recht
gelassen zu nehmen, dass ihr Haus in fünf Jahren unter Wasser
stehen wird. Klar finden es alle jammerschade. Sie sprechen darüber aber in einer Unaufgeregtheit, als würden sie mir beschreiben,
wo die nächste Apotheke ist. Einige haben wohl resigniert, denn
sie wissen sehr gut, dass viele Istanbuler die Sorge um einen
Stromausfall mehr plagt als ein paar tote Gänseblümchen. Um-

weltschützer haben deshalb große Mühe, gegen das Projekt Stimmung zu machen. Das Land hat einen großen Aufholbedarf, den wir schließlich auch hatten, in den Siebziger- und Achtzigerjahren, als uns Abgase und Plastiktüten ziemlich egal waren. Immerhin regt sich nun auch in der Türkei etwas. Im Jahr 2008 wurde die Partei der Grünen gegründet. Drei Jahre später hatte sie zweihundertneunzig Mitglieder – landesweit.

Und dann ist da noch dieser übermächtige Gegner, die Gefolgschaft Tayyip Erdoğans, die Beton höher bewertet als Geschichte und Natur, denn Beton bringt Wählerstimmen. Im Dezember 2012 hat der Regierungschef »112 gigantische Projekte« des Forst- und Wasserministeriums feierlich eröffnet. Während der Zeremonie in einer Volleyballarena in Ankara beschrieb er einen bereits fertigen Damm als »technisches Wunder«. Der zuständige Minister schlug daraufhin vor, dass der Staudamm in Yusufeli nach Recep Tayyip Erdoğan benannt werden sollte. Aus geschätzten 2,9 Millionen Kubikmetern Beton soll dieses Monster geformt werden und 2,2 Milliarden Kubikmeter Wasser aufstauen. Der See wird in einem Jahr so viel Energie produzieren, wie Ankara in sechs Jahren verbraucht.

Ich war mit einem Mietwagen aus Artvin hierhergefahren. Artvin ist die Kreisstadt der gleichnamigen Provinz, zu der auch Yusufeli gehört. Die Kleinstadt liegt treppenartig an einem steilen Hang, sodass man gut vierhundert Höhenmeter bewältigen muss, um von unten nach oben zu gelangen. Der dortige Bürgermeister ist in den vergangenen Jahren vor allem damit aufgefallen, dass er eine zweiundzwanzig Meter hohe Atatürk-Statue auf einem Hügel aufstellen ließ, das landesweit höchste Denkmal für den Staatsgründer. So gesehen wacht da jemand über das Projekt von Tayyip Erdoğan, den der Regierungschef partout nicht ausstehen kann.

Das Dammprojekt beginnt nämlich in Artvin. Die Straße, die früher durch ein Tal führte, ist bereits auf den Berg verlegt worden, denn unten wird das Wasser aufgestaut. Die Gegend ist mit Maschinengewalt bearbeitet worden. An den Hängen klebt Spritzbeton, der aussieht wie vernarbte Haut. Früher, so hörte ich, blühten hier einmal Nordmanntannen, Orientfichten und Orientbuchen. Ich fuhr durch unzählige Tunnel, einige davon waren schwarze Löcher, eröffnet, bevor jemand die Beleuchtung installieren konnte. Immer wieder musste ich meine Windschutzscheibe reinigen, denn sie war voller Staub, aufgewirbelt von den vielen Lastwagen, die schweres Material auf den provisorischen Wegen transportieren. Alles, was sich unterhalb dieser Hangstraße befindet, wird letztlich unter Wasser liegen. Die Kosten-Nutzen-Rechnung geht so: Sechzehntausend Menschen müssen ihre Heimat verlassen, damit siebenhundertfünfzigtausend Haushalte Strom bekommen.

Buchstäblich verdammt wird die Region von diesen Dämmen, zwölf, vierzehn, vielleicht sogar neunzehn Stück sollen hier entstehen, so genau hat es die Regierung bislang nicht verraten. Einige dieser hässlichen Betonwälle sind schon in Betrieb, wie jener in Artvin. Bis zum Jahr 2019 sollen sie zusammen ein Zehntel des Strombedarfs der Türkei erzeugen. Die Regierung will damit die Abhängigkeit vom Ausland vermindern. Die Hälfte der Elektrizität liefern derzeit Kraftwerke, die mit Erdgas befeuert werden, das aber teuer importiert werden muss. Der Rohstoff stammt zur Gänze aus dem Ausland, wie auch die meiste Steinkohle und das Erdöl, denn im Boden der Türkei liegt nur wenig fossiles Material.

Das Land ist durstig nach Energie. In vielen Städten wird einem gelegentlich ein paar Minuten lang der Saft abgedreht, damit sich das Netz wieder beruhigen kann. Also setzt Erdoğan, der Regierungschef eines der erdbebengefährdetsten Länder der Welt, künftig sogar auf Atomkraft und hat drei Reaktoren in Auftrag gegeben. Das erste Kraftwerk sollen die Russen in Akkuyu an der südlichen Mittelmeerküste bauen. Ein anderes ist im Westen geplant, und das dritte soll in Sinop für zweiundzwanzig Milliarden US-Dollar entstehen, an der Schwarzmeerküste, ziemlich genau auf halber Strecke zwischen İstanbul und Rize.

Den Atommüll, so heißt es zumindest offiziell, würden die Russen nehmen, doch so wirklich glauben will das kaum jemand. Obwohl es noch Jahre dauern wird, bis der erste Atomstrom überhaupt fließt, gab der Energieminister im Sommer 2011 absurderweise schon einen möglichen Ausstiegstermin bekannt: »Sie können es so niederschreiben. Wir planen die Schließung unserer Kernkraftwerke für das Jahr 2071. Zum tausendsten Jahrestag der Schlacht von Manzikert.« Damals drangen die muslimischen Seldschuken in den ostanatolischen Ort vor und konnten die christlichen Byzantiner davonjagen.

Die einzige nennenswerte Ressource, von der die Türkei mehr als genug hat, ist Wasser. Es gibt kaum einen großen Fluss, der noch nicht aufgestaut ist. Der weltberühmte Euphrat fließt schon seit Jahren zum Atatürk-Staudamm im Süden des Landes; der nicht weniger bekannte Tigris soll, so der Plan, durch den Ilısu-Damm aufgestaut werden. Und selbst die Bächlein werden wohl bald an der Reihe sein. In den nächsten dreißig Jahren brauche das Land nämlich noch weitere siebenhundertdreißig Staudämme, errechnete das staatliche Wasseramt vor einigen Jahren.

Der Fluss, um den es in der Provinz Artvin geht, ist besonders begehrt, denn er ist einer der schnellsten der Welt. Der Çoruh entspringt auf 3225 Metern Höhe in den Mescit-Bergen bei Erzurum, fließt westwärts nach Bayburt und von dort weiter nach Artvin, überquert die Grenze zu Georgien und mündet bei Batumi, nach einer dreihundertsechsundsiebzig Kilometer langen Reise, schlussendlich ins Schwarze Meer. Im Mai, wenn der Schnee schmilzt, donnert das Wasser so laut zu Tal, dass man es durch die geschlossenen Fenster rauschen hört. Rafting-Sportler aus aller Welt reisen deshalb nach Yusufeli. Sie wollen die abenteuerlichen Stromschnellen meistern, die Namen tragen wie Miststück,

Stromschnelle des Ministers (hier fiel 1991 der Tourismusminis-
ter ins Wasser), Lava East oder House Rock – und die es in ein
paar Jahren nicht mehr geben wird.

Ich laufe zurück ins Stadtzentrum und frage einen Kioskbesitzer nach den neuen Wohnungen. »Ja, die sind schön«, sagt er stolz.
Wie sich in unserem weiteren Gespräch herausstellt, gehören
ihm auch welche. Er nimmt einen Taschenrechner zur Hand,
tippt hektisch auf den Tasten herum und zeigt mir das Display:
»90.000«, das sei der Lira-Preis für eine Standardwohnung. Der
Mann strahlt. Dann tippt er wieder herum. Auf dem Gerät steht
nun ein deutlich geringerer Betrag: »55.000«, die Summe, die er
für sein kleinstes Appartement haben möchte. »Und was ist mit
Süper-Lüx?«, frage ich ihn. Also möbliert, mit großem Fernseher,
Klimaanlage, Matratze und Couch. Seine Finger klopfen wieder
auf die Tasten: »120.000«.

Er schaut mich neugierig an. Vielleicht sehe ich ja tatsächlich
wie jemand aus, der so verrückt ist und bei diesem Angebot zuschlägt. Ich will wissen, warum der Kioskbesitzer sein Geld darin
versenkt. »Die Bauarbeiten an dem Damm haben schon begonnen«, sagt er. »Da kommen Hunderte Arbeiter in die Gegend, die
mehrere Jahre bleiben. Die brauchen alle eine Wohnung.« Auch
viele andere Unternehmen, die mit dem Staudammprojekt zu tun
haben, suchten nach Wohnraum, »Ticara«, sagt er, Geschäfte.
Der Mann spricht so abgeklärt, als hätte er tatsächlich einen Plan.
»Die Regierung muss uns ja auch ein neues Dorf bauen«, sagt er.
»Auch diese Arbeiter müssen irgendwo unterkommen.«

So richtig auf das Komma durchkalkuliert ist das alles wohl
nicht. Aber es kommt zumindest schnell Bares herein, und das ist
wichtig. Außerdem ist lange Planung sowieso eher etwas für die
Deutschen. Die Leute in Yusufeli leben von Tag zu Tag, fünf Jahre sind dann eine gefühlte Ewigkeit, und sie setzen Risiko mit
Schicksal gleich, und darüber weiß schließlich nur einer Bescheid,
nämlich Gott.

Vor gut sechzig Jahren war Yusufeli nicht viel mehr als eine Ansammlung von Hütten. Während der Wintermonate war das Dorf oft wochenlang von der Außenwelt abgeschnitten, weil die Straßen noch besonders übel waren und nicht geräumt wurden, für wen auch, ein Auto besaß damals niemand.

Bekannt war die Region eigentlich nur für eines: Bullen-Wrestling. Niemand weiß genau, wer später auf die Idee kam, daraus sogar ein großes Festival zu machen, aber man erzählt sich, dass die Stiere über den Winter übellaunig wurden, weil sie sich in ihren engen Ställen eingesperrt fühlten. Im Frühjahr, wenn sie auf die Almen durften, ließen sie ihren Frust ab und legten die Hackordnung neu fest.

Ein Mann im Dorf sagte mir, dass manchmal auch Tiere dabei gestorben seien, denn die Almen seien sehr steil und steinig. Ein toter Stier war ein großer Kapitalverlust. »Also ließ man die Tiere auf flachem Grund gegeneinander antreten und sich austoben, damit sie oben auf den Almen ruhig waren«, erklärte er mir. Die Stierkämpfe sprachen sich schnell herum, immer mehr Leute kamen, und die Sache wurde zum Event.

An diesem Nachmittag im Januar sehen die Berge aus, als hätte sie jemand mit Puderzucker bestäubt. Auf den Dächern der Moscheen liegt Schnee. Eigenartig sieht das aus. Die meisten islamischen Länder kennen keinen strengen Winter; denke ich an Moscheen, denke ich an Hitze, Wüste und an den Orient, nicht jedoch an ein Wintermärchen. Der World Wild Fund for Nature (WWF) stuft die Gegend um Yusufeli als »höchst schützenswert« ein. Hier wachsen einhundertvier bedrohte Pflanzenarten, von denen siebenundsechzig nur in der Türkei vorkommen. Im Frühjahr, wenn die Natur in Yusufeli außer sich gerät und die Bienen nicht wissen, welche Blüte sie zuerst bestäuben sollen, würde ich beim Anschalten des Fernsehers wohl ein schlechtes Gewissen bekommen. Dann würde ich jedenfalls gerne, zumindest für zwei, drei Minuten, auf Strom verzichten, um das alles in dieser Vielfalt zu erhalten.

Kaum vorstellbar, dass die gewaltigen Staudämme einer Um-
weltverträglichkeitsprüfung standhalten würden. Aber die braucht
man nicht, behaupten die türkischen Behörden, denn gemäß den
Gesetzen ist so etwas nur für Projekte nötig, die nach 1990 geplant
wurden. Erste Ideen und Skizzen, um den Çoruh-Fluss in eine riesengroße Strombatterie zu verwandeln, gab es aber schon in den
Siebzigerjahren. Außerdem hat der Regierungschef eine ganz andere Vision von seinem Land, die nichts mit bunten Schmetterlingen und Lachsforellen zu tun hat. »Ich würde sogar eine Moschee
abreißen lassen, wenn sie einer Autobahn im Weg steht«, polterte
Tayyip Erdoğan neulich.

Ob er sich das auch bei einer Kirche trauen würde? Dass die
Bagger die Gegend nicht komplett umgraben und niederwalzen,
hängt wohl genau damit zusammen. Denn sobald sich Muslime an
Kirchen vergreifen, wird die westliche Welt hellhörig. Und Kirchen gibt es hier im Umkreis von achtzig Kilometern sehr viele.
Uralte christliche Gotteshäuser, geflutet und damit für immer
verloren, würden es prominent in die Nachrichten schaffen und
womöglich mächtige Regierungschefs alarmieren.

Ein georgischer König ließ die Kirchen bauen. Im 9. Jahrhundert herrschte er über ein kleines Reich, das Tao-Klardschetien
hieß und zu dem auch die Gegend um Yusufeli gehörte. Siebenhundert Jahre lang lebten dort Christen. Ob es damals überhaupt
so viele Menschen gab, dass man die vielen Kirchenbänke einigermaßen füllen konnte, bezweifle ich. Manche Historiker behaupten, dass sich die Kreuzritter auf der Durchreise einige architek-
tonische Feinheiten notierten und diese Elemente später in den
gotischen Kirchenstil einflossen. Erst im Jahr 1551 schafften es die
Osmanen, die Gegend einzunehmen. Sie wandelten die Kirchen
in Moscheen um, was ironischerweise dazu beitrug, dass manche
von ihnen heute noch gut erhalten sind.

Ich möchte nach Altıparmak fahren, wo eine besonders schöne
Kirche steht. Kurz hinter Yusufeli warnen mich Straßenschilder,

dass der dreißig Kilometer lange Weg, der vor mir liegt, Nerven-
kitzel bedeutet: schmal, rutschig und schlaglöchrig. Leitplanken
wären an einigen Stellen durchaus eine sinnvolle Investition, denn
wer über den Fahrbahnrand gerät, fällt tief. Ich fahre an einem
neuen Fußballplatz vorbei, der weit abgelegen vom Dorf ist und
vermutlich nur aus taktischen Gründen direkt neben den Bach gesetzt wurde. An einem Hang sehe ich farbige Bienenkästen.

Die wenigen Häuser, die ich sehe, sind aus Holz gezimmert
und haben spitze Dächer, damit sie von der Schneelast nicht
erdrückt werden. Die Zugangswege, die oft über steile Hänge führen, sind unter dem kniehohen Weiß verschwunden. Viele Dorfbewohner benutzen einen Flaschenzug, manche sogar einen Seil-
zug mit Motor, um schwere Waren zu sich transportieren zu
können. Die Straße schlängelt sich entlang eines Felsmassivs und
ist oft so schmal, dass gerade einmal ein Auto Platz hat. Ich bin
jetzt seit einer Stunde unterwegs, und mir sind gerade einmal ein
Minibus, ein Krankenwagen und ein alter Audi entgegengekom-
men. Ansonsten wäre diese Fahrt ein Alptraum.

Auf den letzten fünf Kilometern vor Altıparmak wird die Straße eisiger. Wenn ich jetzt anhalten müsste, käme ich womöglich
nicht mehr vom Fleck und müsste die Schneeketten montieren,
die ich sicherheitshalber im Kofferraum habe. Die Gegend wird
auch zunehmend menschenleer. Ein Mann mit einem Schlitten
kommt mir entgegen, der Heuballen geladen hat. Er bleibt stehen
und zündet sich eine Zigarette an. Ein paar Hundert Meter später
sehe ich ein grünes Schild am Straßenrand: »Barhal Manastiri«,
Barhal-Kloster.

Barhal ist der alte Name von Altıparmak. Es ist gar nicht so
einfach, mein Auto in dem Schnee so zu parken, dass ich auch
wieder herauskomme. Parkplätze gibt es hier nicht. Ich folge ein
paar Fußspuren und stapfe einen gut hundert Meter langen Pfad
hoch. Ein kleines Verwaltungsgebäude, an dem ein Basketball-
korb hängt, steht vor der Kirche. In einem überdachten Vorbau

an seinem Eingang gibt es sechs kleine Steinhocker und Wasser-
hähne, für die rituelle Waschung vor dem Gebet. Die Kirche, die
aus dem 10. Jahrhundert stammt, dient heute als Moschee. Abgewetzte Teppiche liegen auf dem Boden des eiskalten Innenraums,
der Verputz bröckelt, die Wände sind hüfthoch mit blauer Farbe
gestrichen. Draußen neben dem Eingang sehe ich einen Verschlag, in dem Holz zum Heizen liegt. Zweistellige Minusgrade
sind im Winter keine Seltenheit.

Ein Mann, der in der Moschee den Boden fegt, kommt auf
mich zu. Er trägt blaue Plastikschuhe, mit denen man eigentlich
im Schwimmbad herumläuft. Er stapft damit durch den Schnee.
Ob es denn hier ein Teehaus gebe, will ich von ihm wissen. »Ka-
palı«, sagt er nur – geschlossen. Im Winter sei in dem Dorf alles zu.

Was ich hier mache, fragt er mich. Touristen kämen im Winter nur selten. Früher, sagt er und meint damit die Sechzigerjahre,
seien Leute aus Deutschland und Italien busweise hergekommen.
»Irgendwann hörte das auf.« Ich erzähle ihm, dass ich gehört habe,
dass zwei Russen hier nach Schmetterlingen gesucht hätten.

»Da waren noch ganz andere Diebe hier!«, brummt der Mann.
Zwei Holländer waren an der bulgarischen Grenze gestoppt worden und hatten Tausende Samen und Tulpenzwiebeln dabei. Es
war der größte Pflanzenschmuggel in der Geschichte der Türkei.
Die Botaniker zählten insgesamt 5236 Samen, die von den Hollän-
dern in Töpfen verstaut worden waren. Sogar an die sechzig
Adıyaman lalesi, Persische Kaiserkronen, waren dabei, eine sehr
seltene Pflanze, die aussieht wie eine umgedrehte Tulpe, weil die
Blüte nach unten wächst. Man findet sie nur in wenigen Gegenden im türkisch-arabischen Raum.

Die Holländer waren nicht weit von hier, im Gebiet Kafkasör
bei Artvin, von Studenten gesehen worden. »Seitdem wird hier jeder Fremde noch genauer beobachtet«, sagt mir der Mann und
entschuldigt sich, dass er mir keinen Tee anbieten könne. Er
schaut zum Himmel, zu den Wolken und zum Nebel, der langsam

heranzieht. Ich deute dies als Warnung. Bei schlechter Sicht wird die Fahrt über das Bergsträßchen zum Höllenritt.

Da es noch früh am Nachmittag ist, fahre ich weiter ins Dorf Işhan. Der Ortsname stammt aus dem Georgischen und bedeutet Prinz. Die Straße windet sich einen Berg empor, auf zehn langen Kilometern. Die kleinen Häuser in Işhan sind gepflegt. Wäre es Frühling, würden die Bäume in den Gärten blühen. Die Menschen sitzen vor ihren Häusern, trinken Tee und sehen mir dabei zu, wie ich mein Auto vor der Kirche parke. Es ist so ruhig im Dorf, dass ich mir selbst fast einen Schrecken einjage, als ich die Fahrertür zuschlage. Die Kirche hat einen runden Turm, auf den ein kegelförmiges Dach gesetzt wurde. Hübsch sieht sie aus, mit ihrer Fassade, die mit den warmen Erdtönen gut in die Landschaft passt. Man will hier gar nicht mehr weg. Wenn man die Stille und die frische Luft, die meinen Lungen gut tut nach ein paar Monaten in İstanbul, doch nur ins Auto packen und mitnehmen könnte.

Später am Abend, zurück in Yusufeli, übermannt mich die Wehmut. Es ist ein komisches Gefühl, in einem Ort zu sein, den es bald nicht mehr geben wird, in einem Teehaus zu sitzen, das versunken sein wird, und in einem Hotel zu schlafen, in dem sich in ein paar Jahren Fische einnisten werden. Auch von den Kirchen wird es wohl einige erwischen, auch wenn die Regierung versichert, dass nur eine geflutet werden müsse, im Nachbardorf Tekkale.

Ich habe mir die E-Mail-Adresse von Bünyamin notiert, dem Juniorchef des Hotels. Wir haben vereinbart, dass ich ihn im Mai 2018 kontaktieren werde und wir uns noch einmal sprechen – dann also, wenn Yusufeli untergegangen sein wird.

GEORGIEN

ARMENIEN

Yusufeli

Kars

Ararat
5137 m ▲

Doğubayazıt

Van Golu

IRAN

Bahçesaray

IRAK

Teil 7

OST-
ANATOLIEN

Kapitel

18

Kars, 1768 Meter

Minus zehn Grad, 22.18 Uhr. Plötzlich sinken die Temperaturen. Januar ist es und stockfinster, ich will nach Kars, »türkisches Sibirien«, sagen die Türken. Bob Dylans Großmutter kommt aus der Gegend. Minus elf Grad. Die Luft draußen ist jetzt praktisch trocken. Die Heizung in meinem Fiat Punto ist nur noch ein lauwarmes Gebläse. Es sind noch fünfzig Kilometer bis Kars, auf der Fahrbahn sind die weißen Spuren von Salz zu erkennen, sie ist mal trocken, mal nass, mal eisig. Der Dichter Cemal Süreya hat der Stadt in Ostanatolien ein Gedicht gewidmet: »Wie friedlich kann ich nun sterben, im fernen, schlaflosen Weiß.« Minus zwölf Grad. Wieso sinkt in diesem Kälteloch fast minütlich die Temperatur? Ich kann nicht viel von der Landschaft erkennen. Es ist zu dunkel, woher soll auch das Licht kommen, hier lebt niemand. Gibt ja auch nicht viel, was man auf dieser Hochebene anbauen könnte und was halbwegs wüchse, eintausendachthundert Meter über dem Meer. Die Mondsichel leuchtet schwach auf die verschneiten Wiesen, die frühestens in zwei Monaten auftauen werden. Minus dreizehn Grad. Mein Tank ist noch halb voll. In Deutschland muss Winterdiesel minus zwanzig Grad aushalten. Einige Premiumsorten sollen bei minus dreißig Grad noch zünden. Aber in der Türkei? Was, wenn der Motor abstirbt? Bis zum nächsten Ort sind es dreißig Kilometer. Würde ich es zu Fuß schaffen? Wenn alle sechshundert Muskeln des Körpers gleichzeitig vibrieren, erzeugen sie eine Wärmeleistung von vier Glühbirnen. Damit kann man in der Antarktis zehn Minuten lang überleben. Minus vierzehn Grad. Wie weit kann die Temperatur hier überhaupt sinken? Vor vier Jahren, im Januar 2010, wurden in der Gegend minus vierunddreißig Grad gemessen. Mein Dieselmotor hätte dann Probleme. Minus fünfzehn Grad. Minus sechzehn Grad. Minus siebzehn Grad. Noch immer kommt mir kein Auto entgegen. Der Sternenhimmel über mir leuchtet so schön wie nachts in der Sahara. Minus achtzehn Grad. Angeblich sollen Bakterien bei dieser Temperatur ihre Lebensprozesse einstellen und sich nicht mehr vermehren.

Minus neunzehn Grad, 23.17 Uhr.

Weiße Lichter, die allmählich zu Häusern werden. Auf den Straßen sehe ich zwei streunende Hunde. Es riecht nach Qualm, und es ist still. Das ist Kars bei Nacht.

Orhan Pamuk, der türkische Nobelpreisträger für Literatur, war es, der mich neugierig auf diese Stadt machte. Eines seiner bekanntesten Bücher heißt »Schnee« und spielt in Kars. Wahrscheinlich hatte er den Titel deshalb so gewählt, weil *kar* auf Türkisch Schnee heißt. Eis wäre passender gewesen. Kars ist keine Schneekanone. Kars ist eine Tiefkühltruhe.

In meinem Hotel pfeift nachts der Wasserhahn. Er keucht wie ein alter Mann mit Atemproblemen, der tief schnarcht. Über meinem Bett schwebt Monate alter Zigarettenqualm. Morgens um fünf Uhr fällt der Strom eine Stunde aus. Im Frühstücksraum tropft es von der Decke, die Heizungsrohre lecken. Die einzelnen Tropfen fallen in eine Wasserflasche aus Plastik, die halbiert wurde und auf dem Boden steht.

Ich habe das Buch von Orhan Pamuk mitgenommen, um es hier noch einmal zu lesen. Der Held heißt Ka, ein Dichter, der von einer Istanbuler Zeitung nach Kars geschickt wird. Er soll dort über die anstehenden Wahlen und über eine unheimliche Selbstmordserie junger Frauen schreiben, die wohl damit zusammenhängt, dass die Frauen das Kopftuch nicht ablegen wollten. Insgeheim sucht Ka dort nach einer alten Liebe und gerät unversehens in einen brutalen Machtkampf zwischen Kemalisten und erstarkenden Islamisten.

»Er merkte, wie klein und schwach neben der Kälte von Kars menschliche Wünsche und Träume, Politik und Aufregungen doch waren«, schreibt Orhan Pamuk.

Ich frage den Direktor des Temel-Hotels, in dem ich übernachte, nach dem Buch. »Ja, ich kenne es. Aber ich mag es nicht«, sagt er und empört sich: »Wir sind weder rückständig noch Fundamentalisten. Das steht aber so im Buch und ist Quatsch.« Er führt mich zur Tür, wo es zwei große Glasfenster gibt. »Sehen Sie dort drüben das Gebäude? Das ist im Roman das Hotel Schneepalast, in dem Ka absteigt«, erklärt er mir. Achtzig Prozent der Leute, die bei ihm übernachten, hätten das Buch gelesen, seufzt er.

Frühmorgens steigt in Kars graubrauner Rauch aus den Kaminen. Es hat geschneit. Draußen kehren die Leute mit Besen den Schnee vom Bürgersteig, nur ein einziger Mann benutzt eine Schaufel. Dann drehen sie den Besen um und kratzen mit dem Stiel die Windschutzscheiben frei. Drinnen wischen sie stundenlang den Fußboden, weil ständig jemand nassen Dreck hineinbringt.

In Kars gibt es keine Obdachlosen, weil sie erfrieren würden. Damit die Leitungen nicht platzen, stellen viele das Wasser nicht

ab und lassen es leicht rinnen. Der Wind schnappt sich hier gelegentlich kleine Eispartikel, die vom Himmel fallen, und bläst sie
horizontal durch die Straßen, sodass die Menschen rückwärts gehen. Auf der Haut piksen die Eiskristalle wie Nadeln. Die Gehwe-
ge sehen aus, als hätten sie die Beulenpest, so dick plustern sich
die Eiskrusten auf, die nicht vom Asphalt zu trennen sind. In Erzurum, einer Stadt etwas westwärts, die auf etwa derselben Höhe
liegt wie Kars, schaffen Spezialeinheiten das Eis mit Pickel und
Schaufel weg. Täglich müssen sie vierzig Tonnen mit Lkws weg-
fahren, denn vor März schmilzt hier nichts.

Das Wasser, das über die Dachrinnen kam, ist zu Skulpturen
gefroren, die den Umfang von Schneemännern haben. Ich halte
immer einen gewissen Abstand zu den Dächern, aus Angst, ich
könnte von einem Eiszapfen erschlagen werden. In den Fenstern
sehe ich Eisblumen. Ich stehe an einer Kreuzung und schaue den
Autos zu, wie sie auf dem blanken Eis zur Ampel schlittern. Ge-
streut wird hier nur selten.

Mir ist kalt, minus zwölf Grad sind es laut meinem Handy.
Nebel hat sich in der Stadt verfangen. Ich kann nicht einmal die
Festung erkennen, die auf einem Hügel über Kars wacht. In sei-
nem Buch »Schnee« schreibt Orhan Pamuk, dass man hier in Kars
dem Wetterbericht nicht glaube, weil die Leute wüssten, dass der
Staat die Temperaturen fünf bis sechs Grad zu hoch angibt – die
Stimmung der Bevölkerung soll sich möglichst nicht verschlech-
tern.

Die Kälte hat diese Stadt nicht nur im Griff. Sie hat sie auch
gelähmt. Hier ist alles langsamer. Das Einzige, was die Ruhe stört,
ist ein weißer Lieferwagen, auf dem ein Lautsprecher montiert ist
und der den ganzen Tag durch die Stadt fährt. Jemand im Auto
posaunt Parolen der MHP in ein Mikrofon, einer rechten, nationalistischen Partei, die hier viele Wähler hat. Es ist Wahlkampf,
der Bürgermeister wird im März gewählt. Vor ein paar Tagen ist in
İstanbul ein hochrangiger Berater der MHP vor seinem Büro hin-

gerichtet worden. In der Stadt Van gerieten Anhänger der kurdischen BDP und der AKP Erdoğans heftig aneinander. Der Bürgermeister von Ankara rechnet mit weiteren politischen Attentaten – Normalität im türkischen Wahlkampf.

Acht Zeitungen gibt es hier, die den Tratsch der Stadt unter die Leute bringen und deren Redaktionen meistens nur aus einem Zimmer bestehen. »In Kars weiß jeder in jedem Augenblick von allem. ... Es muss bloß in Kars passieren«, schreibt Orhan Pamuk. Mit einem Journalisten von der Zeitung »Önder« soll sich der Schriftsteller getroffen haben, als er in der Stadt für sein Buch recherchierte.

In der Provinz Kars gibt es dreihundertzwanzig Dörfer, die alle gemeinsam von drei Parlamentariern in Ankara vertreten werden und natürlich – angesichts von vierhundertsiebenundvierzig weiteren Abgeordneten – völlig untergehen. Die Stadt Kars schafft es mit ihren sechsundsiebzigtausend Einwohnern gerade noch unter die Top einhundert der größten türkischen Städte. Doch mit ihren breiten Boulevards wirkt sie großstädtischer und eleganter als die meisten, viel zu schnell gewachsenen Städte in der Mitte des Landes. Holländische Architekten und Ingenieure, die einst von den Russen geholt wurden, haben den Grundriss der Straßen geplant, rechteckig und gerade ist die Linienführung. Die Russen sollen sogar ihr eigenes Heizungssystem mitgebracht haben. Noch heute zehren die Stadtteile Yusufpaşa, Ortakapı und Cumhuriyet von diesem Erbe.

Europa ist fast tausendfünfhundert Kilometer weit weg. Die Menschen hier hatten in der Vergangenheit hauptsächlich mit den Russen zu tun, die als Besatzer kamen. Zuletzt fielen sie 1877 ein und blieben fast vierzig Jahre. Der Direktor meines Hotels erklärte mir, dass die Russen die Häuser hier nie höher als zwei Stockwerke gebaut hätten, damit die Sonnenstrahlen auf die Straßen fallen und diese auftauen könnten. Ohne die markanten Häuser aus Basalt und Stein, in denen heute Büros von Regierung und

Verwaltung sind, wäre Kars wohl eine Stadt wie jede andere in Anatolien.

Das Zarenreich wird aber auch mit einer der größten türkischen Tragödien in Verbindung gebracht, der bis heute jährlich gedacht wird. Im Ersten Weltkrieg kämpfte das Osmanische Reich an der Kaukasusfront gegen die Russen. Im Dezember 1914 begann die dreiwöchige Schlacht von Sarıkamış in den nahe gelegenen Allahuekber-Bergen. Die osmanischen Truppen waren den Russen zwar zahlenmäßig überlegen, doch hatten sie zu wenig Verpflegung dabei und vor allem die schlechtere Kleidung. Sie kamen kaum voran. Es gab nur eine Straße, die bis zu eineinhalb Meter hoch mit Schnee bedeckt war. Während der Schlacht fielen die Temperaturen auf bis zu minus fünfundzwanzig Grad. Türkische Historiker gehen davon aus, dass mindestens neunzigtausend osmanische Soldaten starben. Die meisten von ihnen erfroren.

Im Jahr 1922 wurde Kars offiziell der Türkei zugesprochen. Doch auch später hatten die Russen noch Einfluss, denn die Sowjetunion schloss Armenien und Georgien ein – bis zu den Grenzen der beiden Länder sind es gerade einmal fünfzig Kilometer. In den Siebzigerjahren wimmelte es in der Stadt von russischen und türkischen Spionen. Orhan Pamuk meint, dass die Stadt in den vergangenen hundert Jahren ihren Niedergang erlebte. Er schreibt: »Alle, die diese Stadt in ein bescheidenes Zentrum der Zivilisation verwandelt hatten, diese Armenier, Russen, Osmanen und frührepublikanischen Türken, sie waren gegangen, und es schien, als seien die Straßen so leer, weil niemand an ihre Stelle getreten war, aber anders als bei einer verlassenen Stadt flößten einem diese menschenleeren Straßen keine Angst ein.«

Ich schaue mich um. Momentan sind viele Menschen auf den Straßen. Ich sehe Dutzende Läden, die Honig und Käse aus der Region verkaufen. Mehr als sechzig sind über die Stadt verteilt. Ich gehe in das kleine Geschäft Zavotlar Pazarı, das in der Nähe meines Hotels liegt. Ein hüfthoher Käselaib ist dort im Schaufenster ausgestellt.

Ein kleines Glas Thymian-Honig kostet fünfundzwanzig Lira, und für zehn Lira mehr gibt es Kara-Kovan-Honig. *Kara kovan* heißt schwarzer Korb. Der Imker höhlt dazu einen alten Baumstamm aus und siedelt seine Bienen darin an. Um an den Honig zu gelangen, muss er später das Wabenwerk herausschneiden. Das schwächt zwar das Bienenvolk. Andererseits aber lässt sich der ungeschleuderte Nektar auch gut verkaufen, denn viele Türken essen die Waben gern mit. Der Händler erklärt mir, dass die Bienen aus dreihundert verschiedenen Blumen wählen könnten. Er öffnet ein Glas, taucht mit einem Löffel ein und hält ihn hoch. »Schau dir diesen Honig an«, schwärmt er. Der Honig seilt sich langsam vom Löffel ab und zieht einen Faden in Richtung Glas. Am Ende bricht er und klettert zurück zum Löffel. »Billiger Honig würde tropfen.« Außerdem erkenne man guten Honig auch daran, dass er gleichmäßig im Glas kristallisiere. »Schlechter Honig aber fängt damit am Boden an.«

In der Türkei gibt es mehr als dreihundert Sorten Käse, erklärt mir der Verkäufer. Am beliebtesten ist der weiße Käse *(beyaz peynir)*. Kars ist hingegen bekannt für *Kaşar* aus Schafsmilch, dessen Lab während der Verarbeitung gekocht wird, und für *Gravyer,* eine Kopie des Schweizer Greyerzer. Das Imitat aber hat große Löcher und sieht damit nicht nur aus wie Emmentaler, sondern schmeckt auch eher so. »Ein Schweizer Bauer brachte uns im 19. Jahrhundert das Rezept. Das hat mir mein Vater erzählt«, sagt der Verkäufer.

Über die Jahrhunderte kamen in Kars die verschiedensten Kulturen zusammen: Türken, Kurden, Russen, Georgier und Armenier, die hier lebten und sich bekriegten. Vor einigen Jahren wurde ein Denkmal der Menschlichkeit errichtet, um an die Vertreibung und Ermordung der Armenier zu erinnern. Fünfundzwanzig Meter hoch und fünfhundert Tonnen schwer war das

Mahnmal aus Beton, das einen Menschen symbolisierte, der in zwei Teile gerissen wird. Als Tayyip Erdoğan die Skulptur zum ersten Mal sah, war er entsetzt: »Monströs« und »abartig« sei sie, pöbelte er. Das Mahnmal überschatte eine Moschee und die Grabstätte eines muslimischen Heiligen. »Es ist undenkbar, dass dieses Ding dort stehen bleibt«, urteilte er – und befahl den Abriss. Vier Monate später war das Denkmal verschwunden.

Unweit von Kars liegen die Ruinen von Ani. Damals herrschten in der Gegend die Bagratiden, ein armenisch-georgisches Fürstenhaus. Aschot III., der den Beinamen ›der Gnädige‹ hatte, kürte Ani im Jahr 961 zur Hauptstadt seines Königreichs. Erstaunlich viel davon ist noch übrig: Ani ist eine regelrechte Geisterstadt aus Ruinen, Mauern und Kirchen, die überwiegend aus dem 10. Jahrhundert stammen. Celil bringt mich dorthin, ein Touristenführer, mit dickem Schnurrbart, festem Händedruck und gutem Englisch. Mein Auto ist eingeschneit und vereist. Ich lasse es vor dem Hotel stehen.

Nach Ani führt eine neue, vierspurige Straße. Celil steuert eine Tankstelle an. Er steigt aus, lässt die Tür auf und zündet sich zuerst einmal seelenruhig eine Zigarette an. Im Auto wollte er nicht quarzen, aus Rücksicht. Er raucht sehr viel und am liebsten dünne und lange Zigaretten, Marke Esse, die er in Armenien für einen Spottpreis gekauft hat. Ich will von ihm wissen, wie er über die Grenze gelangt sei. »Ich war vor ein paar Tagen in Georgien und bin dann von da rübergegangen.« Der Grenzübergang zwischen der Türkei und Armenien ist nämlich dicht.

Die Schließung der Grenze hängt mit dem Konflikt um Berg-Karabach zusammen, der seit Langem zwischen dem ärmlichen, christlichen Armenien und dem ölreichen, muslimischen Aserbaidschan schwelt. Die Menschen, die in Berg-Karabach leben, sehen sich als Armenier und wollen einen eigenen, unabhängigen Staat. Doch die Region liegt in Aserbaidschan. Armenien ist mit Russland verbündet, die Türkei ist auf der Seite von Aser-

baidschan. »Inzwischen geht es allen nur noch um das aserbaid-
schanische Öl und Gas und um die Pipelines«, meint Celil.

Wenn er mit Touristen aus den USA unterwegs ist, fährt er
meistens an dem NATO-Stützpunkt vorbei, der auf dem Weg
nach Ani liegt. »Die sind dann immer total überrascht. Die haben
keine Ahnung, dass auch wir in der NATO sind«, sagt er. Celil erzählt, dass selbst der damalige Präsident George W. Bush einmal
die Bedeutung der Türkei unterschätzt und den Umgang mit den
Armeniern kritisiert habe. »Sofort flog eine Delegation aus Ankara nach Washington. Die machten Bush deutlich, dass wir hier
das Ende der NATO seien und danach die Russen kämen. Das
wusste er wohl nicht«, sagt er und fügt stolz hinzu: »Danach hielt
Bush den Mund.«

Celils Familie stammt aus Dagestan, einem ebenfalls unruhi-
gen Flecken am Kaspischen Meer, der für einige Tage traurigen
Ruhm erlangte, weil die beiden jungen Männer von dort stamm-
ten, die einen Anschlag auf den Boston Marathon im Namen Allahs verübten. Sein Geld verdient Celil mit Touristen. »Bis 1985
kamen die busweise«, sagt er. Dann aber sei der Kurdenkonflikt in
die Stadt getragen worden. »Wir bekamen einen neuen Polizeiof-
fizier, Gaffar Okkan hieß der«, erinnert er sich. Der habe den Leuten gesagt: »Seid nicht gegen uns. Gebt mir Informationen, ich
halte dicht.« Das habe funktioniert. »Die Regierung versetzte ihn
dann nach Diyarbakır, weil er bei uns so erfolgreich war. Dort
wurde er erschossen.«

Wir steigen auf eine 1993 Meter hohe Passhöhe. Der Nebel
lichtet sich. Der Himmel könnte nicht blauer sein und der Pulver-
schnee nicht frischer. Zwei Männer reiten durch den Schnee, der
staubt und gleißt im Sonnenlicht. Neben den Häusern sehe ich
große Misthaufen, Brennmaterial, denn mit den Kuhfladen wird
geheizt. »Wer Geld hat, nimmt Kohle«, sagt Celil. »Wer viel Geld
hat und in Kars lebt, hat Gas aus Aserbaidschan. Das gibt es aber
erst seit drei Jahren.«

Dann fahren wir wieder in den Nebel. Celil deutet mit seiner Hand irgendwo ins Graue in Richtung Osten. »Dort ist die russische Militärbasis, das sind keine siebenhundert Meter.« Er warnt mich: »Es sind hier schon Leute erschossen worden, weil sie zu weit liefen.«

Wir sind in Ani. Vor gut tausend Jahren sollen hier einhunderttausend Menschen gelebt haben. Dass keiner der Eroberer die Stadt kurz und klein gehauen hat, wundert mich, zahlreich waren sie jedenfalls: die Byzantiner, die Seldschuken, die Georgier, die Osmanen und schließlich die Russen. Ein paar Meter hinter dem Eingangstor drehe ich mich um – und sehe ein Hakenkreuz. Wie es das uralte Symbol, das später von den Nazis missbraucht wurde, in diese Gegend geschafft hat, weiß man nicht genau. Immer mal wieder habe ich es auf Gebäuden in der Türkei gesehen, auf der berühmten Stadtmauer in Diyarbakır zum Beispiel oder auf dem Eingang der Karatay-Moschee in Konya.

Spazierwege führen durch das Gelände, das tief verschneit ist. Ich folge den wenigen Fußspuren, die es hier gibt, der Schnee knirscht. Ich bin allein im Nebel. Links geht ein Weg ab zur Erlöserkirche, die einer Legende nach von einem Blitz gespalten wurde. Manche Kirchen wurden aus verschiedenen Materialien errichtet, Kalkstein und Basalt, sodass die Fassade am Ende ein Schachbrettmuster bekam. Schemenhaft erkenne ich den mannshohen Drahtzaun, gut fünfzig Meter vor mir, der die Türkei von Armenien trennt. Die Grenze markiert ein Fluss, der früher einmal reißend gewesen sein muss, so tief wie die Schlucht ist, die er gegraben hat. Mir fällt ein Satz von Orhan Pamuk zu Kars ein: »Hier kann der Mensch nicht vom Leben träumen, sondern nur vom Sterben ...«

Wir fahren zurück in die Stadt, wo ich noch eine Weile bleibe. Denn es schneit, und ich habe auf meiner Rückreise noch einige Bergpässe vor mir. Zwei Tage später habe ich Glück mit dem Wetter. Es ist nur noch neblig und kalt, aber immerhin trocken.

Ich fahre nach dem Frühstück los. Nur selten kommt mir ein Auto entgegen und noch seltener ein Minibus, was gut ist, denn einige sind schon hängen geblieben. Sie haben Sommerreifen.

Als die Stadt in Dörfer übergeht, wird der Nebel dichter. Die Straße wird enger und glatter. Immerhin gehen dieses Mal die Temperaturen etwas hoch, minus vier Grad. Doch wie es scheint, habe ich jetzt mit einem neuen Problem zu tun: Kangal-Hunde. Einige sind mir schon nachgerannt, weil sie dachten, mein Auto wäre ein Schaf. Hupen bringt nichts. Gas geben kann ich nicht. Schäfer schwören auf diese Hunderasse, die in einem trostlosen Ort in Zentralanatolien gezüchtet wird, nahe der Stadt Sivas.

Kangal-Hunde können es mit einem Wolf aufnehmen. Insbesondere, wenn sie ein Halsband mit langen, massiven Stacheln tragen – und das ist hier meist der Fall –, sind sie nur schwer zu verwunden. In einem Youtube-Video werden sie sogar als die »stärksten Hunde der Welt« bejubelt. Einwandfrei zu erkennen sind sie an der schwarzen Schnauze. Wer sich nicht so gut mit Hunden auskennt, könnte glatt meinen, es handele sich um eine Art überdimensionierter Labrador-Retriever. Ich hätte einen Kangal fast gestreichelt, als ich einen Bekannten besuchte. Genau dies aber sollte man tunlichst vermeiden. Denn Kangal-Hunde lassen sich kaum domestizieren. Die Tiere holen sich das, auf was sie gerade Lust haben. Ein Hund, der gerade auf mich zuläuft, hat ein Huhn gerissen und hält es mit seinen Zähnen fest. Ich sehe eine lange Blutspur im frisch gefallenen Schnee.

Die Hunde beschützen hier keine Schafherde, sondern ganze Dörfer. Die Hunde sind überall. Sie lauern am Straßenrand. Sie beobachten. Sie verstehen keinen Spaß. Ich fahre langsam weiter und bete, dass ich nicht liegen bleibe. Die Straße ist spiegelglatt, und meine Schneeketten sind im Kofferraum.

Es gibt schließlich Schöneres, als beim Montieren von Schneeketten zu sterben.

Kapitel

19

Bahçesaray, 1870 Meter

Im Van-See, den die Einheimischen nur das Meer nennen, soll ein fünfzehn Meter langes Monster leben. Ein Wissenschaftler der lokalen Uni sammelte in den Neunzigerjahren Fotos und Beweise und fertigte ein Phantombild an. Tausend Zeugen will er dazu befragt haben. Heraus kam ein Dinosaurier. Gefangen wurde das Monster natürlich nie. Andere sagen wiederum, dass Engel in dem See wohnen. Oder dass er verhext sei, wie mir gestern ein Taxifahrer erzählte. Vor ein paar Jahren hatte sich ein Schaf von einem Felsen in den Tod gestürzt und weitere vierhundertneunundvierzig folgten ihm wie die Lemminge. »Die Hirten haben gefrühstückt und wohl nicht aufgepasst«, behauptete der Taxifahrer. Sechsundzwanzig Familien stürzte der ›Massenselbstmord‹ in den finanziellen Ruin. Über die Geschichte berichtete damals die Weltpresse. Außerdem, sagte mir der Mann, schlummere ein Vulkan im See. Der solle in den nächsten zwanzig Jahren ausbrechen, hätten Forscher errechnet. »Und was dann?«, fragte ich den Mann. »Japan«, antwortete er, »Fukushima.«

Erdbeben und Vulkane sollen den See erschaffen haben. Sanftmütig liegt er da, gebügelt und nicht zerknittert. Als ob man durch Seide gleitet, so fühlt es sich an, wenn man darin schwimmt, heißt es. Der See, immerhin der größte der Türkei, friert im Winter nur selten zu, denn er ist voll mit Salz und Soda und hat einen ph-Wert von 9,8. Chemisch gesehen, ist er Seifenwasser. Leute, die zu lange im Wasser waren, berichten von leicht gebleichtem Haar. Frauen in den Dörfern benutzten den See einst als kostenlose Waschmaschine. Der einzige Fisch, der in diesem Gewässer überleben kann, ist der *inci kefalı (Chalcalburnus tarichi),* eine Karpfenart. Zum Laichen braucht er, ähnlich wie der Lachs, frisches Wasser und hüpft auf seiner Reise durch die Flüsse bis zu sechzig Zentimeter durch die Luft. Leider wurden die trächtigen Fische oft gefangen und landeten auf dem Grill. Zeitweise waren die Tiere deshalb sogar vom Aussterben bedroht.

In dieser Gegend wachsen auch rote Blumen, deren Blüten in Richtung Boden wachsen, die *ters lale,* ein Liliengewächs. Die christlichen Armenier, die früher hier lebten, nannten sie »weinende Braut«, da sich die Blüte umgedreht habe, als Jesus gekreuzigt wurde. Auch gibt es hier weiße Katzen, die zwei verschiedenfarbige Augen haben, ein blaues und ein bernsteinfarbenes. Die kleinen Monster mögen auch noch Wasser.

Die Gegend ist weit weg von all dem, was uns vertraut vorkommt. Türkische Politiker lassen Beamte gerne hierher versetzen, wenn sie nicht spuren. Und was mache ich hier? Ich suche die besten Schachspieler Ostanatoliens. Ein Bekannter aus İstanbul sagte mir, dass die ausgerechnet hier, in dieser Einöde, leben sollen. Im Dorf Bahçesaray, das so weit oben in den Bergen liege, dass die Menschen dort im Winter oft eingeschneit und damit von der Außenwelt abgeschnitten seien. Dann äßen sie die Kartoffeln, die sie seit Wochen gebunkert hätten – und wüssten nichts Besseres zu tun, als Schach zu spielen.

In Van höre ich diese Geschichte auch. Es ist September und nicht mehr lange bis zum ersten Schnee. Ich möchte nach Bahçesaray fahren. Losfahren aber solle ich besser bei Tageslicht, rät man mir. Wenn das Wetter umschlägt, und das passiert schnell im Herbst, fällt dort oben jetzt schon Schnee.

Ich bleibe über Nacht in Van und spaziere durch die Stadt. Bei Burger King bekommt man das Essen noch in beige-weißen Styroporverpackungen serviert, wie ich aus dem Müll schließe, der auf den Straßen liegt. In einem kleinen Laden stapeln sich Musikkassetten. Ich setze mich in eine Gasse, durch die kein Auto durchpasst und sehe eine halbe Stunde lang keine einzige Frau. Ein Bekannter erlebte in Van vor ein paar Jahren sogar, dass zunächst nur er, nachdem er für sich und seine Frau Tee bestellt hatte, ein Glas bekam. Der Kellner stellte es ihm hin und wartete. Erst als der Ehemann das Glas seiner Frau hinüberschob, stellte der Kellner ihm das zweite Glas hin. »Ich war mir nicht sicher, warum er das machte«, erzählte mir mein Bekannter. »Entweder aus Respekt, weil er wusste, dass ich der Ehemann bin und meine Frau für ihn tabu ist. Oder weil er es ablehnt, Frauen zu bedienen.« Die Männer, die ich sehe, trinken Tee, spielen Backgammon und rauchen. Der Marlboro-Mann würde sich hier wohlfühlen. Ankara ist über tausendzweihundert Kilometer weit weg. Viele Verbote kamen hier nie an. Die meisten Menschen in der Gegend sind Kurden.

Im Museum soll die weltweit größte Sammlung zu den Urartäern ausgestellt sein. Das Volk beherrschte im Alten Orient ein Reich, das sich rund um den Van-See erstreckte. Wieder so ein Volk also, von dem ich noch nie etwas gehört habe. Die Urartäer setzten unbezwingbare Burgen auf spitze Hügel, monumentale Festungen, vor denen sogar die viel gepriesenen Assyrer Respekt hatten. Sie konstruierten über fünfzig Kilometer lange Bewässerungskanäle und zählten zu den ersten Menschen, die Weizen kultivierten. Sie formten aus Metall Gegenstände, die sie bis nach Griechenland exportierten. Zweihundert Jahre lang herrschten die Urartäer über diese Gegend, bis sich ihre Spuren um 600 vor Christus verlieren.

Doch mein Besuch im Museum endet beim Eingang. Ein Mann kommt mir entgegen und schüttelt seinen Zeigefinger. Er zeigt auf einen Zettel, der unter der blauen Hausnummer 6 des Museums hängt und auf dem auf Türkisch und Englisch steht: »Wegen Erdbeben geschlossen«.

Im Südosten der Türkei stoßen zwei Kontinentalplatten aufeinander. Die Arabische Platte bewegt sich mit zweieinhalb Zentimetern pro Jahr in Richtung Norden und prallt auf die Eurasische; zweieinhalb Zentimeter pro Jahr sind für Geophysiker kein Kriechen, sondern schon eher das Fahren auf einer Schnellstraße. Es gibt kaum eine Stadt in Ostanatolien, die es nicht auf die bittere Liste der großen Erdbebenkatastrophen geschafft hat. Im Herbst 2011 traf es Van gleich zwei Mal. Sechshundert Menschen starben unter den Trümmern, Tausende wurden verletzt und obdachlos.

Mitten im Stadtzentrum sehe ich ein tiefes Loch, das mit Wellblech umzäunt ist. Davor steht ein Container, in dem die Firma Best Van Tours Bustickets verkauft. Früher stand hier das Bayram-Hotel, eines der besten Vans. Der iranische Schah soll hier in den Siebzigerjahren übernachtet haben, und der türkische Staatspräsident. Dem ersten Beben vom 23. Oktober 2011, als die Erde am frühen Nachmittag zu zittern begann, hielt das Hotel stand. Es war ein schweres, die Seismologen bezifferten seine Stärke mit 7,2 auf der Magnitudenskala. Ein Ärzteteam aus Japan wurde eingeflogen, erfahrene Leute, die wie auch viele Journalisten im Bayram-Hotel übernachteten.

Am 9. November um 21.23 Uhr zitterte die Erde noch einmal: 5,7 auf der Magnitudenskala, ein mittelstarkes Beben also, das aber genügend Zerstörungskraft hatte, um bereits angeschlagene

Gebäude zum Einsturz zu bringen – wie das Bayram-Hotel. »Das Erdbeben passierte, als es schon dunkel war, der Strom ging aus«, erinnert sich der Ticketverkäufer, mit dem ich mich unterhalte. »Van war eine Geisterstadt. Die Menschen flohen.« Fünfundzwanzig Gebäude fielen damals in sich zusammen. Vierzig Menschen starben.

Später kamen Gerüchte auf, der Besitzer des Bayram-Hotels habe eiligst versucht, die Risse mit Putz und etwas Farbe zu vertuschen. Ein türkischer Erdbebenexperte sagte nach dem ersten Beben: »Die Gebäude in Van sind ramponiert wie ein Boxer nach neun Runden im Ring.« Eine französische Reporterin hatte zuvor drei Nächte in dem Hotel verbracht. »Die Angestellten haben uns gesagt, es sei sicher. Aber man konnte sehen, dass sie sich selbst nicht sicher fühlten«, erklärte sie später. Ihr Kameramann hatte es deshalb vorgezogen, im Auto zu schlafen.

Am nächsten Tag habe ich eine einhundertvierzig Kilometer lange Reise vor mir, nach Bahçesaray, zu den Schachspielern. Ich fahre aus der Stadt hinaus, vorbei an zwei neu errichteten Fußgängerbrücken, die zu einer Brachlandschaft führen. An einer Promenade wird gerade gebaut, die aber nicht entlang des Sees führt, sondern entlang der Schnellstraße. Immerhin werden dort schöne Pflänzchen wachsen, die schon eingesetzt sind. Ich biege ab, die Schnellstraße wird allmählich zu einem einsamen Weg, der mich durch eine vertrocknete, goldfarbene Landschaft führt, es ist Spätherbst, das Licht ist jetzt besonders schön. Die Straße ist aus hartem Asphalt, es liegt viel Splitt auf dem Belag und pikst den Lack meines Fiats.

Ein Checkpoint der Gendarmerie steht mitten im Nirgendwo, mit Wachtürmen und Vorrichtungen zur Inspektion von Autos. Ich hatte schon zuvor einen Soldaten gesehen, der aus seinem kleinen, unverputzten Häuschen kroch, als er mein Auto sah. Vor Straßenkontrollen stellten die Einheimischen früher die Innenbeleuchtung an und schalteten auf Standlicht um, damit die Soldaten die Gesichter der Insassen gut erkennen konnten. Es war das Zeichen, dass man nichts zu verbergen hatte. Im Moment ist es ruhig in der Region, die Regierung hat erst vor Kurzem einen Deal mit der PKK ausgehandelt. Ich werde nicht kontrolliert.

Aus Weiden werden allmählich Hänge, aus Ebenen werden Täler. In einem der wenigen Dörfer, die es hier gibt, packt ein Kleinlaster ein halbes Dutzend Menschen auf seine Ladefläche – es ist der Ortsbus. Die Häuser sind aus Stein gebaut, die guten haben Dächer aus Blech, die normalen eines aus Lehm. Blumen vor den Häusern sieht man selten, was wiederum damit zu tun habe, so erklärte man mir in Van, dass sich die Frauen bei der Gartenarbeit bücken müssten und Männer sie dabei beobachten könnten.

Außer ein paar Schafhirten bin ich noch niemandem begegnet. Zwei dunkel getarnte Panzer überholen mich. Im Gefechtsturm sitzt ein Mann und dreht sich um die eigene Achse. Den Soldaten scheint langweilig zu sein. Ich mache das Fenster auf und atme tief durch. Ich rieche Schneeluft, die Kühle und Frische, Vorboten des Winters. Auf den Dreitausendern ist der erste Herbstschnee gefallen und geblieben. Ich nähere mich dem höchstgelegenen Pass der Türkei: Karabel Geçidi, 2985 Meter hoch, auf den letzten paar Hundert Metern fehlt der Asphalt. Weiter unten arbeiten schwere Maschinen und graben. Das Rohgerüst einer Lawinenschutz-Galerie steht bereits, das Loch im Berg gehört zu einem Tunnel.

Auf der anderen Seite des Passes wird die Straße steiler. »Yavaş!«, Langsam!, steht auf Schildern. Der erste Gang schafft es nicht mehr, den Wagen zu bremsen. Nur selten gibt es Leitplanken. Wer hier vom Weg abkommt, fliegt ein paar Hundert Meter in den Abgrund. Vielleicht gibt es hier deshalb auch eine kleine, grüne Moschee. Zum regelmäßigen Beten kommt hier sicher niemand vorbei. Gegenüber steht ein Toilettenhäuschen, dessen Aluminiumdach abmontiert wurde. Vermutlich ein Dieb. Materialien wie dieses sind selten hier.

Unten im Tal sehe ich einen Wald. Dort liegt das Dorf Bahçesaray, dessen Name sich, wohl nicht zufällig, aus zwei türkischen
Wörtern zusammensetzt: Garten und Palast. In Van hatte ich
Wasser der Marke Bahçesaray gekauft, abgefüllt aus dem Bach,
der die trockene Gegend zum Sprießen bringt. Ich fahre durch
eine Allee von Laubbäumen. Danach geht es rechts ab in den Ort.

Bahçesaray ist eine Kleinstadt, in der gut sechzehntausend
Menschen leben sollen, was ich mir nur so erklären kann, dass
man aus Versehen auch einige Schafe mitgezählt hat. Der Ort besteht aus einer vierhundert Meter langen Straße. Als ob jemand
aus einer der vielen, gesichtslosen türkischen Kleinstädte ein
Stück herausgeschnitten und es nach Bahçesaray gesetzt hätte, so
sieht es hier aus: hässlich.

Die Gebäude jedenfalls wollen nicht in diese Bergidylle passen, die Stadtverwaltung, eine Filiale der Ziraat-Bank, die Partei-
zentrale der AKP, der Obstladen İbrahim und Geschäfte für Brot,
Elektrogeräte und Lebensmittel. Wenigstens gibt es einen Teegarten, der idyllisch am Wasser liegt. Übernachten kann man hier
nur im *öğretmen evi*, dem Lehrerhaus. Diese Häuser sind in den
entlegensten Winkeln des Landes zu finden, zumindest überall
dort, wo es Schulen gibt, und vermieten Zimmer auch an Gäste,
sehr preisgünstig und meistens komfortabel.

Am Ende der Hauptstraße, auf einem großen Platz, thront ein
hohes Minarett. Die dazugehörige Moschee befindet sich in einem Zelt. Ich schaue auf die verwegene Passstraße, die man von
hier aus besonders gut sieht – wie sie sich auf den Berg windet und
dann verschwindet. In einem Gebäude neben der Moschee sind
die öffentlichen Toiletten des gesamten Ortes untergebracht.
Dort treffen sich der Gemüsehändler, die Kunden des Friseurs
und die Gäste des Teegartens. Es riecht wie in einem Stall.

Schachspieler aber sehe ich keine, weder in den Teehäusern
noch draußen auf den Stühlen. Ich gehe in den Teegarten, der mir
schon aufgefallen war, als ich mein Auto am Straßenrand parkte.

Dort sitzen ein paar Frauen, Lehrerinnen, die aus İstanbul in dieses Kaff versetzt wurden. Nur manche tragen Kopftuch; einige rauchen. Sie fallen unter den Männern mit den dicken, schwarzen Haaren und den groben Gesichtern auf, die dunkle Sakkos, Hemd und Pullunder tragen. Ein paar Hühner laufen im Teegarten herum und gackern, ein stolzer Hahn bäumt sich auf und kräht. Von einem Baum fallen grüne Walnüsse, die noch etwas bitter und säuerlich schmecken.

Die Leute trinken den Tee hier auf dieselbe Weise wie in Van: Sie beißen immer etwas vom Würfelzucker ab, werfen ihn nicht ins Glas, sondern legen ihn daneben. Das soll den Zuckerkonsum senken. Die Leute wollen damit ihrem Körper etwas Gutes tun und zumindest ein paar Organe schonen. Zu viele Menschen würden hier schon an Magenkrebs erkranken, sagte man mir in Van, »weil sie zu viel vom stark gesalzenen Käse essen und von den Fischen, die in Salz eingelegt sind.«

Ich bestelle einen Käsetoast und ein Glas Tee. Der Kellner holt den Toast aus einem Laden nebenan, bei dem ein gelbes Schild im Fenster klebt, das vier Finger zeigt. Das Zeichen ist aus Ägypten in die Türkei übergeschwappt und ein Symbol der Religiösen gegen die Militärherrschaft. Dass es hier hängt, wundert mich nicht.

In dieser verwegenen Bergwelt wurde in den Neunzigerjahren viel Blut vergossen. Die Kämpfer der kurdischen Arbeiterpartei PKK bekriegten sich mit Soldaten der Armee und kurdischen Dorfwächtern, die vom Staat bezahlt wurden. Besonders brutal war ein Überfall der PKK auf eine Zeltsiedlung nahe Bahçesaray. An einem Samstagabend im Sommer 1993 feuerten die Rebellen mit Raketenwerfern und Maschinengewehren auf die Bewohner: Sechsundzwanzig Menschen starben, darunter vierzehn Frauen und acht Kinder. Ein Jahr später wurde ein Minibus überfallen, und elf Insassen wurden erschossen. Im Sommer 1998 entführten Unbekannte den Bürgermeister eines Nachbardorfs und exekutierten ihn. Ein andermal wurden achthundert Schafe auf einer Weide mit Maschinenpistolen massakriert. Das Leben in Bahçesaray war eine Mischung aus Angst und Martyrium. Sogar der Imam des Dorfes blieb nicht verschont, als er seine Lautsprecher einschaltete, um über ein Impfprogramm für Kinder zu informieren. Er sprach Kurdisch, denn sonst hätten ihn die meisten Frauen nicht verstanden. Kurdisch aber war damals verboten. Soldaten haben ihn daraufhin brutal zusammengeschlagen und Meldung an den Geheimdienst gemacht.

Ich fühle mich beobachtet. Ich bin der einzige Ausländer, nicht aber der einzige Fremde. In der Stadt sind viele Leute, die nicht aus der Gegend stammen. Das sehe ich an den Nummernschildern der Wagen: 21 (Diyarbakır), 63 (Şanlıurfa), 01 (Adana), 16 (Bursa), 61 (Trabzon), ein schwarzer BMW aus Ankara. Keine Ahnung, was die hier alle wollen.

Ich frage den Kellner, der sich als Murat vorstellt, nach den Schachspielern. »Früher, ja, ja, da haben wir Schach gespielt«, sagt er. »Bis in die Mitte der Achtzigerjahre gab es hier nicht einmal Strom. Da machten wir eine Kerze an und spielten.« Heute aber säßen die Leute vor dem Fernseher, erklärt er. »Sehen Sie sich doch mal um!«, sagt er, während er sich umdreht und auf die Satellitenschüsseln auf den Dächern zeigt: »Die gab es vor zwanzig Jahren nicht.«

Außerdem komme es nicht mehr oft vor, dass der Ort eingeschneit werde. »Die Regierung baut hier überall neue Straßen und oben sogar einen lawinensicheren Tunnel«, sagt Murat. »Die PKK hat immer gesagt, dass sich niemand um uns kümmert, weil wir Kurden sind, was bislang auch stimmte. Jetzt aber, unter Erdoğan, passiert was. Jetzt wird gebaut.« Früher ließ man die Leute einfach eingeschneit, bis die Sonne stark genug war und den Schnee im Mai zum Schmelzen brachte. Heute wird schweres Gerät aufgefahren, um die Wege freizufräsen.

Ich mache mich wieder zurück auf den Weg nach Van. Gut dreihundert Höhenmeter weiter oben ist ein Dorf, das von Leuten gebaut wurde, die hier seit Generationen wohnen. Es schmiegt sich förmlich in diese Landschaft, obgleich es bitterarm ist. Der kahlgeschorene Hang hinter dem Dutzend Häuser sieht sogar ohne Schnee bedrohlich aus, so extrem steil ist er. Ich sehe keinen einzigen Baum, der eine Lawine aufhalten könnte. Die Gebäude haben Dächer, die in den Hang gebaut wurden; so werden sie im Ernstfall vielleicht verschüttet, aber nicht mitgerissen.

Es gibt nur einen kleinen Geröllweg ins Dorf, der durch einen Laubwald führt. Ich stelle den Wagen an der Straße ab und laufe zu Fuß weiter. Ich sehe zwei Imker, die notdürftig ihr Gesicht schützen und ihr Bienenvolk in Metallkisten untergebracht haben. Ein Mann kommt mir entgegen, ich grüße auf Türkisch, er grüßt auf Türkisch zurück, wir unterhalten uns kurz. Liçan heißt das Dorf, erfahre ich von ihm. Ich spaziere weiter, eine alte Frau mit ausgezehrtem Gesicht steht hinter dem Vorhang und beobachtet mich heimlich.

Im Dorf gibt es vier Lautsprecher, die zum Gebet rufen, aber keinen Handyempfang. Drei Teppiche sind auf einem großen Hügel zum Trocknen ausgelegt. Die Häuser sind aus einfachen Steinen gebaut, wie man sie in der Natur findet. Ihre Dächer bestehen aus einem Holzgerüst, gedeckt mit Lehm und Schlamm. Sie haben keine Kamine, und nur bei wenigen erkenne ich ein Rohr, das auf einen Ofen in der Wohnung schließen lässt. Wenigstens zieht sich eine Stromleitung durch das Dorf.

Ein Mann ruft mich zu sich: »Gel, gel!«, Komm! Ich sehe niemanden. Er ruft wieder: »Gel!« Hoch oben auf einer Wiese sitzt der Mann und isst mit seiner Familie, seinem Vater, der Frau und seinen zwei Kindern. Ich klettere zu ihm hoch. »Ich bin Ümran«, begrüßt er mich auf Türkisch. »Setz dich zu uns!«

Er ist gerade vierzig geworden und sieht gut zehn Jahre älter aus, wie die meisten Menschen hier in dieser rauen Gegend. Ümran hat die Hände eines Metzgers, trägt eine schwarze Nadelstreifenhose, darüber weiße Gamaschen aus Schafwolle, Plastikschuhe und über seinem Hemd eine Weste. Er gibt mir einen Teller. Auf dem Gras ist das Essen ausgebreitet. Es gibt Tomaten aus seinem Garten, dazu salzigen Käse aus Schafsmilch und das Hauptgericht: Reis in Kohlblättern. Aus einem Gurkenglas gießt er Milch, die er frühmorgens einer Kuh abgezwackt hat, in eine Tasse und reicht sie mir. Ümran isst mit den Fingern, ich mache das auch.

Wir sitzen auf dem Boden, im Schatten eines Baumes, es ist angenehm kühl und seelenruhig. Die Sonne schimmert durch die Blätter. Er erzählt mir, dass im Dorf fünfhundert Menschen leben. Wir unterhalten uns über Schnee. »Im Winter kriegen wir hier morgens oft die Tür nicht auf, weil sie zugeschneit ist«, sagt Ümran. Er zeigt mit seiner Hand zu seiner Hüfte. »So viel Schnee liegt dann.« Doch es ist nicht die Menge, die den Menschen hier das Leben schwer macht. In seinem Dorf hat niemand eine Schneefräse, es fährt kein Schneepflug, und wer eine Schaufel besitzt, kann sich glücklich schätzen. Ümran hat keine.

Der Hang hinter ihm würde mir große Sorgen bereiten. Ich sehe keine Verbauung, die das Dorf vor Schneemassen schützen könnte. Ich frage ihn nach Lawinen. Er deutet mir an, dass sie regelmäßig herunterkommen. Ümran erinnert sich noch gut an den Winter 1992. »Die Straße war damals fünf bis sechs Meter hoch verschüttet, überall kamen Lawinen runter.« Sein Dorf hatte Glück. Besonders schlimm erwischte es damals den Ort Görmeç in der Provinz Şırnak, gut hundert Kilometer Luftlinie südlich. Einhundertacht Menschen starben unter den Schneemassen.

Ümran zieht eine Blechdose mit Tabak aus seiner Hosentasche und dreht sich eine Zigarette. Die Leute hier hätten gelernt, mit der Natur zu leben. »Nur wenn du krank bist, dann ist der Schnee ein Problem«, sagt er. »Wir haben keinen Arzt im Dorf.« Im Dorf Kovalıpınar, das südlich von Van und hoch in den Bergen liegt, erlitt eine zwanzigjährige Frau einen Blinddarmdurchbruch. Die Straße war unpassierbar, es war Mitte Januar. Der Krankenwagen konnte nicht kommen. »Also wurden zwanzig Männer zusammengerufen. Die haben die Frau dann neun Kilometer weit in einer Menschenkette durch den Schnee getragen«, erzählt Ümran. Die Frau überlebte. In Notfällen helfe man sich hier gegenseitig, sagt er, der Zusammenhalt sei groß.

Bevor ich gehe, möchte ich noch etwas von Ümran wissen: »Spielst du Schach?«

»Klar«, antwortet er. »Meine Tochter auch, mein Vater, die ganze Familie.« Im Winter, wenn es draußen schneit, hätten sie abends schließlich nichts anderes zu tun.

Kapitel

20

Doğubeyazıt, 1600 Meter

In der Straße, die mich zum Ort führt, wo es ge-
schmuggelte Marlboro aus dem Iran gibt, steht ein Laden, der den
Namen Hepgüler hat. Hepgüler heißt auch sein Besitzer; das
Wort bedeutet: Der Mann, der immer lacht. Er verkauft all die
Dinge, die ein Soldat braucht und die er sich nicht leisten kann:
Socken, Feuerzeuge, Rasierzeug, Rucksäcke, Hemden und Hosen
in militärischen Grün- und Brauntönen. Auch rosenkranzartige
Gebetsketten in allerlei Farben hat der Mann, der immer lacht,
im Angebot. »Die laufen besonders gut«, sagt Hepgüler und lächelt dabei. Die Soldaten würden damit täglich die Stunden zählen, bis der Tag vergangen sei. »Ist eine super Erfindung, viel billiger als Zigaretten.«

»Hast du gesehen?«, fragt Tevfik Hamza, der mich in den Laden begleitet hat: »Der Mann lächelt tatsächlich immer.« Tagtäg-

lich gehe er zu Hepgüler, um ein Glas Tee mit ihm zu trinken, und noch nie sei der Mann schlecht aufgelegt gewesen. Das Einzige, was Tevfik bei ihm kauft, sind Socken. »Eine Lira das Paar. Das ist billiger, als die gebrauchten zu waschen.«

Ich bin in Doğubeyazıt, da also, wo das Ende der Türkei ist und das gefühlte Ende der Welt. Gäbe es keine Berge, könnte ich bis zum Iran sehen. Schmutzig und staubig ist diese Gegend, aber auch verwunschen. Die Arche Noah soll hier gestrandet sein, glauben die Christen jedenfalls, auf dem 5137 Meter hohen Ararat, der vor der Stadt liegt wie eine große Plakatwand. Am besten lässt man sich also von dem immerweißen Gipfel blenden und übersieht so das hässliche Kleid der Stadt, in die sich fünfundsiebzigtausend Menschen gezwängt haben. Auch viele Soldaten leben in dieser Grenzregion, weshalb es allerorts einen Laden wie den von Hepgüler gibt.

Tevfik Hamza habe ich heute Morgen kennengelernt, ein sympathischer Türke von der Ägäis, der aussieht wie Meister Eder aus der Serie »Pumuckl«, nur ohne Haare auf dem Kopf. Tevfik ist im Auftrag der Regierung da und soll Teppiche verkaufen. Dafür wurde extra ein neues Gebäude aus dunklem Stein errichtet und mit Handarbeitsware aufgefüllt, die an Touristen verkauft werden soll, die mit dem Bus anreisen. Dahinter steckt ein Plan: Die einheimischen Frauen, die oft nicht einmal lesen und schreiben können, sollen so in das Arbeitsleben integriert werden. Ein kleiner Teppich aus Baumwolle kostet dreihundert bis siebenhundert Euro, einer aus Seide zweitausendfünfhundert Euro. Der Preis hängt davon ab, wie lange jemand an dem Stück knüpfen muss. Bei einem Seidenteppich, erklärt mir Tevfik, sind auf einem Quadratzentimeter zwölf Knoten. Ein Quadratmeter hat also mehrere Millionen Knoten. Teppichknüpfen ist Teamarbeit. Für drei Quadratmeter würde eine einzige Frau ein ganzes Jahr benötigen.

Tevfik wurde am östlichen Ende der Türkei ausgesetzt, um die berühmten anatolischen Teppiche an Touristen zu verhökern.

Nur wollen die nicht kommen. »Meine besten Kunden, die Amerikaner, haben Angst vor Syrien und dem Iran«, seufzt Tevfik. »Und die Deutschen kaufen nichts.« Er hat selbst lange Zeit in Wien gelebt und spricht Deutsch mit österreichischem Singsang und Wiener Schmäh. Ich bin eher zufällig in seinen Laden gekommen. Da außer mir keine Kunden da sind und höchstwahrscheinlich heute auch keine mehr kommen, begleitet er mich zum lokalen Schmugglermarkt.

Er erzählt mir auf dem Weg die Geschichte, wie er eine halbe Stunde lang am Bahnhof in Ybbs in Niederösterreich stand und überlegte, was das Wort Ybbs wohl zu bedeuten hat und wie man es ausspricht. »Deutsch ist sehr schwer und eigenartig«, meint Tevfik. »In der Türkei reden die Leute alle zweihundert Kilometer einen anderen Dialekt«, sagt er. »In Österreich aber alle zwanzig.« Er erinnert sich daran, wie er einmal nach Hamburg reiste und dort einen Kleinen Braunen bestellte. Die Kellnerin wusste nicht, was er damit meint. »Gnädige Frau, das ist einfach«, sagte Tevfik, »Mokka, dann etwas Milch.« Die Hamburgerin antwortete schnippisch: »Also Kaffee.«

Tevfik ist heilfroh, dass er nur noch eine Woche hat, bis er wieder an die Ägäis zurück kann. Vielleicht schickt ihn sein Chef aber auch zu den Arabern, nach Dubai, dort würde er bestimmt mehr verkaufen. Seit er hier ist, kauft Tevfik nur noch Lebensmittelkonserven bei Migros, der Supermarktkette, die momentan das ganze Land mit Filialen übersät. »Ich kann in dieser Stadt sonst nichts essen«, sagt er, rümpft die Nase und erzählt von seinem letzten Restaurantbesuch. Da habe jemand tatsächlich vor seinen Augen mit einem dreckigen, gelben Lappen den Teller abgewischt, von dem er später essen sollte. Anderntags ging er auf den Markt und wollte weißen Käse kaufen. Doch bevor der Verkäufer mit seinen bloßen Händen in den Plastiktrog griff, um ein Stück aus der Lake zu holen, hatte er keine zwanzig Zentimeter daneben auf den Boden gespuckt.

»Die Männer hier spucken ständig«, sagt Tevfik. »Die Hygiene-
zustände sind erbärmlich.«

Die Lkws, die in der Gegend viel Staub aufwirbeln und die
Luft verpesten, sind bunt bemalt, wie man es aus Pakistan und Af-
ghanistan kennt. Zwischen mir und Afghanistan liegt nur noch
ein Land. Die Obsthändler schmeißen die alten Holzkisten auf
das Dach ihres Ladens, wo sie sich bis zu zwei Meter hoch stapeln.
Tevfik und ich laufen gemeinsam zum Marktplatz, wo die Leute
Tee trinken. Dort gibt es auch eine Rinne. Hat ein Metzger ein
Tier frisch geschlachtet, spült er das auf den Boden geflossene
Blut einfach mit einem Schlauch dort hinein. Eine tote Wespe
schwimmt in der Salzbrühe eines Verkäufers, der weißen Käse in
großen Schalen ausstellt. Fliegen schwirren nervös herum und
wollen nicht ablassen von dem vertrockneten, in Salz eingelegten
Fisch, der vor der Tür eines Händlers in einem Korb liegt.

Es sind nur noch wenige Meter bis zum Schmugglermarkt:
»Büyük Pasaj«, kleine Passage, steht auf einem unscheinbaren Eingang, der zu der Einkaufspassage führt. Neonlicht, weiße Wände,
enge Gänge, die vollgestopft sind mit Ledertaschen, Fußbällen,
gerahmten Koranzitaten und Süßigkeiten. Von den Marken habe
ich noch nie etwas gehört. Ich sehe persische Schriftzeichen auf
den Verpackungen und lese »Roro Toffee« und »Anata Cream«
auf einer Packung mit Waffeln. Die meisten Männer aber kaufen
Billig-Zigaretten, Zigarren und iranische Marlboro – zu erkennen
an den Verpackungen, die noch so aussehen wie früher, ohne die
weißen Warnaufdrucke der EU, die mittlerweile auch auf türkischen Schachteln stehen. Ein Händler hat Motorsägen »made in
Iran« im Angebot. Ich würde mich nicht trauen, damit einen
Baum zu fällen.

Der Iran wäre ein guter Geschäftspartner für die Region, denn
dort gibt es vieles nicht, was es hier gibt. Die Leute stört es deshalb sehr, dass der Westen das Nachbarland aushungern möchte.
Iranisches Öl und Gas dürfen in der EU und in den USA nicht

mehr gekauft werden. Der internationale Zahlungsverkehr boy-
kottiert den Iran. Es fließt also kein Geld mehr.

Das macht eine gute Nachbarschaft auch für die Türken
schwieriger. Bis vor einigen Jahren hat die Türkei ihr Öl hauptsächlich aus dem Iran importiert, Experten schätzen den Anteil
auf vierzig Prozent. Heute kommt es aus dem Irak. Die Türkei ist
auch der Hauptabnehmer von iranischem Erdgas. Als ich im Sommer 2012 in İstanbul angekommen war, erzählte mir jemand, dass
Lkws ganze Ladungen mit Gold in den Iran bringen würden. Im
Gegenzug dafür gebe es Gas. Ich hielt das für eine erfundene Geschichte.

Analysten aber berichteten bald darauf, dass die Türkei im
Jahr 2012 Gold im Wert von 13,3 Milliarden US-Dollar exportiert
habe. Ein Jahr zuvor waren es noch vergleichsweise magere 1,5
Milliarden. Die Regierung hatte einen Weg gefunden, um an iranisches Gas zu kommen: Die Türkei zahlte den Warenwert in
Türkischer Lira auf ein (iranisches) Konto bei der türkischen
Halkbank ein. Mit diesem Geld kaufte der Iran dann wiederum in
der Türkei Gold, das Kuriere später im Handgepäck nach Dubai
schafften, wo es entweder gegen ausländische Währung verkauft
oder mit dem Schiff in den Iran transportiert wurde. Am Ende
aber kam die Sache raus und löste im Dezember 2013 einen Skandal aus – weil einige türkische Minister, samt ihren Familien, an
dem Deal verdienten. Das Geld hatten sie in Schuhkartons gebunkert, wie Journalisten herausfanden. Die Schmiergeldaffäre
brachte Regierungschef Erdoğan in die Bredouille, denn zu gerne
brüstet er sich damit, gegen Korruption zu kämpfen. Er hat ein
Glaubwürdigkeitsproblem und macht seitdem alle möglichen
Leute für den Skandal verantwortlich, nur nicht sich. Viele Türken glauben ohnehin dem Sprichwort: »Wer einen Topf Honig
trägt, bekommt klebrige Hände.«

In der Schmuggler-Passage sehe ich keine Polizisten. Das
scheint alles legal zu sein, was hier passiert. Ist es aber nicht, be-

hauptet Tevfik. »Viele hier sind arbeitslos. Du siehst hier keine Fabriken, das ist eine tote Gegend. Deshalb gibt es nur den Schmuggel«, erklärt er mir. »Der Bürgermeister drückt dabei ein Auge zu, weil er nicht für Arbeit sorgen kann.« Die Kriminalitätsrate würde sofort nach oben gehen, befürchtet Tevfik. »Noch aber ist die Stadt sehr sicher.«

Tevfik wohnt in einem Hotel im Zentrum der Stadt, keine fünf Minuten vom Migros-Supermarkt, der ihm sein Überleben sichert. Er hat keine vernünftige Wohnung gefunden, und ohnehin ist er nur drei Monate hier. Das Hotel ist eine Bruchbude, auch wenn es zu den besseren Unterkünften der Stadt gehört. Neulich sei der Fahrstuhl kaputt gegangen. Tevfik wohnt im sechsten Stock. Die Reparatur, so hat er recherchiert, würde sechstausend Lira kosten. »Der Direktor sagt mir jeden Tag, dass morgen jemand komme, aber es kommt niemand.« Eine Woche ging das so, dann hat Tevfik einen Angestellten danach gefragt. »Der hat nur gelacht und gesagt, das sei dem Chef doch viel zu viel Geld«, erzählt er. Auch sein Zimmer werde nie gereinigt, sagt Tevfik. Er bekomme keine frischen Handtücher und keine Bettwäsche, obwohl das Hotel dafür jemanden angestellt habe. »Der Mann macht das nur, wenn ich fünf Lira hinlege.«

Wenn sich schon Tevfik, der Türke vom Mittelmeer, hier fremd fühlt, was soll ich dann sagen, der Österreicher aus einem Bergdorf? »Geh mal in ein Restaurant und die Leute werden dich anstarren«, sagt er. »Die wollen wissen, wie die Europäer essen, ob die etwas anders machen.« Überhaupt würden die Einheimischen ständig darauf achten, was andere machen. »Die ärgern sich darüber, wie dreckig der Nachbar ist, und machen fünf Minuten später genau dasselbe. Von der Ägäis kenne ich so ein Verhalten nicht«, lästert er.

Wenn ich schon mal hier sei, dann solle ich unbedingt den Palast anschauen, hoch oben auf dem Berg auf zweitausendzweihundert Metern, rät mir Tevfik. »Wenn der Pascha sehen würde, wie

die Menschen heute leben! Der hatte schon damals eine Zentral-
heizung. Und noch vor den Habsburgern eine Toilette«, sagt er
und seufzt: »Früher haben die Russen, die Habsburger und die
Osmanen die Welt regiert. Und heute? Die Russen: arm, aber regieren. Die Österreicher: unbedeutend, aber reich. Die Türken:
arm und bedeutungslos.«

Ich fahre zur Festung hoch. Von Weitem sieht sie aus wie eine
einsame, große Spinne, die etwas bewacht und niemanden in die
Nähe lässt. Die Fahrt führt vorbei am Hotel Ararat und später an
Panzern, die zu einem Übungsgelände des Militärs gehören. Mein
Auto holpert über Pflastersteine. Bis auf ein paar Baracken, in denen höchstens ein Dutzend Familien wohnen, sehe ich nur Gestrüpp und Gras, in dem es sich Schafherden gemütlich gemacht
haben. Die Siedlung unterhalb der Festung wurde in den Dreißigerjahren zerstört, als die Kurden gegen Kemal Atatürk rebellier-
ten. Auf den Hügeln unterhalb der Berge stehen die altbekannten
patriotischen Sprüche des Republikgründers, die entlang der
Grenze besonders exzessiv verwendet werden.

Das Volk der Urartäer besaß hier oben schon eine Festungsanla-
ge, als wir in Europa noch in Höhlen hausten. Jahrhundertelang
schlängelte sich eine wichtige Transitroute durch diese Gegend
und verband Europa mit China. Der Weg war Teil der Sei-
denstraße. Im 17. Jahrhundert hatten Mitglieder einer kurdischen Familiendynastie begonnen, auf einer künstlichen Felster-
rasse eine Burg zu errichten. Neunundneunzig Jahre soll es
gedauert haben, bis 1784 der Palast vollendet war: siebentausend-
sechshundert Quadratmeter, zwei Etagen, dreihundertsechsund-
sechzig Zimmer. Teile des Palastes waren mit Spiegeln ausgeklei-
det, die über ein Loch in der Decke die Sonnenstrahlen in die
Räume weiterschickten. Die Architekten mischten seldschuki-
sche, persische, armenische, georgische und barocke Stile, und
heraus kam ein Schlösschen, das auch gut zu Alice im Wunder-
land passen könnte.

Der Himmel mit seinen Wölkchen sieht von hier oben aus wie auf Bildern, die mit einem Weitwinkelobjektiv fotografiert wurden. Ich blicke in die Ebene, in der es jetzt, im Frühling, grünt und blüht. Vom heiligen Ararat jedoch sehe ich nur die westlichen Ausläufer.

Die Türken nennen ihn Ağrı Dağı (Berg des Schmerzes), die Armenier Masis (Mutter der Berge) und die Kurden Çiyayê Agirî (Feuerberg). Schließlich ist der Ararat auch ein Vulkan, den die Menschen fürchteten. Das letzte Mal brach er im Jahr 1840 aus, die Lava begrub damals das Dorf Ahira mitsamt seinen zweitausend Menschen unter sich. Auf alten Landkarten ist der Ararat sogar der Mittelpunkt der Welt. Für Marco Polo galt der Berg als unbezwingbar, und der britische Reiseschriftsteller James Morier urteilte: »Nichts kann schöner sein als seine Form, nichts fürchterlicher als seine Höhe.« Oben auf dem Gipfel soll der Blick in die Ferne kein Ende finden. Friedrich Parrot, ein in Karlsruhe geborener Naturforscher und Reisender, der im Auftrag der Russen unterwegs war, konnte den Berg im Oktober 1829 bezwingen. Gut hundertvierzig Jahre später, im Februar 1970, schaffte es dann auch der erste Türke im Winter bis ganz nach oben.

Armenische Erzählungen, wonach die Arche Noah auf dem Ararat gestrandet sei, gehen zurück bis ins 4. Jahrhundert nach Christus. Im Alten Testament heißt es, dass Gott, wütend und enttäuscht ob des menschlichen Verhaltens, die Erde flutete, um dem Sündenpfuhl ein Ende zu bereiten.

> »Da sprach Gott zu Noah: Ich sehe, das Ende aller Wesen aus Fleisch ist da; denn durch sie ist die Erde voller Gewalttat. Nun will ich sie zugleich mit der Erde verderben«, Genesis 6,13.

Wir erfahren zwar in der Bibel, dass es am siebzehnten Tag des zweiten Monats begonnen haben soll, vierzig Tage und vierzig Nächte auf die Erde zu regnenn – nicht aber, wo der Mann mit seiner Arche am Ende gestrandet ist. In den heiligen Schriften jedenfalls wird kein Berg, sondern nur »ein Land Ararat« genannt. Das macht die Geschichte etwas kompliziert. Denn Ararat ist nichts anderes als der assyrische Begriff für die Urartäer, deren Reich sich zu Beginn des 1. Jahrtausends vor Christus vom Van-See bis hierher erstreckte. Der Koran (Sure 11:44) stiftet bei dieser Frage nur noch mehr Verwirrung, denn die Muslime verorten die Arche sogar ganz woanders, auf dem Berg Al-Dschudi (Cudi Dağı), der dreihundertzwanzig Kilometer weiter südwestlich liegt und mit seinen 2114 Metern Höhe vergleichsweise ein Winzling ist.

Die Suche nach der Arche fasziniert die Menschen und hat etwas von der Suche nach UFOs. Der amerikanische Astronaut James Irwin, der im Rahmen der Apollo-15-Mission als achter Mensch den Mond betrat, wechselte zwei Jahre nach seiner Mondmission zur christlichen Mission über: 1973 wurde er evangelikaler Prediger. Ob das nun damit zusammenhängt, dass er die Erdkugel in voller Pracht von oben gesehen hat? Oder doch eher damit, dass er und seine Kollegen von der NASA rausgeworfen wurden, weil sie dreihundertneunundachtzig Briefumschläge auf den Mond schmuggelten, dort abgestempelt haben und für teures Geld verkaufen wollten? 1982 jedenfalls startete Irwin seine erste von insgesamt fünf Ararat-Expeditionen. Bei seiner letzten Reise, 1986, umflog er den Gipfel mit einer Cessna und entdeckte eigenartige Umrisse im Eis des nördlichen Gletschers. Am nächsten Tag wurde er des Landes verwiesen – wegen »Spionage über militärischem Sperrgebiet«. Der Ararat liegt in delikater Lage. Er bildet die NATO-Außengrenze zum Iran und zu Armenien, das damals noch zur Sowjetunion zählte. Die Wachtürme des türkischen Militärs stehen heute auf den Bergkämmen wie Gipfelkreuze in den Alpen.

Schon zuvor hatten Forscher nach der Arche gesucht. Der türkische Luftwaffenpilot İlhan Durupınar sichtete 1959 auf einem Hang, gut dreißig Kilometer Luftlinie vom Ararat entfernt, eine geologische Formation, die ihm merkwürdig vorkam. Keine zwanzig Jahre später behaupteten bibeltreue Christen, sie wüssten, was er damals gesehen habe: Überreste aus versteinertem Holz – die Arche Noah.

Zehn Kilometer vor der iranischen Grenze weist nun ein Schild den Weg dorthin: »Nuh'un Gemisi«, Noahs Arche, fünf Kilometer. Eine neue, moderne Mauer belehrt mich auf dem Weg mit Zitaten von Atatürk. Ich fahre durch ein kleines Dorf, vorbei an einer Militärkaserne, bis es schließlich über Serpentinen auf den Berg geht. Die Einzigen, die diese Straße regelmäßig befahren, sind Soldaten, weshalb es mich auch nicht wundert, dass der Weg mit gutem Asphalt befestigt ist und ein paar Bauarbeiter gerade neue Leitplanken setzen.

Gut einhundert Meter vor Üzengili, dem einzigen und letzten Dorf entlang der Straße, halte ich auf einem Parkplatz. Er gehört zu einem rosafarbenen Häuschen. Der Wind bläst so stark wie auf einem Gipfel, und es ist Frühling. Ich habe keine Idee, wo in dieser Landschaft die Arche vergraben sein soll, aber ein Schild verrät mir, dass ich richtig bin. Die Eingangstür ist vollgeklebt mit Stickern. Einige stammen von professionellen Firmen, die nach Kundschaft für Bergexpeditionen suchen, andere von Touristen, die ihren Besuch verewigen wollten, wie etwa der Aufkleber des Deutschen Alpenvereins, Sektion Stuttgart. Ich laufe rund um das Häuschen, das abgesperrt ist. Auf einem weißen Pfahl steht auf Türkisch und Englisch: »Möge sich Frieden auf der Erde ausbreiten.«

Ich gehe noch einmal zur Tür und klopfe. Jetzt öffnet mir ein Mann. »Ich bin Hasan Özer, der Wächter der Arche«, stellt sich der alte Mann vor, der mit seinen fünfundsiebzig Jahren noch ordentlich Haare auf dem Kopf hat und beim Händeschütteln fest zudrückt. Er bittet mich herein und zeigt mir freudestrahlend seine Sammlung von Artikeln, Urkunden und persönlichen Briefen; erstaunlich, dass Briefe hier überhaupt ankommen. Besonders stolz ist er auf eine grüne Urkunde, die von einer ukrainischen Organisation namens Wissenschaft der Kausalität ausgestellt wurde, und auf einen Brief aus dem Jahr 1990, auf dem der Absender, ein Hobbyforscher aus Florida, der sich selbst »Ark-ologist« nennt, ihm das Beste wünscht: »Möge Allah Sie durch den Winter bringen.« *Ark* ist Englisch für Arche.

Hasan ist Muslim, der sich aber nicht daran stört, dass seine Besucher fast nur Christen sind. Er trägt hellblaue Plastikschuhe, ein weißes Hemd, darüber einen Pullunder mit grauen und weißen Streifen. Er stolziert durch den Raum wie ein König, rückt die acht Tische und Stühle zurecht und die roten Vorhänge, die ihn vor der Sonne schützen, die im Sommer auch mal gnadenlos sein kann.

Anhand eines Schaubilds erklärt er mir, dass die Arche zwei Mal so groß wie eine Boeing 747 gewesen sein soll und eine Kapazität von fünfhundertzwanzig Eisenbahn-Güterwaggons hatte. »Und wo ist das Schiff?«, frage ich ungeduldig. Er geht mit mir nach draußen und zeigt auf einen ausgetretenen Pfad, der in einem Wäldchen endet, in dessen Nähe ich etwas erkenne, was mit viel Fantasie Teil eines Schiffes sein könnte. Die moderne Labortechnik hat das Märchen allerdings bereits kaputt analysiert. Eisenteile, die hier gefunden und für Nieten und Bolzen gehalten wurden, die Noah eigenhändig geschmiedet haben soll, waren nichts anderes als oxidiertes, titanhaltiges Magnetitgestein – nicht unüblich in Regionen, in denen es Vulkane gibt.

Hasan lebt das ganze Jahr über hier, haust in einem kleinen Zimmer mit Matratze und vier Decken. Im Winter schützen ihn außerdem ein Heizstrahler und ein kleiner Holzofen vor dem Erfrieren. Der Ararat sei früher, in den Sechzigerjahren, der Spionageberg der Amerikaner gewesen, meint er. »Die ganzen Expeditionen, die hier ankamen und nach der Arche suchten, das waren in Wahrheit CIA-Leute.« Ohne Genehmigung kam aber niemand auf den Berg. In den Neunzigerjahren war er sogar komplett abge-

riegelt, weil sich dort türkische Soldaten und Kurden bekämpf-
ten. Deshalb sei der Berg von oben bis unten kahl. »Die Regierung
ließ dort alles brandroden«, erklärt Hasan, »damit sich niemand
mehr verstecken kann.«

Das sei schon sehr tragisch, meint er, zumal auf der Arche ja
sogar die Friedenstaube gewesen sei. Dafür zumindest gibt es bib-
lische Beweise, Genesis 8,8: »Dann ließ er eine Taube hinaus, um
zu sehen, ob das Wasser auf der Erde abgenommen habe.« Die
Taube kehrte zurück und soll, so steht es im Alten Testament geschrieben, einen frischen Olivenzweig im Schnabel gehalten haben, das Zeichen für Noah, dass nur noch wenig Wasser auf der
Erde stand – und das Zeichen für alle Atheisten, dass die Geschichte nicht stimmen kann, denn Olivenbäume in dieser Hoch-
landschaft, das wollen sie nicht glauben.

Zum Abschied erzählt mir Hasan, der vom Trinkgeld seinen
Lebensunterhalt bestreitet, noch von großzügigen Gästen, die
hier waren. Von einem amerikanischen Wissenschaftler, der ihm
dreihundertfünfzig Lira »für seine Dienste« gab, und von einem
deutschen Christen, der ihm zweihundert Lira schenkte.

Ich fahre den Berg hinunter zur vierspurigen Straße, die nach
zehn Kilometern an einem Häuschen ausläuft, über dem ein grau-
er Betonbogen gespannt ist, am Ort Gürbulak, der winzigen Siedlung an der türkischen Grenze zum Iran. Vorhin schon, als ich
mit Hasan über die Arche Noah sprach, fiel mir die nicht enden
wollende Schlange an Lkws auf, die von dort oben aussah wie ein
farbiger Strich in der grünen Landschaft. Jetzt stehen sie vor mir,
türkische, iranische, turkmenische Laster, die westliche Waren in
die islamische Republik bringen, einer hat sogar Autos geladen,
Honda Civics. Auch die Überholspur ist blockiert. Ich fahre als
Geisterfahrer auf der Gegenfahrbahn, es kommt sowieso nichts
entgegen. Eine total verblichene, große Ford-Werbung steht vergessen in der Landschaft. Weiße und schwarze Plastiktüten wir-
beln über die Felder, die zugemüllt wurden von den Lkw-Fahrern.

Flaschen, die wohl kein Mensch jemals einsammeln wird, rollen über das Gras, das von Schafen abgefressen wurde. Manche Fahrer sind aus ihrem Lkw gestiegen, stehen am Straßenrand und pissen.

Zwischen zwei Bergkuppen sehe ich die Fahnen der beiden Länder; die türkische ist größer als die iranische, aber das überrascht mich nicht. Das Gelände ist weiträumig mit mannshohem NATO-Stacheldraht abgeriegelt. Ich stehe wie ein Duracell-Männchen davor und möchte weiterlaufen. Die Türkei, und damit auch meine Reise, geht hier jedoch zu Ende.

Ich wende.

Auf einem Straßenschild lese ich die Namen von türkischen Städten. Ankara: 1187 km. İzmir: 1767 km. Antalya: 1580 km. İstanbul: 1535 km.

Bis zum nächsten McDonald's, sagt mir ein junger Lkw-Fahrer, seien es noch vier Stunden. In Kadıköy, wo ich gleich drei McDonald's im Umkreis von einem Kilometer hatte, fühlte ich mich schon manchmal fremd. Und wie geht es mir jetzt, 1535 Kilometer von meiner Wohnung in İstanbul entfernt, in dieser türkischen Einöde?

Ich bin noch im selben Land.

Aber doch irgendwie in einer anderen Welt.

Zitate und Quellen

Leonardo da Vinci, Brief an den Sultan 1503, zitiert nach FAZ vom 21.5.2010, http://www.faz.net/aktuell/feuilleton/am-golde nen-horn-brueckenschlag-1979152.html (S. 15)

Recep Tayyip Erdoğan, in TV-Show »İskele Sancak«, Kanal 7, 26.1.2007, zitiert nach en.wikipediaorg, Deep State (s. 57)

Adnan Menderes, zitiert nach Daniel von Steinvorth, Als Gottes Schatten flüchtete, Der Spiegel, Geschichte, Heft 5, 2010 (S. 59)

Zitate von Gülen und Erdoğan: http://www.faz.net/aktuell/poli tik/ausland/europa/tuerkei/tuerkei-auf-die-verhaftungen-fol gen-entlassungen-12724637.html?printPagedArticle=true#page Index_2, und http://www.welt.de/politik/ausland/article 123296427/Erdogan-bildet-sich-sein-Kriegskabinett.html (S. 60)

Mevlana, Dschalal Al-Din Al-Rumi, zitiert nach dem Prospekt der Konya Tourismusverwaltung, auf Deutsch (S. 106)

Der Briefwechsel zwischen Goethe und Zelter. Im Auftrag des Goethe- und Schiller-Archivs nach den Handschriften herausge- geben von Max Hecker. Zweiter Band 1819–1827, Insel-Verlag, Leipzig 1915. Außerdem: Johann Wolfgang von Goethe: West-öst- licher Divan. Hrsg. Von Theodor Friedrich, Philipp Recalm jun., Leipzig (S. 110)

Alma Mahler-Werfel, Mein Leben, Frankfurt/M. 1989, Fischer-Ta- schenbuch-Verlag (S. 200)

Silvester Stallone, zitiert nach Süddeutsche Zeitung, 19. Mai 2010, Kai Strittmatter: Rambo der Armenier (s. 200)

George W. Bush, zitiert nach The New York Times, 10.10.2007, Brian Knowlton: Bush urges Congress to reject Armenian genocide resolution (S. 206)

Deutscher Bundestag, 17. Wahlperiode, http://dip21.bundestag.de/dip21/btd/17/008/1700824.pdf (S. 206)

Susanne Faschingbauer, Die moderne Türkei durch die Augen der Literatur: Nazım Hikmet, Yaşar Kemal und Orhan Pamuk als Repräsentanten der Türkei im 20. und zu Beginn des 21. Jahrhunderts, Zeitschrift für Türkeistudien, 20. Jahrgang 2007, Heft 1, dort zitiert nach Gürsel, Nedim: Die bäuerlichen Gestalten ... (S. 244)

Michael Pereira, East of Trebizond. Geoffrey Bles, London 1971 (S. 268)

Hugh Pope and Nicole Poe, Turkey Unveiled. A History of Modern Turkey, The Overlook Press, New York 1998 (S. 274)

Orhan Pamuk, Schnee. Fischer Taschenbuch Verlag, Frankfurt/M. 2007, 2011 (S. 292, 294, 295, 299)

James Morier, A Second Journey Through Persia, Armenia, and Asia Minor, to Constantinople, Between the Years 1810 And 1816, London 1818 (S. 320)

Hinweise

AUSSPRACHE DES TÜRKISCHEN

Für türkische Ortsnamen, Begriffe, Zitate und Namen von Personen wurde im Buch das türkische Alphabet verwendet. Es besteht aus acht Vokalen und einundzwanzig Konsonanten. Die meisten Buchstaben werden ähnlich wie im Deutschen ausgesprochen. Folgende Buchstaben aber hören sich anders an:

C, c: Wie *dsch* im Wort Dschungel. Das türkische Wort *can* (Leben) wird *dschan* ausgesprochen.

Ç, ç: Wie *tsch* in Tschechien. Das türkische Wort *Çatalhöyük* (ein Ort bei Konya) wird also *Tschatalhöyük* ausgesprochen.

ğ: Dieser Buchstabe, auch weiches G genannt, wird im Türkischen nicht gesprochen, ähnlich dem Dehnungs-h im Deutschen. Meistens verlängert er einen vorangehenden Vokal. Auf keinen Fall sollte man ihn als ›g‹ sprechen. Der Name des derzeitigen türkischen Regierungschefs, *Erdoğan*, wird also *Erdoan* ausgesprochen.

I, ı und *İ i:* i ohne Punkt. Die Aussprache liegt zwischen Deutsch *e* und *ö,* ähnlich wie das zweite E im deutschen Wort *Abende*. Es gibt auch ein *İ i* mit Punkt, das wie Deutsch *i* gesprochen wird und den Punkt auch in der Großschreibung behält, so wie beim Stadtnamen *İstanbul*. Da die Bezeichnung *Istanbuler* für die Bewohner der Stadt eine deutsche Bezeichnung ist, wird hier auf den Punkt verzichtet.

Ş, ş: wie *sch* im Wort *Schule*.

Z, z: stimmhaftes *S*, wie im deutschen Wort Rose. Das Wort *Rize* (Ort am Schwarzen Meer) hört sich wie *Rise* an.

V, v : Etwa wie Deutsch *w* in *Wasser.*

H, h: Steht es am Beginn des Wortes, ist die Aussprache wie im Deutschen. Am Ende jedoch wird es wie ein leichtes *ch* gesprochen, zum Beispiel der Name *Melih* (ausgesprochen: *Melich*)

Angaben zur Währung

Der Wechselkurs der Türkischen Lira (TL) kann mitunter sehr schwanken, weshalb auf die Umrechnung in Euro-Beträge verzichtet wurde. Der Umrechnungskurs zum Zeitpunkt der Recherche war im Durchschnitt: 1 € = 2,5 TL.

DUMONTREISE.DE

DUMONT

Weitere Reiseabenteuer bei DuMont ...

Paperback, 280 Seiten
ISBN 978-3-7701-8252-7
Preis 14,99 € [D]/15,50 € [A]
Auch als E-Book erhältlich

Als Spion am Nil

4500 Kilometer
ägyptische Wirklichkeit

von Gerald Drißner

Große Kulturgüter und großartige Strände – so kennt man Ägypten. Der überwiegende Teil des nordafrikanischen Landes jedoch ist anders. Die Menschen sind arm, folgen den alten Regeln und sind zutiefst religiös. Sie sind herzlich, humorvoll und liebenswert. Der Autor nimmt den Leser mit auf seine Reisen in fünfzehn Dörfer und Städte. Er fährt mit dem Minibus, der ihn in fast jeden Winkel des Landes bringt. Die Gespräche im Bus drehen sich um Gott, den ägyptischen Alltag, Korruption und abstruse Verschwörungstheorien. Die Fahrten münden mal in Pannen und nicht selten in einem Abenteuer. So erfährt der Autor, warum die meisten Ägypter noch nie die Pyramiden besucht haben und was eine deutsche Firma, die Autokennzeichen herstellt, mit dem korrupten Mubarak-Regime verbindet. Er besucht das Dorf im Nildelta, in dem der Terrorpilot des 11. September aufgewachsen ist, und die Stadt, in der die mächtige Muslimbruderschaft gegründet wurde. Er fährt in Gegenden, in denen die Revolution bis heute nicht angekommen ist und wird dort von der Polizei auf Schritt und Tritt verfolgt. Und immer wieder wird er bei seinen Reisen als Spion verdächtigt und landet deshalb fast in einem Militärgefängnis.

Paperback, 336 Seiten
ISBN 978-3-7701-8250-3
Preis 14,99 € [D]/15,50 € [A]
Auch als E-Book erhältlich

Die Suche nach Indien

*Eine Reise in die Geheimnisse
Bharat Matas*

von Dennis Freischlad

Über viele Jahre hinweg hat der Dichter und Künstler Dennis Freischlad in Indien gelebt, er hat sich als Übersetzer und Bibliothekar, Farmer, Koch und Hostelmanager verdingt. Nun begibt er sich auf einen weiteren Roadtrip durch *Bharat Mata,* Mutter Indien, um jenen indischen Geheimnissen nahezukommen, die zwischen Mensch und Mythologie einen einzigartigen Zugang zur Welt bilden. Auf der Suche nach Indien reist Dennis Freischlad auf abenteuerlicher Route mit seinem Motorrad vom tempelreichen Süden des Landes über das paradiesische Kerala und das schillernd-zerstörerische Mumbai bis in die Steppe des romantischen Rajasthan. Weiter geht es mit dem Zug in den Punjab, um schließlich an den Ufern des Ganges im mystischen Varanasi anzukommen, der heiligsten Stadt der Hindus.

Hinsichtlich Erfahrungen, Begegnungen und Intensität wird es eine Reise durch das »reichste Land der Welt«. Der Indienkenner schildert den Alltag, die Geschichte und Gegenwart der Inder in spannenden, poetischen und oft skurrilen Begegnungen und erzählt aus erster Hand von ihren Träumen und Realitäten, immerwährenden Katastrophen und Hoffnungen.

PAPERBACK, 272 SEITEN
ISBN 978-3-7701-8251-0
PREIS 14,99 € [D]/15,50 € [A]
AUCH ALS E-BOOK ERHÄLTLICH

DUMONTREISE.DE

DUMONT

»*Beste Symbiose von Krimi
und Infotainment ...*«
Rüdiger Nehberg, TARGET

Der Mann, der den Tod auslacht

*Begegnungen auf meiner Reise
durch Äthiopien*

von Philipp Hedemann

»Wer nicht reist, wird immer glauben, dass seine Mutter die beste Köchin ist«, lautet ein afrikanisches Sprichwort. Philipp Hedemann wollte wissen, wie andere Mütter kochen und reiste mit dem Geländewagen mehrere Tausend Kilometer durch Äthiopien. Er ließ sich von einem Aidsheiler den Teufel austreiben, lachte mit dem äthiopischen Lachweltmeister, besuchte die heilige Quelle des blauen Nils, bestieg den höchsten Berg des Landes und wäre beinahe Mönch geworden. Er traf Flüchtlinge in trostlosen Lagern und versuchte, das Rätsel der Bundeslade, in der die Zehn Gebote verwahrt werden, zu lüften. Er fürchtete in der Danakil, der heißesten Wüste der Welt, von Rebellen entführt zu werden, und trainierte mit äthiopischen Wunderläufern. Er feierte mit bekifften Rastafaris den Geburtstag Haile Selassies und fütterte wilde Hyänen ...

»Der Mann, der den Tod auslacht« erzählt von abenteuerlichen Reisen und spannenden Begegnungen und porträtiert unterhaltsam ein geheimnisvolles und widersprüchliches Land im Osten Afrikas.